日弁連高齢者・障害者権利支援センター[編]

発刊にあたって

　日本は2013年12月、障害者の権利に関する条約（障害者権利条約）（Convention on the Rights of Persons with Disabilities）を批准し、2014年1月、批准書を国際連合事務総長に寄託し、140カ国目の締約国となった。

　障害者権利条約は障がいのある人の人権と基本的自由の享有を確保し、障がいのある人の固有の尊厳の尊重を促進し、その権利を実現するための措置等を国に義務付けた。

　2014年2月19日から、障害者権利条約は日本の国内法としても効力が生じている。

　障害者権利条約1条は、障害者の定義について、「障害者には、長期的な身体的、精神的、知的又は感覚的な機能障害であって、様々な障壁との相互作用により他の者との平等を基礎として社会に完全かつ効果的に参加することを妨げ得るものを有する者を含む」としている。

　すなわち、医学的な機能障害を基礎としながら、障害とは、障がいのある人の社会参加を妨げる社会的なバリアにより生じるという「障害（者）の社会モデル」を採用している。

　2011年8月5日に施行された改正後の障害者基本法2条は、「障害者」の定義について、「身体障害、知的障害、精神障害（発達障害を含む。）その他の心身の機能の障害がある者であつて、障害及び社会的障壁により継続的に日常生活又は社会生活に相当な制限を受ける状態にあるものをいう」（同条1号）とする。また、社会的障壁について、「障害がある者にとつて日常生活又は社会生活を営むうえで障壁となるような社会における事物、制度、慣行、観念その他一切のものをいう」（同条2号）とし、日本の障害者法制度において、障害者の社会モデルを採用する、パラダイム転換を果たした。

　障害者の社会モデルとは、障がいのある人を社会がありのまま受け入れ、従来の障害者は治療と訓練により自ら障害を治して、『健常者』に近づくという障害者の医学モデルと決別する考えである。

ところが、障害年金制度は、たとえば、「初診日」要件を設け、障害の原因となった傷病に関して、医療機関を受診したことを受給のために不可欠の要件としている。

　これは、「障害は治療により治すべきものである」という医学モデルに依拠する、本来克服されるべき、悪しき因襲にほかならない。

　現行の障害年金法制度は、障害者権利条約の考えと乖離し、障がいのある人の生存権保障制度として、極めて問題があり、複雑かついびつな状況にある。

　しかるに、障害年金制度の改善や障がいのある人の適正な障害年金を受ける権利を保障するため、弁護士会や弁護士が本来の役目をおよそ果たしていない現状にある。

　本書はそのような問題意識のもと、弁護士がこの分野で人権保障の使命を発揮し、障がいのある人に必要な障害年金受給の権利を保障し、あまねく行き渡ることを念願して、発行されるものである。

　もちろん、弁護士のみならず、社会保険労務士等の専門職、障がいのある当事者、その家族、支援者にとっても有意義な書物となることを目的としている。

　本書が、障がいのある人の所得保障が少しでも前進することに寄与できれば、望外の喜びである。

2018（平成30）年2月

　　　　　　　　　　　　　　　日本弁護士連合会会長　中本　和洋

法律家のための障害年金実務ハンドブック
目　次

第1章　はじめに

Ⅰ　障がいのある人にとっての障害年金の意義 …………………… 2
Ⅱ　障害基礎年金制度ができた経緯と理由 ………………………… 4
Ⅲ　弁護士と障害年金 …………………………………………………… 5
Ⅳ　本ハンドブックの狙い …………………………………………… 6
Ⅴ　本書の活用法 ……………………………………………………… 6
　1　読み物・事典として使う ……………………………………… 6
　2　本書の読み方 …………………………………………………… 7

第2章　障害年金制度の概要

Ⅰ　公的年金とは ……………………………………………………… 10
　1　日本の年金制度の体系 ………………………………………… 10
　　〈図1〉年金制度の概要（年金制度の体系）／11
　2　国民皆年金制度の成立および基礎年金制度の創設 ………… 12
　　〈図2〉年金制度の変遷／13
　3　国民年金の被保険者 …………………………………………… 13
　　〔表1〕国民年金に強制加入の被保険者の種類／14
　4　一人一年金の原則 ……………………………………………… 16
　　〈図3〉併給可能パターン（65歳以上）／16
Ⅱ　障害年金制度のしくみ …………………………………………… 17
　1　障害基礎年金と障害厚生年金 ………………………………… 17
　2　基礎年金制度 …………………………………………………… 18
　3　被用者年金制度の一元化 ……………………………………… 18

4　年金額 ………………………………………………………… 19
　　〔表2〕障害基礎年金額一覧　／19
　　5　障害基礎年金の子の加算 ……………………………………… 20
　　6　障害厚生年金の加給年金（配偶者の加算） ………………… 21
Ⅲ　年金を受け取るための要件──受給3要件 ……………… 21
　　1　概　説 …………………………………………………………… 21
　　2　障害基礎年金（国年法30条） ………………………………… 22
　　3　障害厚生年金（厚年法47条） ………………………………… 25
　　4　障害手当金（厚年法55条） …………………………………… 26
　　5　特別障害給付金（特別障害給付金法） ……………………… 27
Ⅳ　障害認定日請求とは ………………………………………… 28
　　1　障害等級該当性の判断基準時・障害認定日請求とは …… 28
　　〈図4〉認定日請求と事後請求による請求　／28
　　2　障害認定日とは（国年法30条1項、厚年法47条1項）…… 29
　　3　障害認定日請求の特徴 ………………………………………… 30
　　〈図5〉本来請求　／30
　　〈図6〉遡及請求（遡及認定日請求）　／30
Ⅴ　事後重症による請求とは …………………………………… 31
　　1　事後重症による請求と障害等級該当性の判断基準時 …… 31
　　2　請求の特徴 ……………………………………………………… 31
　　〈図7〉事後重症による請求　／31
　　3　留意点 …………………………………………………………… 32
　　〔表3〕障害認定日請求・事後重症による請求の特徴　／33
Ⅵ　基準障害による請求 ………………………………………… 33
Ⅶ　障害年金に関する法令の構造 ……………………………… 34
　　1　障害年金の法令上の根拠に関する基本構造 ……………… 34
　　〈図8〉障害年金の基本構造　／34
　　2　現行法（新法） ………………………………………………… 35
　　3　旧　法 …………………………………………………………… 36
　　4　1994年改正法附則6条の特例措置 ………………………… 37
　　5　障害年金加算改善法 …………………………………………… 37

6　厚生年金特例法 …………………………………………………… 37
　　7　重要条文と趣旨 …………………………………………………… 38
　　〔表4〕押さえておくべき国年法の重要条文の趣旨・内容　／38

第3章　初診日

I　初診日とは …………………………………………………………… 40
　1　法令の規定 ………………………………………………………… 40
　2　初診日の重要性 …………………………………………………… 41
　3　初診日の定義 ……………………………………………………… 41
II　初診日の特定 ………………………………………………………… 43
　1　具体的な初診日の例 ……………………………………………… 43
　2　相当因果関係の存在 ……………………………………………… 45
　3　異なる傷病名につき「同一傷病」とする場合 ………………… 47
　4　初診日の特定ができない場合 …………………………………… 48
III　初診日の証明 ………………………………………………………… 49
　1　カルテ等による証明 ……………………………………………… 49
　2　カルテの廃棄等によって医師の初診日証明が得られない場合の
　　証明 ………………………………………………………………… 50
　3　第三者証明 ………………………………………………………… 53
　4　初診日が一定の期間内にあると確認された場合の初診日確認の
　　取扱い ……………………………………………………………… 55
　5　日付が特定されない初診日の取扱い …………………………… 56
　6　初診日を確認する際の留意事項 ………………………………… 56

第4章　保険料納付要件

I　保険料納付要件とは ………………………………………………… 60
　1　初診日が1991年5月1日以後にある場合の保険料納付要件 …… 60
　〈図9〉納付要件を満たす場合の納付状況　／61
　〈図10〉初診日の前々月以前に被保険者期間がない場合　／61

2　初診日が1991年5月1日より前にある場合の保険料納付要件 …… 62
　　3　「初診日の前日において、初診日の属する月の前々月まで」の
　　　　意味 …………………………………………………………………… 62
　　　〈図11〉初診日が8月15日の場合の納付状況確認対象　／63
　　4　被保険者期間計算の際に注意する事項 ……………………………… 63
　　　〈図12〉第3号被保険者見届期間が第3号被保険者期間と扱われる
　　　　　　場合　／65
　　5　公的年金制度の健全性及び信頼性の確保のための厚生年金保険
　　　　法等の一部を改正する法律（平成25年法律第63号）による第3
　　　　号被保険者期間の取扱い ……………………………………………… 66
　　　〈図13〉第3号被保険者からの種別変更届出漏れの救済の扱い　／67
　　6　旧法時代に初診日がある場合 ………………………………………… 68
　Ⅱ　保険料納付済期間等 ………………………………………………………… 69
　　1　保険料納付済期間 ……………………………………………………… 69
　　2　保険料免除期間 ………………………………………………………… 70
　Ⅲ　直近1年要件 ………………………………………………………………… 71
　　　〈図14〉直近1年要件を満たす場合　／72
　　　〈図15〉60歳～65歳までの間に初診日がある場合　／72

第5章　障害状態の認定と基準

　Ⅰ　障害程度（状態）の認定 …………………………………………………… 76
　　1　障害程度（状態）認定の評価基準 …………………………………… 76
　　2　障害認定の時期 ………………………………………………………… 81
　　　〔表5〕障害認定日を1年6カ月経過前とするもの　／84
　　3　障害認定基準 …………………………………………………………… 86
　　　〔表6〕障害の類型の特徴と障害認定方法　／90
　　　〔表7〕2017年9月改正後の差引認定後の等級と過去の差引認定事
　　　　　　例　／92
　Ⅱ　障害別の認定 ………………………………………………………………… 93
　　1　精神障害等 ……………………………………………………………… 93

2　外部障害（肢体・視力・聴力ほか） ………………………………… 109
　　3　内部障害（呼吸器・心疾患・代謝疾患ほか） ……………………… 120
　　　〔表8〕心疾患の一般状態区分（抜粋）／120
　　　〔表9〕腎疾患の障害等級（抜粋）／121
　　　〔表10〕Child-Pugh 分類　／128
　　　〔表11〕2017年12月改正障害認定基準の概要　／129
　　4　難　病 ………………………………………………………………… 132
　　　〔表12〕線維筋痛症重症度分類試案　／134
　　5　その他 ………………………………………………………………… 138
Ⅲ　併合──条文上規定されたもの ……………………………………… 144
　　1　国年法31条等の併合 ………………………………………………… 145
　　2　併合改定 ……………………………………………………………… 145
Ⅳ　障害認定基準の課題 …………………………………………………… 146
　　1　障害認定基準の問題点 ……………………………………………… 146
　　　〔表13〕1級に相当する障害の状態　／146
　　　〔表14〕2級に相当する障害の状態　／146
　　　〔表15〕3級に相当する障害の状態　／147
　　2　近時の制度改革と課題 ……………………………………………… 152
　　　〔表16〕障害等級の目安　／153
　　3　実務上の留意点 ……………………………………………………… 156

第6章　請求手続の流れの概要

Ⅰ　申請（裁定請求）と受理──申請の方法と申請にあたっての留意点） ………………………………………………………………… 160
　　1　請求事由の選択 ……………………………………………………… 160
　　2　障害年金の請求の方法 ……………………………………………… 161
　　　〔表17〕申請のための診断書の様式一覧　／163
Ⅱ　審査手続 ………………………………………………………………… 168
　　1　審査機関 ……………………………………………………………… 168
　　2　受付機関における審査 ……………………………………………… 169

3　日本年金機構における審査 …………………………………… 170
　　　4　審査の実際 …………………………………………………………… 171
　Ⅲ　年金支給裁定 ………………………………………………………… 172
　　　1　裁定の概要 …………………………………………………………… 172
　　　2　裁定がなされる場合 ………………………………………………… 172
　　　3　請求が認められない場合 …………………………………………… 173
　Ⅳ　審査請求 ………………………………………………………………… 175
　　　1　審査請求の申立て …………………………………………………… 175
　　　2　審査請求後の流れ …………………………………………………… 177
　　　3　質問権の活用 ………………………………………………………… 177
　　　4　物件提出要求の申立権の行使 ……………………………………… 178
　　　5　審査請求の結果 ……………………………………………………… 178
　　　6　審査請求と取消訴訟の関係 ………………………………………… 179
　Ⅴ　再審査請求 ……………………………………………………………… 179
　　　1　再審査請求の申立て ………………………………………………… 179
　　　2　再審査請求の審理 …………………………………………………… 180
　Ⅵ　障害年金と2016年の改正行審法施行 …………………………… 180
　Ⅶ　訴訟、仮の義務付け申立て等 ……………………………………… 181
　　　1　年金給付をめぐる訴訟の概要 ……………………………………… 181
　　　2　取消訴訟 ……………………………………………………………… 184
　　　〈図16〉不服申立手続と取消訴訟との関係　／185
　　　3　義務付け訴訟 ………………………………………………………… 187
　　　4　仮の義務付け ………………………………………………………… 188
　Ⅷ　受給後の手続 …………………………………………………………… 189
　　　1　再認定 ………………………………………………………………… 189
　　　2　再認定後の処分——支給停止、級落ち、額改定 ………………… 191
　　　3　支給停止事由消滅届 ………………………………………………… 192
　　　4　額改定請求 …………………………………………………………… 192
　　　〔表18〕１年を経過しなくても額の改定を請求できる場合　／193

第7章　障害年金実務における必読のQ&A

Ⅰ　納付要件 ………………………………………………………………… 196
- **Q1**　障害年金を受け取るためには、一定の保険料を納付していることが要件とされていますが、この要件を満たしているか否かについてはどのように確認すればよいでしょうか。 ………… 196
- **Q2**　所得が低く保険料納付ができない場合、納付しなければ年金は受け取れませんか。 ……………………………………………… 196

Ⅱ　診断書 …………………………………………………………………… 198
- **Q3**　年金用診断書を書いてくれる医師はどうやって探すのですか。
　…………………………………………………………………… 198
- **Q4**　年金用診断書を作成する医師と代理人とは面談したほうがよいですか。 ……………………………………………………… 199
- **Q5**　「精神の障害用」年金診断書の日常生活能力の判定・程度の各項目の意味を教えてください。 ……………………………… 200
- **Q6**　2016年9月に公表された精神障害に係る医師向けの診断書記載要領（障害年金の診断書（精神の障害用）記載要領～記載にあたって留意していただきたいポイント～）について留意すべき点があれば教えてください。 ……………………………… 202
- **Q7**　「ICD－10」とは何でしょうか。 …………………………… 205
- **Q8**　カルテの開示請求はどのようにすればよいのでしょうか。… 206

Ⅲ　請求の仕方 ……………………………………………………………… 207
- **Q9**　年金の請求書類の提出先（申請する窓口）はどこになりますか。 …………………………………………………………………… 207
- **Q10**　年金の請求書類を提出したのですが、窓口が書類不備を理由に請求書を受理してくれません。どうしたらよいでしょうか。
　…………………………………………………………………… 208
- **Q11**　年金請求にマイナンバーの記載は必要でしょうか。 ……… 209

Ⅳ　請求の内容など ………………………………………………………… 210
- **Q12**　特別支給の老齢厚生年金の障害者特例支給はどういう場合に

支給されますか。……………………………………………………… 210
- Q13 障害基礎年金と障害厚生年金との同時申請は可能でしょうか。
  ……………………………………………………………………… 212
- Q14 65歳を過ぎたら障害年金の請求はできませんか。………… 213
- Q15 事後重症請求の年金を受けている人が障害認定日請求をすることは可能でしょうか。…………………………………… 214
- Q16 障害基礎年金を受給中ですが、同じ傷病について障害厚生年金への裁定替えを求めることはできますか。……………… 216
- Q17 障害年金の権利は何年か経過すると時効で消滅しますか。… 217

V その他 …………………………………………………………… 224
- Q18 同じ原因による交通事故の損害賠償や他制度からの給付と障害年金などとの調整について教えてください。……………… 224
- Q19 覚せい剤利用者も障害年金が受給できますか。自殺（未遂）により障害を負った場合はどうですか。…………………… 226

第8章　障害年金に関する裁決例

I 厚労省からの裁決例の入手 ……………………………………… 230
II 行政文書の開示請求による裁決書の入手 ……………………… 231
III 書籍による裁決例の入手 ………………………………………… 231

第9章　障害年金に関する裁判例

I 初診日 ……………………………………………………………… 234
- 判例1 「初診日」の定義を示した最高裁の基本判例 …………… 234
- 判例2 20歳後の受診を「20歳前受診日」と判断した裁判例 …… 237
- 判例3 初診日について、原因である疾病から生じる典型的な疾病であることは要せず、回顧的、総合的に判断してこれに起因すると認められれば足りると判断した事例 ……………… 239
- 判例4 「社会的治癒」の意義を示した判例 ……………………… 241
- 判例5 頭部骨折とてんかんとの因果関係を認めた裁判例 ……… 244

判例6	網膜色素変性症（遺伝性の疾患）の事後重症請求に関する「初診日」の意義 …………………………………………… 245
判例7	高血圧症と脳出血の因果関係を認めた裁判例 ………… 250
判例8	特別障害給付金法2条の初診日の認定に関する裁判例 …… 252

Ⅱ 障害の程度の認定(1) ……………………………………………… 254

判例9	診断書や症状に関する医師の回答書の内容を丁寧に吟味して知的障害の程度の認定を行った裁判例 ………………… 254
判例10	障害認定基準（2002年）の合理性を認め、不安恐慌性障害および回避性人格障害について判断した裁判例 ………… 257
判例11	生活保護における障害者加算と障害年金 ……………… 261
判例12	診断書の記載のみではなく前後の経過等を考慮すべきとした裁判例 ………………………………………………… 265
判例13	両下肢の股関節に人工関節置換術を受けた原告に、国年法施行令別表2級15号に該当する障害が認められ、障害基礎年金不支給処分が取り消された二つの裁判例 ……………… 268

Ⅲ 障害の程度の認定(2)——診断書がない場合 ……………… 273

判例14	国年法施行規則31条2項4号の「診断書」の意義 ……… 273
判例15	障害の認定と診断書の関係について判断した裁判例 …… 275
判例16	障害の状態の判断に診断書は必須でないとした裁判例 …… 277
判例17	障害認定日当時の診断書がなくとも障害認定は可能とした裁判例 ………………………………………………… 280

Ⅳ 信義則違反 ……………………………………………………… 282

| 判例18 | 国による年金受給権の時効消滅の主張が信義則違反ゆえに許されないとした裁判例 ……………………………… 282 |
| 判例19 | 年金受給資格に関して誤った教示をしたことにつき国家賠償請求が認められた事例 …………………………… 285 |

Ⅴ その他 ……………………………………………………………… 288

| 判例20 | 「症状固定」の定義を示した裁判例 …………………… 288 |
| 判例21 | 障害基礎年金受給権がある中でなされた障害厚生年金・障害基礎年金請求が、前者の受給に係る請求との関係で重複請求には当たらないと判断した裁判例 ………………… 291 |

| 判例22 | 年金受給権の相続について判断した判例 ……………………… 293
| 判例23 | 日本年金機構の下部組織である事務センターが行訴法12条
3項にいう「事務の処理に当たった下級行政機関」に該当し
ないとした原審の判断に違法があるとした裁判例 ………… 297

実務に役立つ文献 ……………………………………………………… 302

【資料①】 国民年金・厚生年金保険年金証書 …………………… 304
【資料②】 施行令別表（国年法施行令別表、厚年法施行令別表1・別
表2）………………………………………………… 305
【資料③】 年金請求書（国民年金障害基礎年金）………………… 308
【資料④】 受診状況等証明書 ……………………………………… 314
【資料⑤】 受診状況等証明書が添付できない申立書 …………… 316
【資料⑥】 病歴・就労状況等申立書記入例 ……………………… 318
【資料⑦】 障害認定基準（2017年12月1日改正）（抜粋）……… 320
【資料⑧】 併合参考表（障害認定基準（2017年12月1日改正））（抜粋）
……………………………………………………… 324
【資料⑨】 診断書（精神の障害用）………………………………… 334
【資料⑩】 日本年金機構「国民年金障害年金受付・点検事務の手引き
〔第4版〕」（2015年）27頁～29頁 ……………………… 337
【資料⑪】 日本年金機構「国民年金・厚生年金保険障害給付（障害厚
生）受付・点検事務の手引き」（2016年）（抜粋）………… 340
【資料⑫】 2015年9月28日年管管発0928第6号 ………………… 342
【資料⑬】 国民年金・厚生年金保険精神障害に係る等級判定ガイドラ
イン（2016年9月）………………………………… 348
【資料⑭】 上肢・下肢障害に係る障害認定基準の整理…………… 357

事項索引 ………………………………………………………………… 365
判例索引 ………………………………………………………………… 370
執筆者一覧 ……………………………………………………………… 372

| 凡　例 |

<法令・通達>

・憲法	日本国憲法
・国年法	国民年金法
・国年法施行令	国民年金法施行令
・国年法施行規則	国民年金法施行規則
・厚年法	厚生年金保険法
・厚年法施行令	厚生年金保険法施行令
・厚年法施行規則	厚生年金法施行規則
・厚生年金特例法	厚生年金保険の保険給付及び保険料の納付の特例等に関する法律
・特別障害給付金法	特定障害者に対する特別障害給付金の支給に関する法律
・被用者年金一元化法	被用者年金制度の一元化等を図るための厚生年金保険法等の一部を改正する法律
・年金確保支援法	国民年金及び企業年金等による高齢期における所得の確保を支援するための国民年金法等の一部を改正する法律
・障害者権利条約	障害者の権利に関する条約
・障害者虐待防止法	障害者虐待の防止、障害者の養護者に対する支援等に関する法律
・障害者雇用促進法	障害者の雇用の促進等に関する法律
・障害者差別解消法	障害を理由とする差別の解消の推進に関する法律
・障害者総合支援法	障害者の日常生活及び社会生活を総合的に支援するための法律
・審査会法	社会保険審査官及び社会保険審査会法
・労災保険法	労働者災害補償保険法
・労災保険法施行規則	労働者災害補償保険法施行規則
・国賠法	国家賠償法
・行訴法	行政事件訴訟法
・行手法	行政手続法
・行審法	行政不服審査法
・初診日に関する2015年９月28日付通知	厚生労働省年金局事業管理課長「障害年金の初診日を明らかにすることができる書類を添えることができない場合の取扱いについて」（2015年年管管発0928第６号）
・障害認定基準	国民年金・厚生年金保険法障害認定基準

| ・精神ガイドライン | 国民年金・厚生年金保険法精神の障害に係る等級判定ガイドライン |

＜機関＞

| ・日本年金機構 | 独立行政法人日本年金機構 |
| ・厚労省 | 厚生労働省 |

＜文献＞

・障害基礎年金事務の手引き	日本年金機構「国民年金障害基礎年金受付・点検事務の手引き」（2015年9月）
・厚生年金事務の手引き	日本年金機構「国民年金・厚生年金保険障害給付（障害厚生）受付・点検事務の手引き」（2016年4月）
・ICD－10	世界保健機関（WHO）「疾病及び関連保険問題の国際統計分類」（International Statistical Classification of Diseases and Related Health Problems）
・DSM－5	米国精神医学会「精神疾患の診断・統計マニュアル〔第5版〕」（Diagnostic and Statistical Manual of Mental Disorders）
・民集	最高裁判所民事判例集
・判時	判例時報
・判タ	判例タイムズ
・賃社	賃金と社会保障
・裁判所HP	裁判所ウェブサイト＜http://www.courts.go.jp/＞
・LLI/DB	LLI判例検索システム
・WLJ	Westlaw判例データベース

第1章

はじめに

Chapter 1

I 障がいのある人にとっての障害年金の意義

『障害者白書〔平成29年版〕』によると全国の障がいのある人の人数は858万7000人である。

この内、国が雇用施策対象者（18歳～64歳の在宅者）と位置づける人は約324万人とされている（厚労省「障害者の就労支援対策の状況」（2015年）参照）。

その内、障害者雇用促進法で雇用が義務付けられている企業（50人以上規模の企業・法定雇用率2.0％）および官公署における労働者総数は47万4374人である（厚労省職業安定局雇用開発部障害者雇用対策課「平成28年度障害者雇用状況の集計結果」参照）。単純に計算すると15％程度の就業率である。50人未満規模の企業での就労者もいるが、厚労省が行った従業員5人以上の企業調査（厚労省「平成25年度障害者雇用実態調査」参照）でも、民間での障害者雇用人数は推定で63万1000人とされており、19％程度の就業率にすぎない。

すなわち、稼働対象障害者の8割以上が失業状態にある現実がある。一般市民の失業率は3.0％程度であり、就業率は97.0％である（総務省統計局「労働力調査　2016年度」）。

2014年2月19日に日本でも発効した障害者権利条約は、障がいのある人の「他の人との平等」を権利として保障することを目的としており、障がいのある人が働ける社会に変革することが強く求められる。

しかし、以上のとおり、多くの障がいのある人は働いて収入を得ることができない状況にあることがわかる。

憲法に基づく生存権保障として、生活保護制度がある。しかし、これは、障がいのある人に関する基本施策が実施されたうえでそこからこぼれる人を救うための最後のセーフティネットである。

また、障害に起因する特別な支出を補う制度として、手当がある。国の制度として成人障害者に対する手当として「特別障害者手当」がある。しかし、

その対象者は常時特別な介護が必要な重度障害者に限られる。また、支給額も月額２万6810円（2017年）にすぎない。

したがって、障害年金は障がいのある人の所得保障政策の基本に位置づけられる。

障害者権利条約28条は「相当な生活水準及び社会的な保障」と題し、1項で、障がいのある人に相当な生活水準の権利を認めており、障害年金は、同条約によっても保障されるべき権利といえる。

障害年金の受給者数は、2014年度で207万5000人（平成27年度厚生年金保険・国民年金事業年報」）である。

『障害者白書〔平成29年度〕』によると障害者858万7000人のうち身体・知的の18歳未満および精神の20歳未満の人数が合計約50万6000人であり、これら障害児を除く成人障害者808万1000人のうち障害年金受給率は約26％にすぎない。

すなわち、障害者全体の74％は障害年金を受給できていない。

民間団体の調査によると相対的貧困とされる年収122万円の「貧困線」を下回る障害のある人たちが81.6％に及んでいるという（きょうされん「2016年5月19日　障害のある人の地域生活実態調査報告書」参照）。

なお、同調査報告書によると、親との同居率を調べた結果、親との同居率は54.5％であり、50歳を超えても親との同居率は半数を超えており、障がいのある人の経済生活は、親に依存することで成立しているのである。

障がいのある人の自立した生活の実現には、ほど遠い現実が存在していることがわかる。

障害者基本法は15条において、「国及び地方公共団体は、障害者の自立及び生活の安定に資するため、年金、手当等の制度に関し必要な施策を講じなければならない」としているが、およそ現状の施策は不備といわざるを得ない。

国際的にみても、日本の障害年金受給率は極めて低い（OECD「図表で見る世界の年金2013」）。

障がいのある人が、経済的にも親に依存せず、地域で自立した普通の生活

を送るためには、一つは、働ける環境を整えるための就労施策が必要であるが、上記のような就業率である以上、障害年金制度が、憲法・障害者権利条約・障害者基本法の求める水準として障がいのある人の権利として保障されなければならない。

Ⅱ　障害基礎年金制度ができた経緯と理由

　1986（昭和61）年4月、国民年金法が改正されて、公的年金制度が大幅に改革され、その中で「障害基礎年金制度」が創設された。障害者所得保障の新たなしくみであった。

　国際障害者年がスタートした1981（昭和56）年、拠出制と無拠出制の給付に分かれており、当時、障害年金（拠出制）は、1級が5万6325円、2級が4万5058円（同年7月1日時点）であり、20歳前に初診日がある障害に基づく障害福祉年金（無拠出制）は、1級が3万6000円、2級が2万4000円、福祉手当が1万円（同年8月1日時点）であった（それぞれ月額）。

　無拠出制の給付額は、拠出制障害年金に比べ3割～4割ほど給付額が低く、家族の所得要件もあった。

　そのため、とりわけ生来の障がいのある人に対する障害福祉年金のあり方を正すための当事者運動が、国際障害者年を契機に活発になっていった。

　1980年3月、国際障害者年推進本部が設置され、他方、民間の障害者団体が結集して国際障害者年日本推進協議会」（以下、「推進協」という）が発足し、同年12月に行われた国際障害者年プレ国民会議（プレ国民会議）が開催された。1981年には、プレ国民会議の分科会を継承したものとして、推進協の中に調査研究委員会がもたれた。この中の経済保障部会の研究会で障害者の所得保障制度を新たにつくっていくことが必要であるとの確認の下に、所得保障に関する次の内容の要望項目が提起された（推進協編『10年の行動計画──中間提言──』）。

① 1982年予算年度において、障害福祉年金を国民年金の額まで引き上げること
② 1983年以降の中期計画において次のような改善を図ること
　ⓐ 障害年金の給付基本額を、生活保護基本生計費プラス障害加算額とすること。また家族のある場合は一定額の加算を行うこと
　ⓑ 対象者は、自らの力では生計を維持することの困難な20歳以上（独立生活をする場合は18歳以上）の障害者とし、稼得能力の喪失の度合いおよび稼得状況を反映するものとすること。落ちこぼれている無年金者も対象とすること

　これらの提言等も参考に障害年金に関する制度改革が行われた（高阪悌雄「生活保護に代わる所得保障制度を実現しようとした試みとその意義についての一考察」Core ethics 12巻171頁参照）。

　その結果、1986年3月末で64万2559人であった障害福祉年金受給者は、障害基礎年金に裁定替えとなり、障害年金受給者は70万2482人（1986年度）となった。

　この増加の理由は、受給要件に扶養義務者の所得要件が撤廃されたことにあるといわれている。

　このように、障害基礎年金制度の創設は、障がいのある人の所得保障の確立をめざす、障がいのある人にとっての悲願ともいうべきものであった。

Ⅲ　弁護士と障害年金

　障がいのある人を対象とした法律相談において、「今のままでは経済的に暮らしていけない、どうにかならないか」、「障害年金を受給したいと行政に相談に行ったけれど、年金を納付していない人には障害年金は支給されないと言われた。本当か」などという相談を受けることは少なくない。

　ところが、弁護士の多くが、これらの質問に対して的確に回答するための

知識が不十分である。

　障害年金は、障がいのある人の所得保障を支えるための法制度であり、法律的な助言と人権擁護を職責とする弁護士にとって、重要な課題と位置づけられる。

　弁護士は、権利としての障害年金を保障するため、一層の研鑽と努力を尽くすべきである。

Ⅳ　本ハンドブックの狙い

　以上のような問題意識から本ハンドブックは企画された。本書の狙いは次のとおりである。

① 　障害年金制度についての基本的知識のない弁護士を対象に、基礎的事項を学び、習得できるようにする。
② 　弁護士のみならず、障がいのある人の生活支援にかかわる専門職（社会福祉士・相談支援員・精神保健福祉士・社会保険労務士等）に向けて、権利としての障害年金の意味を法的に理解できるものとする。
③ 　障がいのある人や家族のために、障害年金のしくみをわかりやすく解説する。

Ⅴ　本書の活用法

1　読み物・事典として使う

　本書は従来この分野に関心のなかった方に興味を抱いていただけるように、通読する読み物としてもご利用いただきたい。

　また、障害年金の法律相談や受任事件において必要な個所だけ参照するべ

きハンドブックとしても活用していただきたい。

2　本書の読み方

本書を効果的に活用していただくために、次の読み方をおすすめしたい。

(1)　最初に全体像やポイントを掴む

個別の相談事例の解説に先立ち、この分野の全体像や重要ポイントをまず理解しておくことが肝要である。

第1章と第2章が全体像を説明する総論部分であり、まずはここをしっかりと押さえていただきたい。

(2)　「障害認定基準」は必携する

その合理性については後に指摘するようにさまざまな問題があるものの、障害年金の実務運用は、厚労省の障害認定基準に依拠している。

本書は、障害認定基準について、重要な一部を除き、掲載していないが、同基準の入手方法は後記第5章Ⅰ3(1)で説明するとおりであり、同基準の関連部分を読み込み、確認しながら、本書を活用していただきたい。

(3)　法令と判例の基本を押さえる

本書は、弁護士という法律専門家が、障害年金分野に精通した社会保険労務士の協力を受けて制作したという特色を有する。

後記第2章Ⅶ「障害年金に関する法令の構造」では、この分野で理解しておくべき基礎的な法令の構造を解説しているので、ぜひ押さえていただきたい。

また、本書の類例のない特色は、障害年金分野に取り組むにあたって知っておくべき重要判例を23件精選して弁護士が解説している点である（後記第9章参照）。判例を知り、活用することで壁を突破できる場合もあるし、判例自体に限界がある場合も多い。批判的に学習していただくため後記第9章の判例解説は必読である。

(4)　あるべき姿を追求しながら読む

障害年金分野は、社会保険行政における長年の独自慣行により実務が形成

されてきた。憲法・障害者権利条約・法令から導かれる本来の障害年金制度の姿とは乖離した状態といってよい。

　本書はそのような状態を打破する一助となればとの思いで刊行された。

　弁護士をはじめとする本書を活用する読者には、現状の実務慣行に甘んずることなく、障害年金の権利のあるべき姿の実現をめざして実践されることを期待する。

第2章

障害年金制度の概要

Chapter 2

I 公的年金とは

1 日本の年金制度の体系

(1) 公的年金とは何か

　公的年金は、憲法25条に基づく社会保障制度の給付の一つとして、国家の責任で、国民が、老齢、障害、死亡といった一定の所得喪失リスクを負ったときに、国民の生活を保障するために金銭給付を行う制度である。

　日本の主な公的年金制度には、もともと3種類あり、その人の働き方によって加入する年金が変わる。たとえば、日本国内に住む20歳以上・65歳未満のすべての人を対象にした国民年金（「基礎年金」とも呼ばれる）、サラリーマンや公務員を対象にした厚生年金保険（一般的に「厚生年金」と呼ばれる）である。これらは社会保険方式による公的年金であるが、そのほか経過的に、社会扶助方式（いわゆる税方式）で支給されている恩給、老齢福祉年金などもある。

　これに対して、私的年金とは、国家・民間いずれが運営するかを問わず、個人や企業が、個人（従業員）の老後や障害、死亡などに備えて、任意の契約により、保険料を納付し、一定の保険事故が発生することによって年金給付を受けるものである。

　日本の私的年金制度は、大きく個人年金と企業年金に分かれ、個人年金には、国民年金基金による年金、確定給付個人年金・確定拠出個人年金、貯蓄型個人年金等に分類でき、企業年金としては、厚生年金基金による年金、確定給付企業年金・確定拠出企業年金、自社年金などに分類することができる（〈図1〉参照）。

(2) 老齢年金、障害年金、遺族年金——支給される原因による分類

　年金は、支給される原因によって、老齢年金、障害年金、および遺族年金に分けることができる。老齢年金（共済年金では退職年金）は、一定以上の

I 公的年金とは

〈図1〉 年金制度の概要(年金制度の体系)

> **概　要**
>
> ○現役世代は全て国民年金の被保険者となり、高齢期となれば、基礎年金の給付を受ける。(1階部分)
> ○民間サラリーマンや公務員は、これに加え、厚生年金や共済年金に加入し、基礎年金の上乗せとして報酬比例年金の給付を受ける。(2階部分)
> ○このほか、個人や企業の選択で、厚生年金基金などに加入することができる。(3階部分)

(数値は平成27年3月末)

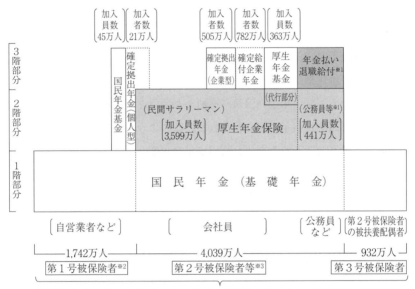

※1　被用者年金制度の一元化に伴い、平成27年10月1日から公務員及び私学教職員も厚生年金に加入。また共済年金の職域加算部分は廃止され、新たに年金払い退職給付が創設。ただし、平成27年9月30日までの共済年金に加入していた期間分については平成27年10月以後においても、加入期間に応じた職域加算部分を支給。
※2　第1号被保険者には、任意加入被保険者を含む。
※3　第2号被保険者等とは、被用者年金被保険者のことをいう(第2号被保険者のほか、65歳以上で老齢、または、退職を支給事由とする年金給付の受給権を有する者を含む)。

(出典)『平成28年版厚生労働白書』資料編238頁

高齢になったときに、障害年金は、一定以上の障害を有することになったときに、遺族年金は主たる生計維持者が死亡して残された遺族がその者の所得によって得られていた生活を営むことができないときに、それぞれ支給され

る。

　老齢・障害・遺族に対する給付の名称について、国民年金の場合は、それぞれ「老齢基礎年金」、「障害基礎年金」、「遺族基礎年金」と呼び、厚生年金の場合はそれぞれ「老齢厚生年金」、「障害厚生年金」、「遺族厚生年金」と呼んでいる。

(3) 定額年金と所得比例年金

　公的年金は、定額の保険料をかけてきた期間に応じて定額の年金が支払われる定額年金と、所得に応じて保険料を納め、かけてきた保険料の総額に比例した額が支給される所得比例（報酬比例）年金に分類される。国民年金の老齢基礎年金は定額年金であるが、厚生年金の老齢厚生年金は所得比例年金である。ただし、厚生年金の保険料を納めた者は、国民年金から基礎年金と、厚生年金から報酬比例年金が支給される。このように定額年金と所得比例年金が両方支給されるしくみを、2階建て年金制度という。

　実際にはこの2階建て年金に加えて、年金基金や企業年金、個人年金などが上乗せして支払われることもあるため、日本の年金制度は3階建て年金制度だともいわれている。

2　国民皆年金制度の成立および基礎年金制度の創設

　もともと日本においては、戦前よりサラリーマンに対する厚生年金制度が存在したが、1961（昭和36）年に国年法がスタートし、すべての国民が何らかの年金制度に加入できるという「国民皆年金制度」が確立した。しかし、この当時は、国民年金の被保険者には任意加入とされる者（専業主婦や学生など）が多く、老齢・障害・死亡などの保険事故が発生したときに無年金となってしまう者も生じていた。また社会構造の変化の中で、サラリーマンが増加し、自営業者が減少する中で、国民年金において財政状況が悪化していった。

　そのため1986（昭和61）年に根本的な法改正がなされ、20歳から59歳までのすべての国民が国民年金に強制加入することとし、サラリーマンは厚生年

金に加入すると同時に国民年金に加入し、公務員は共済年金に加入すると同時に国民年金に加入するという形で、国民年金がすべての年金の基礎年金（1階部分の年金）として位置づけられるという現在の制度がつくられた（その変遷について〈図2〉参照）。

〈図2〉 年金制度の変遷

1940年	船員保険法
1942年	労働者年金保険法
1944年	厚生年金保険法　改称
1959年	国民年金法　制定
1961年	国民皆年金　施行
1986年	大改正　旧法 / 新法　基礎年金制度導入

その結果、土台となる国民年金（基礎年金）の加入者の範囲は、自営業者・無業者などの第1号被保険者、サラリーマンや公務員等の第2号被保険者、第2号被保険者に扶養されている配偶者の第3号被保険者の3種類になっている。

日本の年金制度は、このように1986年の法改正により大きく骨組みが変わったので、同年法改正前を「旧法」、改正後を「新法」と呼ぶことがある。

3　国民年金の被保険者

国民年金は、日本国内に住所を有する20歳以上60歳未満のすべての人が加入する政府管掌の年金保険（実際の運営業務は日本年金機構に委託）で、老齢・障害・死亡などの給付事由が発生したときに、「基礎年金」を受けることができる。

国民年金の強制被保険者には、「第1号被保険者」、「第2号被保険者」、「第3号被保険者」と3種類があり（国年法7条1項）、どの制度に加入するかにより、保険料の納め方が異なる（以下、適宜〈図1〉参照）。また、任意加入できる場合がある。

(1)　第1号被保険者

第1号被保険者とは、20歳以上60歳未満の日本国内に住所を有する人で、第2号被保険者、第3号被保険者以外の人をいう。

たとえば、自営業、農業、従業員4人以下の個人事業で働いている人は、第1号被保険者となる。また、学生や厚生年金に加入できない短時間のパート労働者、失業者なども第1号被保険者となる。

(2) 第2号被保険者

第2号被保険者とは、厚生年金保険などの被用者年金制度の被保険者をいう。20歳前でも、60歳以後でも、被用者年金に加入している限り被保険者となる（老齢年金の受給権を有する65歳以上の人は除く）。

(3) 第3号被保険者

第3号被保険者とは、第2号被保険者に扶養されている20歳以上60歳未満の配偶者をいう。

ここでの被扶養配偶者の認定は、健康保険法や国家公務員共済組合法、地方公務員共済組合法などにおける「被扶養者」の認定の取扱いに準じる（国年法施行令4条の2）。被扶養者として届出をする者が被保険者と同一世帯に属している場合、年収が130万円未満（障害年金3級以上の障害者は180万円未満）であり、かつ、被保険者の年収の2分の1未満である場合に、「被扶養者」とされている。

〔表1〕国民年金に強制加入の被保険者の種類

	年齢要件	国内居住要件	該当者
第1号被保険者	20歳以上60歳未満	○	第2号被保険者および第3号被保険者以外の者
第2号被保険者	年齢制限なし（ただし65歳以上の場合は老齢年金の受給権がない場合のみ）	×	厚生年金保険の被保険者、共済組合の組合員、または加入者
第3号被保険者	20歳以上60歳未満	×	第2号被保険者の被扶養配偶者

(4) 任意加入被保険者

国民年金に任意加入できる任意加入被保険者は①〜③のいずれかの者である（国年法附則5条1項）。

① 日本国内に住所を有する60歳以上・65歳未満の者

② 日本国籍を有する者で、日本国内に住所を有しない20歳以上・65歳未満の者

③ 「任意加入被保険者の特例」に該当し、任意加入できるのはⓐ～ⓒの要件をすべて満たす者（国年改正法附則（平成6年第95号）11条、国年改正法附則（平成16年第104号）23条）。

ⓐ 1966年4月1日以前生まれの者

ⓑ 国年法による老齢基礎年金等の老齢または退職を支給事由とする年金たる給付の受給権を有しない者

ⓒ 日本国内に住所を有するか、日本国籍を有し日本国内に住所を有しない65歳以上・70歳未満の者

(5) 国民年金の手続

国民年金は強制加入であるので、何らかの加入手続をしてはじめて被保険者資格を得るものではない。

しかし、保険料支払いの関係で、資格の取得や喪失があったときは、第1号被保険者は、14日以内に居住地の市区町村に届け出なければならない（国年法12条1項）。勤めていた会社から退職した場合のように、厚生年金から国民年金への切替え（第2号被保険者から第1号被保険者への種別変更）が必要なときも、同じく届出が必要である。このとき被扶養配偶者がいる場合は、被扶養配偶者も同時に国民年金への切替え（第3号被保険者から第1号被保険者への種別変更）が必要である。

特に第1号被保険者は自ら、国民年金保険料（1万6490円／月（2017年度））を納付しなければならない。もし届出や納付を忘れた場合、保険料は2年前の分までは（2018年9月末までは5年前まで）遡って納付することができるが、それより前の未払いの期間は保険給付の基礎にならない。また、障害年金の受給には保険料納付要件があり、初診日の前日において一定期間の保険料を納付したこと（あるいは免除を受けていること）が要件となるが、たとえば第1号被保険者が期間中に保険料を滞納した場合、保険料納付要件を満たさないことがある。

4 一人一年金の原則

(1) 一人一年金の原則とは

公的年金では、国民年金、厚生年金から、二つ以上の年金を受けられるようになったときは、いずれか一つの年金を選択することになる。これを「一人一年金の原則」という。

たとえば、遺族基礎年金を受けていた方が、仕事中にケガをして、障害厚生年金や障害基礎年金を受けられるようになったとしても、どちらかを選ばなければならない。

この場合、新たに受けることとなった年金の裁定請求の際に、受給中の年金の種類を書かなければならず、どちらの年金を選択するかを「年金受給選択申出書」により申し出ることになる。選択しなかったほうの年金については受給権は失わないが、支給停止になる。

もっとも、選択した年金より、支給停止になっている年金を受給したほうが有利だと思えば、いつでも将来に向かって選択を変更すること（選択替え）もできる。

(2) 例外①——同一の給付事由による年金の場合

このように複数の年金は受けられないことが原則であるが、同一の給付事由による年金は併せて受けることができる。たとえば、老齢厚生年金と老齢基礎年金、障害厚生年金と障害基礎年金、遺族厚生年金と遺族基礎年金などである。

ただし、交通事故によって片足を失った障害を理由に障害厚生年金と障害

〈図3〉 併給可能パターン（65歳以上）

基礎年金を受給していた者が、今度はうつ病となって、新たに障害厚生年金と障害基礎年金を申請したとしても、同一の給付事由によるものとみることはできないので二つの年金がもらえるわけではない（ただし、二つの障害年金の各障害の程度を併合して等級が上がることはあり得る（後記第５章Ⅲ参照））。遺族厚生年金や遺族基礎年金にしても、別々の人の死亡によるものは、給付事由が異なることになり、併給できない。

(3) **例外②——65歳以降に併給が可能になる場合**

受給権者が65歳以上になった場合は、〈図３〉①～③の組合せの併給が可能になる。①・②の組合せに関しては、老齢基礎年金と障害基礎年金では障害基礎年金のほうが有利（障害基礎年金２級は40年間保険料を納付した満額の老齢基礎年金と同額で、かつ非課税）だが、障害基礎年金の受給を諦めなければ、２階建て部分の老齢厚生年金や遺族厚生年金等が受けられないとなると、これまでかけてきた保険料がかけ捨てになってしまう危険性があることから併給が認められている。また、③の組合せについても、たとえば専業主婦の妻の場合、老齢基礎年金を受給できるようになると、夫が亡くなった後の遺族厚生年金とどちらかを選択しないといけないというのでは、生活が成り立たない可能性があることから併給が認められている。

Ⅱ 障害年金制度のしくみ

1 障害基礎年金と障害厚生年金

前記Ⅰ１のとおり、障害年金には、障害基礎年金と障害厚生年金がある。

障害基礎年金制度は、「日本国憲法第25条第２項に規定する理念に基き、……障害……によつて国民生活の安定がそこなわれることを国民の共同連帯によつて防止し、もつて健全な国民生活の維持及び向上に寄与することを目的とする」（国年法１条）という国年法に基づく制度である。障害基礎年金制

度はこのように憲法25条（いわゆる生存権）の理念に基づき健全な国民生活の維持および向上に寄与することを目的とするものである。障害の認定は日常生活の制限の程度が基準となっている（障害年金の目的と日常生活能力認定の問題については、後記第5章ⅠⅣ・第9章Ⅱ参照）。そして、その障害等級は、重いものから1級、2級と定められている。

これに対し、障害厚生年金制度は、「労働者の……障害……について保険給付を行い、労働者……の生活の安定と福祉の向上に寄与することを目的とする」（厚年法1条）という厚年法に基づく制度である。この障害厚生年金制度では、障害基礎年金と同様の基準で認定される1級、2級のほか、3級と認定された者にも支給される。障害厚生年金独自の障害等級である3級の認定は、日常生活の制限ではなく労働能力の制限の程度が基準となっている。

2　基礎年金制度

1986年4月から、障害年金制度が大きく改正され、各年金制度の格差を解消するため、基礎年金制度がとられることとなった。

これにより、国民一般が国年法上の障害基礎年金の対象者となりうることとなり、さらに厚生年金の被保険者は、その1級、2級の要件を満たすと障害基礎年金に加えて障害厚生年金を受給できることとなった。このことから、障害基礎年金部分は障害年金の1階部分、障害厚生年金は障害年金の2階部分（2階建て）と呼ばれることがある。ただし、障害厚生年金の障害等級3級に該当する障害基礎年金の制度はないため、3級の場合は障害厚生年金のみ受給できる。

3　被用者年金制度の一元化

2012年まで、国家公務員、地方公務員および私立学校教職員における、いわゆる2階部分の年金は、厚年法ではなく各共済法（国家公務員共済組合法、地方公務員等共済組合法、私立学校教職員共済法）による年金制度が採用されており、これらは共済年金と呼ばれていた。

しかし、2012年2月に「社会保障・税一体改革大綱」が閣議決定され、その中で「被用者年金制度全体の公平性・安定性確保の観点から共済年金制度を厚生年金制度に合わせる方向を基本として被用者年金を一元化する」との方針が打ち出された。

これを受け、2012年8月10日に被用者年金一元化法が成立し、2015年10月1日から、上記各共済組合員も次のとおり厚生年金の被保険者となることとなった。

① 第1号厚生年金被保険者　②③④以外の被保険者
② 第2号厚生年金被保険者　国家公務員共済組合の組合員
③ 第3号厚生年金被保険者　地方公務員共済組合の組合員
④ 第4号厚生年金被保険者　私学共済の加入者

現在では、公務員を含む被用者の年金はすべて厚生年金制度に一元化されている。

4　年金額

(1)　障害基礎年金

障害基礎年金2級の年金額は、年額で、78万0900円に改定率を乗じたものである（国年法33条1項）。

そして、同1級の年金額は、この2級の年金額の1.25倍である（国年法33条2項）。

改定率は、2004年度の改定率を1としたうえ、毎年度、「名目手取り賃金

〔表2〕　障害基礎年金額一覧

対象		年金額（×改定率）
本人	1級	97万6125円
	2級	78万0900円
配偶者		（加算）22万4700円
子ども	1人目	（加算）22万4700円
	2人目	（加算）22万4700円
	3人目〜　※1人あたり	（加算）7万4900円

変動率」を基準として改定し、当該年度の4月以降の年金給付に適用される（国年法27条）。

(2) 障害厚生年金

障害厚生年金2級の年金額は、障害認定日の属する月までの被保険者であった全期間の平均標準報酬額の0.005481倍に相当する額に被保険者期間の月数を乗じたものである。ただし、2003年4月1日前に被保険者期間があった場合は、同日までの期間についてはその平均標準報酬月額の0.007125倍に相当する額が基準となる（厚年改正法（平成12年法律第18号）附則20条1項）。また、被保険者期間の月数が300月（25年）に満たないときは、その月数は300月とされる（以上、厚年法50条1項・43条1項）。

そして、障害厚生年金1級の年金額は、この2級の年金額の1.25倍である（厚年法50条2項。〔表2〕参照）。

また、障害厚生年金3級の受給権者等障害基礎年金を受給することができない者で、上記の計算に基づく障害厚生年金の受給額が障害基礎年金2級の額の4分の3（58万5700円（50円以上100円未満の端数は100円に切り上げるため）×改定率）に満たないときは、この額（58万5700円×改定率）を障害厚生年金の額とするという最低保障額が定められている（厚年法50条3項）。

5 障害基礎年金の子の加算

障害基礎年金の受給権者が、生計維持している（年収850万円または所得655万5000円未満の）18歳未満の子または20歳未満で障害等級が1級または2級に該当する子があるときは、障害基礎年金額が加算される。

子が2人までは、それぞれ1人につき年額22万4700円に改定率を乗じた額が加算される。そして、3人目からは、それぞれ7万4900円に改定率を乗じた額が加算されることとなる（国年法33条の2。〔表2〕参照）。

なお、以前は、年金受給権が発生した後に出生した子に対しては加算はされなかった。しかし、2010年の改正（障害年金加算改善法）により、2011年4月から受給権者がその権利を取得した翌日以後に扶養する子を有するに

至った場合も、請求すれば、子を有するに至った月の翌月から加算がなされることとなった。

6 障害厚生年金の加給年金（配偶者の加算）

障害厚生年金の受給権者に生計維持している（年収850万円または所得655万5000円未満の）65歳未満の配偶者があるときは、年額22万4700円に改定率を乗じた額の加給年金が加算される（厚年法50条の2第1項・2項）。

また、子の加算と同様に、いわゆる障害年金加算改善法により、受給権者がその権利を取得した翌日以後に扶養する65歳未満の配偶者を有するに至った場合も、配偶者を有するに至った月の翌月から加算がなされることとなった（厚年法50条の2第3項。〔表2〕参照）。

Ⅲ 年金を受け取るための要件──受給3要件

1 概説

障害年金は、公的年金の一つであり、その制度は原則としていわゆる社会保険方式（保険料を納付し、将来一定の保険事故が発生した場合に保険給付を受け取るという「保険」のしくみを用いて社会保障を行う方式）がとられている。

そのため、障害年金を受給するためには、原則として、①初診日において、公的年金に加入していること（加入要件）、②初診日の前日において、一定期間保険料の納付等をしていること（納付要件）、③障害認定日において、

用語解説

初診日

障害の原因となる傷病につき、初めて医師の診療を受けた日のことである（詳しくは、第3章参照）。

一定の障害の状態にあること（障害の程度要件）という3要件を満たす必要がある。

また、国民年金制度が任意加入だった際に任意加入していなかったために加入要件を満たすことができない者を救済する福祉的措置として、特別障害給付金に関する特別法が制定されている（特定障害者に対する特別障害給付金の支給に関する法律）。

2　障害基礎年金（国年法30条）

(1)　加入要件

初診日において国民年金の①被保険者であること、または②被保険者であった者で、日本国内に住所を有し、かつ、60歳以上65歳未満であることである。

現在、日本国内に住所を有する20歳以上60歳未満の者は、厚生年金の被保険者やその被扶養配偶者であっても国民年金の被保険者である（ただし、後者については1986年3月までは国民年金の任意加入制度があったため、その場合は国民年金に加入していたかどうか確認する必要がある）。また、20歳未満や60歳以上の者でも、厚生年金保険に加入していれば原則として国民年金の被保険者となる（65歳以上の老齢年金の受給権者を除く）。

さらに、そのほかにかつて国民年金の被保険者であった者で60歳以上65歳未満の者についても障害年金の受給を可能とするため、上記②の要件も定められている。

(2)　納付要件

納付要件を充足するためには、①3分の2要件、または、②直近1年要件のいずれかを満たせばよい。

すなわち、初診日の前日において、①初診日の属する月の前々月までの被保険者期間の3分の2以上保険料納付または免除の期間があること（3分の2要件）、または②初診日が2026年4月1日前であり、初診日に65歳未満で、その初診日の属する月の前々月までの1年間のうちに、未納期間がないこと

（直近1年要件。後記第4章参照）である。

　障害年金は基本的には社会保険方式の制度であるため、原則として、①被保険者期間の3分の2以上の期間で保険料を納付等する必要があるとの要件（3分の2要件）が定められている。これに対し、1985年の国年改正法（昭和60年法律第34号）附則20条で、3分の2要件を満たしていない場合であっても、②初診日前の直近の1年間に未納等がなければ納付要件を満たすとの例外規定（直近1年要件）が定められた。

(3) 障害の程度要件

　障害の程度を認定する日（障害認定日または裁定請求日）に、障害等級に該当する程度の障害の状態にあることをいう。

　障害認定日とは、対象となる傷病が治った日またはその初診日から1年6カ月を経過した日のうちいずれか早い日をいう。この「傷病が治った」というのは、必ずしも治癒したことを意味するものではなく、「器質的欠損若しくは変形又は機能障害を残している場合は、医学的に傷病が治ったとき、又は、その症状が安定し、長期にわたってその疾病の固定性が認められ、医療効果が期待し得ない状態に至った場合」（いわゆる症状固定）をいうとされている（障害認定基準）。

　国年法上の障害基礎年金の障害等級は、1級と2級であり、1級は「身体の機能の障害又は長期にわたる安静を必要とする病状が日常生活の用を弁ずることを不能ならしめる程度」、2級は「身体の機能の障害又は長期にわたる安静を必要とする病状が、日常生活が著しい制限を受けるか又は日常生活に著しい制限を加えることを必要とする程度」とされている（国年法施行令別表【資料②】）。

(4) 初診日において20歳未満の者に対する例外（国年法30条の4）
　　　——無拠出年金

(A) 概　要

　障害年金は基本的に社会保険方式の制度であるため、原則として前記(1)(2)の加入要件、納付要件が必要である。しかし、初診日において20歳未満であ

り法律上国民年金の被保険者となることができない者でも障害基礎年金を受給することができることとするため、「保険」のしくみを用いない、社会扶助方式の理念からの例外規定が定められている（無拠出制の障害基礎年金（無拠出年金））。

　この場合、初診日において20歳未満でありさえすれば、加入要件および納付要件は問われない。障害の程度を認定する日は、障害認定日もしくは20歳に達した日のいずれか遅い日または裁定請求日である。

　なお、20歳未満であっても、会社勤めをするなどして厚生年金に加入していた者は、「被保険者」（国年法7条1項2号）に該当する。したがって、20歳未満であっても、厚生年金加入中に初診日があるケースでは、上記の無拠出年金ではなく、障害厚生年金（厚年法47条1項）の支給対象となり、さらに2級以上であれば障害基礎年金（拠出制。国年法30条1項または30条の2第1項）が支給される。

(B) 無拠出年金の支給停止

　いわゆる無拠出年金は、受給権者に一定の所得があるときなど、一定の場合に支給停止となる。これは、「国民年金保険料の負担を基本的にしていないのにもかかわらず年金が支給される」という性質に鑑み、高所得者等にまでこれを支給するのは相当でないとの理由で設けられた制限であるといえる。

　具体的に無拠出年金において支給停止がなされるのは以下の場合であり、この点が拠出制の障害基礎年金と異なっている。

(a) 所得による支給停止

　無拠出年金では、受給権者の前年における所得税法上の所得が一定の金額を超えた場合、その年の8月から翌年の7月まで、年金額の全部または2分の1を支給停止することとされている（国年法36条の3）。

　たとえば、「扶養親族のいない一人世帯」では、所得額が360万4000円を超える場合に年金額の2分の1が支給停止となり、462万1000円を超える場合に全額支給停止となる。また、世帯人数が増加した場合、上記の所得制限額は、扶養親族一人につき38万円（扶養親族が老人控除対象配偶者または老人扶

養親族であれば48万円、特定扶養親族等であれば63万円）加算される。（金額はいずれも2017年4月1日現在）。

　　(b)　その他の事由による支給停止（国年法36条の2）

上記のほか、無拠出年金は、次の場合にも支給停止となる。

①　恩給法、労災保険法等による年金給付であって、政令で定めるものを受けることができるとき

②　刑事施設、労役場その他これらに準ずる施設に拘禁されているとき

③　少年院その他これに準ずる施設に収容されているとき

④　日本国内に住所を有しないとき

3　障害厚生年金（厚年法47条）

(1)　加入要件

初診日において厚生年金保険の被保険者であることである。

国年法上の障害基礎年金は、無拠出制のものも含めると初診日に65歳未満の国内在住者全員が対象となりうるが、障害厚生年金の場合は初診日に厚生年金保険に加入していた者のみが対象となる。

なお、事業主が被保険者資格取得等の届出を行わなかった場合等には、被保険者または被保険者であった者は、厚生労働大臣に対して被保険者の資格の確認請求を行い、同大臣の確認を経て年金の支給を請求することができる（厚年法31条1項・18条1項・2項）。

(2)　納付要件

初診日の前日において、①国民年金の被保険者期間の3分の2以上保険料納付または免除の期間があること（3分の2要件）、または②初診日が2026年4月1日前であり、初診日に65歳未満で、その初診日の属する月の前々月までの1年間に、未納の国民年金被保険者期間がないこと（直近1年要件）である。

このように障害基礎年金の場合と同様に、3分の2要件のほか、直近1年要件の例外規定も設けられている（厚年改正法（昭和60年法律第34号）附則64

条1項)。

　ただし、前述のとおり、これらの期間の基礎となる被保険者期間は、国民年金の被保険者期間である（厚生年金保険の加入者は原則として国民年金の被保険者である）。そのため、たとえば、初診日前に厚生年金被保険者期間がない場合であっても、初診日において、厚生年金の被保険者であってそれ以前の国民年金のみの被保険者期間においてその保険料をきちんと納付等していれば、障害基礎年金のみならず障害厚生年金も受給しうる。その一方、厚生年金保険の加入後（初診日が厚生年金保険加入後、1年1カ月以内にある場合）はすべて保険料を納付していても、厚生年金保険に加入する前の時期に長期間国民年金を納付等していなかった場合は、いずれの年金も受給できない場合がある。

(3) 障害の程度要件

　障害認定日に、障害等級に該当する程度の障害の状態にあることをいう。
　障害認定日の定義は障害基礎年金と同様である。
　障害厚生年金の障害等級は、1級～3級であり、1級、2級の障害の程度は国年法の等級と同様である（厚年法施行令3条の8）。
　そして、3級は「労働が著しい制限を受けるか又は労働に著しい制限を加えることを必要とする程度」、「『傷病が治らないもの』にあっては、労働が制限を受けるか又は労働に制限を加えることを必要とする程度」とされている（厚年法施行令別表1【資料②】）。

4　障害手当金（厚年法55条）

　厚年法では、一定の場合に、障害手当金という一時金を受給できる制度がある。
　障害手当金は、障害認定基準において、「『傷病が治ったもの』であって、労働が制限を受けるか又は労働に制限を加えることを必要とする程度のものとする」とされている。「『傷病が治っていないもの』については、第3の第1章に定める障害手当金に該当する程度の障害の状態がある場合であっても

3級に該当する」とあるとおり、障害手当金の程度で症状が固定しない場合は3級と認定される。

またこれは、年金のように、毎年、偶数月に払われるというような定期的な給付ではなく、3級の額の2年分が一時金として給付される。

この①加入要件および②納付要件については障害厚生年金の場合と同様である。また、③障害の程度要件は、当該初診日から起算して5年を経過する日までの間におけるその傷病の治った日において、その傷病により一定の障害の状態にあることである（厚年法施行令3条の9・別表2【資料②】）。この障害の程度は「『傷病が治ったもの』であって、労働が制限を受けるか又は労働に制限を加えることを必要とする程度」とされている（厚年法施行令別表2）。

ただし、この障害手当金は、ⓐ厚年法・国年法の年金の受給権者（別傷病により最後に障害状態に該当しなくなった日から起算して障害状態に該当することなく3年を経過した受給権者等を除く）、および、ⓑ各種の公務員災害補償法、労働基準法および労働者災害補償保険法等の障害補償の受給権を有する者には支給されない（厚年法56条）。

5　特別障害給付金（特別障害給付金法）

特別障害給付金の制度は、国民年金制度の発展過程において生じた任意加入制度に関する特別な事情に鑑み、障害基礎年金等の受給権を有していない障害者に対する福祉の増進を図ることを目的として設立された（特別障害給付金法1条）。

⑴　「特定障害者」の要件

特別障害給付金が支給される「特定障害者」とは、①1986年3月31日以前に初診日があり、その当時被用者年金各法の被保険者等の配偶者であった者、または、1991年3月31日以前に初診日があり、その当時学生もしくは生徒であった者で、かつ、②その当時国年法の任意加入制度による被保険者でなかった者であって、③国年法の障害基礎年金等の受給権を有しない者である

(特別障害給付金法2条)。

(2) 障害の程度要件

現に、国年法の規定する障害等級に該当する程度(障害等級1級、2級)であることである(特別障害給付金法2条)。

(3) 支給額

1級の場合1カ月5万円、2級の場合1カ月4万円に改定率を乗じた額である(特別障害給付金法4条)。

(4) 支給されない場合

特定障害者に当たっても、①日本国内に住所を有しないとき、または②刑事施設、労役場その他これらに準ずる施設に拘禁されているときは支給されない(特別障害給付金法3条)。

Ⅳ 障害認定日請求とは

1 障害等級該当性の判断基準時・障害認定日請求とは

障害年金の請求者が「障害等級に該当する程度の障害の状態」(国年法30条1項、厚年法47条1項)にあるかどうかを判断する基準時は、①障害認定日、②障害年金の請求時、のいずれかとなる。

このうち、①障害認定日における障害の状態を根拠として障害年金を請求する場合を「障害認定日請求」という(②障害年金の請求時については後記Ⅴで述べる)。

詳しくは、後記第5章Ⅰ2を参照されたい。

〈図4〉 認定日請求と事後重症による請求

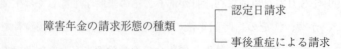

2　障害認定日とは（国年法30条1項、厚年法47条1項）

ここで、障害認定日とは、①初診日から起算して1年6カ月を経過した日、もしくは、②その1年6カ月以内に傷病が治った場合は治った日（その症状が固定し治療の効果が期待できない状態に至った日を含む）をいう。

②の「治った日」（症状固定日）の概念については、労働災害補償（いわゆる労災）や交通事故賠償における「症状固定日」と相違がある。これらの場合には、医師の判断で状態にあまり変動がなくなれば症状固定とする場合があるが、障害年金の場合は、症状固定の認定は非常に厳格である。たとえば、高次脳機能障害について、障害年金の場合には症状固定と認定することは非常に少ない。精神障害のほとんどや内部障害では症状固定が想定されておらず、そのために症状固定が要件である障害手当金の設定がない。肢体切断、心臓ペースメーカー、人工透析などの一定のケースについては、一定の基準に従って、1年6カ月経過前の段階であっても障害認定日を定型的に決することとされている（後記第5章Ⅰ2(3)(B)参照）が、これらは切断を除いては、障害認定日を早めるために設けられたもので、一旦症状が固定したものとみなす扱いであり、本来の「症状固定」とは違う。そのため心臓ペースメーカーや人工透析であっても、受給権発生後に再認定が行われる（後記第6章参照）。

脳血管障害の場合には、認定基準に「初診日から6月経過した日以後に、医学的観点から、それ以上の機能回復がほとんど望めないと認められるとき」を障害認定日とする、とあるが、この認定も簡単ではない。リハビリテーション（以下、「リハビリ」という）が終了していれば認定される可能性があるが、リハビリ中である場合にはなかなか症状固定を認めない。この際には機能回復のためではなく、機能維持のためのリハビリであることを立証できるかどうかが重要である。脳血管障害では、初診日から1年6カ月経過前に障害認定日があることを認定させることで初めて、遡及して障害年金が支給されることがしばしばある。これは、通常、障害者手帳の申請が6カ月

経過したときに行われ、この時点で手帳申請用診断書が作成されることから、障害年金の程度認定のための関節可動域および筋力の測定並びに動作制限の判定等の記録が確認できるのに対して、初診日から1年6カ月時には診断書作成に必要な関節可動域および筋力の測定並びに動作制限の判定がなされていないことが多いためである。

3 障害認定日請求の特徴

障害認定日請求において、障害年金受給権は障害認定日に発生し、実際には障害認定日の翌月分から（国年法18条1項、厚年法36条1項）障害年金が支給される。

障害認定日請求については、実務上、障害認定日から1年以内の年金請求か否かによって、「本来請求」、「遡及請求（遡及認定日請求）」とに区別され、両者の間では、年金請求時の必要書類等が若干異なっている。その詳細は次のとおりである。

(1) 本来請求

障害認定日から1年以内に障害年金の請求をすることを、実務上「本来請求」ということがある（〈図5〉参照）。

〈図5〉 本来請求

本来請求を行う際に添付すべき診断書は、原則として「障害認定日以後3カ月以内の現症のもの」とされている（厚生年金事務の手引き8頁）。

(2) 遡及請求（遡及認定日請求）

障害認定日から1年以上の期間が経過した後、障害認定日に遡って障害年金の請求を

〈図6〉 遡及請求（遡及認定日請求）

することを、実務上「遡及請求（遡及認定日請求）」ということがある（〈図6〉参照）。

　遡及請求であっても障害認定日請求であることに変わりはないので、前述のとおり、障害年金受給権は障害認定日に発生する。もっとも、障害認定日から5年以上が経過してしまってから障害年金の請求をした場合、5年以上前に発生していた部分の支分権としての障害年金受給権は時効消滅しているので、当該部分の障害年金は支給されない（国年法102条1項、厚年法92条1項）。

V　事後重症による請求とは

1　事後重症による請求と障害等級該当性の判断基準時

　「障害等級に該当する程度の障害の状態」にあるかどうかを判断する基準時は、①障害認定日、②障害年金の請求時、のいずれかとなる。
　このうち、「②障害年金の請求時」における障害の状態を根拠として障害年金を請求する場合を「事後重症による請求」という。

2　請求の特徴

　法令上、事後重症による請求は、障害認定日または20歳到達日（以下、単に「障害認定日」という）において「障害等級に該当する程度の障害の状態」になかった者が、その後65歳に達する日の前日までの間に「障害等級に該当

〈図7〉　事後重症による請求

する程度の障害の状態」になったときに請求できるもの（国年法30条の2第1項・30条の4第2項、厚年法47条の2第1項）とされている（〈図4〉・〈図7〉参照）。

　しかし、実務上は、「障害認定日当時診察を受けていなかった」、「障害認定日から長期間経過し、当時のカルテが廃棄されてしまった」などの理由で、障害認定日請求ができなくなってしまっているケースが散見される。そして、このようなケースにおいて事後重症による請求をやむを得ず行っている、というのが現状である。

　事後重症による請求の場合、障害年金受給権は、年金請求日に発生し、その翌月分から（国年法18条1項、厚年法36条1項）障害年金が支給される。また、年金請求時に添付すべき診断書は、「年金請求日以前3カ月以内の現症のもの」である（厚生年金事務の手引き9頁）。

3　留意点

　障害認定日から年金請求日までの間に「障害等級に該当する程度の障害の状態」になったとしても、制度運用上、その時点まで遡って障害年金受給権が発生することはない。すなわち、事後重症による請求の場合、年金請求をして初めて障害年金が受給できるようになる。そのため、障害等級に該当する状態になったときには、早急に年金請求をする必要がある。

　また、「肢体切断、心臓ペースメーカー、人工透析など初診日から1年6カ月を経過しなくても障害認定日を認定するケース」（詳細は後記第5章参照）においては、それぞれの傷病・処置ごとに障害認定日が定型的に定められているため、障害認定日において受給権が発生するものと取り扱われている。そのため、これらの特定のケースに該当する場合、事後重症による請求はできないものとされている（厚生年金事務の手引き8頁）。

　なお、障害認定日請求と事後重症による請求の特長について、〔表3〕に整理したので参照いただきたい。

〔表３〕 障害認定日請求・事後重症による請求の特徴

	年金受給権の発生時期	必要な診断書	その他の特徴
本来請求	障害認定日	障害認定日以後３カ月以内のもの	
遡及請求	障害認定日	①障害認定日以後３カ月以内のもの ②請求日以前３カ月以内のもの	消滅時効（５年間）の問題がある
事後重症請求	裁定請求日	請求日以前３カ月以内のもの	

Ⅵ 基準障害による請求

　国年法30条の３、厚年法47条の３に基づき、前発傷病による障害と後発傷病による障害をあわせて初めて１級または２級に該当する場合は併合した障害の程度の障害年金が支給される。

　前発と後発は、初診日が前か後かで決まる。後発傷病を「基準傷病」といい、それによる障害を「基準障害」という。基準傷病の初診日において、加入要件および納付要件を満たしていなければならない。前発傷病は二つ以上あってもよい。

　この請求は、初めて１級または２級に該当したときに受給権は発生するが、支給は請求日の翌月からである（国年法30条の３第３項、厚年法47条の３第３

用語解説

基準障害・基準傷病

　複数の障害がある者が、後発の傷病（基準傷病）とそれ以外の傷害を併合することで、初めて１級または２級に該当する程度になった場合に、請求することで障害年金を受給することができる。これを「基準障害による障害年金」と呼び、障害認定実務では「初めて１級・２級」ともいわれる。

項)。また、65歳到達日前に初めて1級または2級に該当していれば、65歳到達日後も請求が可能である。

なお、後発障害が2級であっても、前発障害とあわせて「初めて1級」となる場合には「初めて1級・2級」の受給権が発生する。

Ⅶ 障害年金に関する法令の構造

1 障害年金の法令上の根拠に関する基本構造

障害年金は憲法の生存権(25条)に基づく社会保障受給権であるとともに、障がいのある人の平等権(14条)を保障するためにある(〈図8〉参照)。

それは日本が批准した国際人権条約である障害者権利条約28条にいう「相当な生活水準及び社会的な保障」を遵守する内容であることを要する。

さらに障害者基本法1条における「全ての障害者が、障害者でない者と等しく、基本的人権を享有する個人としてその尊厳が重んぜられ、その尊厳にふさわしい生活を保障される権利を有する」、同法15条の「国及び地方公共団体は、障害者の自立及び生活の安定に資するため、年金、手当等の制度に関し必要な施策を講じなければならない」という法規に基づき、国民年金法・厚生年金保険法により障害年金は規定されている。

〈図8〉 障害年金の基本構造

2　現行法（新法）

　障害年金制度に係る法令は、1986年4月1日を境に旧法と新法とで施行される法令が大きく異なり、また、新法施行後も改正法や特別法の施行があり、事案を検討する際は注意が必要である。

(1)　障害年金の種類

　障害年金には、①障害基礎年金（国民年金）、②障害厚生年金の2種類がある。ただし、2015年9月に廃止されるまで、③障害共済年金もあった。それぞれ、根拠となる法令は異なる。

(2)　障害基礎年金（国民年金）

　障害基礎年金（国民年金）については、国年法、国年法施行令および、国年法施行規則がある。

(3)　障害厚生年金

　障害厚生年金については、厚年法、厚年法施行令および、厚年法施行規則がある。

(4)　障害共済年金

　障害共済年金については、国家公務員共済組合法、地方公務員等共済組合法、私立学校教職員共済法に規定され、それぞれに施行令と施行規則がある。
　ただし、「被用者年金一元化法」が、2012年8月10日に成立した。
　これにより、①厚生年金に公務員および私学教職員も加入し、年金制度の2階部分は厚生年金に統一すること、②共済年金・厚生年金の保険料率を統一し、制度の差異を解消すること、③共済年金にある公的年金としての3階部分（職域部分）は廃止すること、などが決まり、2015年10月1日から施行されている。
　公務員については、2015年9月30日までに受給権が発生した分までは障害共済年金、同年10月1日以降に受給権が発生した分は障害厚生年金になる。

3 旧法

(1) 1986年4月1日施行の大改正

　年金制度については、過去に大幅な改正がなされ、1986年4月1日に新法が施行された。この時より前に施行されていた国年法および厚年法を旧法という。現在でも旧法の期間に初診日（発病日）がある事例は意外に多いため、ここで触れておく。

　1986年3月31日までに給付の支給要件に該当した者（受給権が発生した者）については、原則として、旧法による障害年金が支給され、同年4月1日以後に支給要件に該当した者（受給権が発生した者）については、新法による障害年金が支給される。このため、初診日が同年3月31日以前の場合では、現在請求する場合も、旧法が適用になる場合がある。納付要件も異なるので、注意が必要である。

(2) 旧法の概要

　新法では障害基礎年金であるが、旧法には、障害年金と障害福祉年金の2種類があった。

　旧法の障害年金については、国民年金の保険料納付済期間が1年（保険料免除期間があるときは3年）以上ある人が加入中の傷病で障害状態となったとき、または老齢年金の資格期間がある人が65歳前に障害状態となったとき等に、支給される（納付要件の詳細は【資料⑩】参照）。また、旧法の厚年法では、加入要件は初診日ではなく、発病日で判断される。

　旧法の障害福祉年金については、20歳前の傷病で障害状態になった20歳以上の人か、初診日までに保険料の滞納がない被保険者が障害状態になったとき等に支給される。なお、本人と扶養義務者の所得制限がある。この、旧法の障害福祉年金が、1986年4月1日に、障害基礎年金に裁定替えされた。また、新法施行後に、障害福祉年金の受給権が発生した場合も、1986年4月1日時点で障害基礎年金に裁定替えされることになる。

4　1994年改正法附則6条の特例措置

　1994年改正法（平成6年法律第95号）附則6条で、旧法の障害年金の規定で要件不該当となった者の救済のための特例措置がとられた。

　初診日が1961年4月1日から、1986年3月31日までにある者で、旧法の障害年金の要件には不該当であるが、新法の保険料納付要件を満たしている場合に、救済の対象になる。

　この場合、65歳に達する日の前日までの間に、国年法30条の4第1項の障害基礎年金の支給を請求することができる。

　たとえば、1975年、20歳以降、国民年金に加入し、国民年金の保険料を支払っていたが1年納付する前に初診日がある人などが、この特例措置で救済される。

5　障害年金加算改善法

　障害年金加算改善法が、2010年4月28日に公布され、2011年4月1日より施行された。障害年金の受給権者について、結婚や子の出生等による生活状況の変化に応じた対応を図ることが目的とされている。

　以前は、障害年金の受給権発生時に生計維持している配偶者や子がいる場合にのみ障害年金受給額に加算が行われていたが、この法律により、受給権発生後に生計維持している配偶者や子がいる場合にも加算を行うことになった。生計維持している配偶者や子と認められるには、収入要件がある。

　なお、対象となる子は、18歳到達の年度末までの子（障害年金1級・2級の障がいがある子は20歳未満まで）である。配偶者については、原則65歳未満までである。

6　厚生年金特例法

　厚生年金特例法が、2007年12月19日から施行された。

　これは、被保険者から厚生年金保険料が源泉控除（天引き）されていたに

もかかわらず、事業主が年金事務所に対して、保険料納付と被保険者の資格関係の届出を行っていたことが明らかでない事案に対処するものである。

①年金の保険給付の対象とするための年金記録訂正を行うことや、②事業主は時効（2年間）消滅後であっても、納付すべきであった保険料（特例納付保険料）を任意で納付することができることとし、日本年金機構がその納付を勧奨することなどを内容としている。

7　重要条文と趣旨

最後に、実務上押さえておくべき重要条文とその趣旨についてまとめておく。実務を行うにあたって適宜参照し、国年法を使いこなしていただきたい。

〔表4〕　押さえておくべき国年法の重要条文の趣旨・内容

1条	国民年金制度が生存権（憲法25条）の理念に基づくこと。
15条	年金給付の種類に①老齢基礎年金、②障害基礎年金、③遺族基礎年金、④付加年金、寡婦年金、死亡一時金があること。
16条	年金は申請主義がとられ、受給権者の請求に基づいて厚生労働大臣が裁定すること。
30条	障害基礎年金の支給要件。初診日、障害認定日について、納付要件、年齢や住所の要件が規定されている。
30条の2	事後重症請求の規定。
30条の3	基準障害による障害基礎年金請求。
30条の4	20歳前傷病による障害基礎年金請求。
33条	障害基礎年金の1級・2級の額。
33条の2	配偶者、子の加算。
34条	障害基礎年金の等級変更、額改定。
36条・36条の2	障害基礎年金の支給停止。障害等級に該当しなくなったときや、「20歳前傷病による障害基礎年金」については刑事施設に拘禁されているとき、日本国内に住所を有しないときなどに支給停止される。
第36条の3	20歳前傷病による障害基礎年金は、前年の所得が基準額を超えたときは、1年間、障害基礎年金が支給停止される。

第3章

初診日

Chapter 3

I 初診日とは

1 法令の規定

(1) 障害基礎年金

　障害基礎年金の受給要件は、国年法30条〜30条の4に規定されている。

　国年法30条は、受給要件の原則を規定しており、同法30条の2は、障害認定日には障害等級の要件はなかったが、その後障害等級の要件を充足するようになった事後重症の場合、同法30条の3は、障害等級1級または2級に該当しない程度の障害の状態にある者が、新たに傷病（基準傷病）を生じて、この基準傷病による障害と他の障害とあわせて1級ないし2級に該当した場合を定めている。さらに、同法30条の4は疾病にかかり、または負傷し、その初診日において20歳未満であった者についての受給要件を定めている。

　国年法においては、30条の4を除き、初診日に国民年金の被保険者であるか、被保険者であった者で、加入要件を充足していることが必要とされている。

　国年法30条の4は、国民年金の被保険者となるのは20歳からであるところから、20歳未満の国民年金未加入者に対する措置を定めた規定である。

(2) 障害厚生年金

　障害厚生年金の受給要件は、厚年法47条〜47条の3に規定されている。

　厚年法47条は、受給要件の原則を規定しており、同法47条の2は、障害認定日には障害等級の要件はなかったが、その後障害等級の要件を充足するようになった事後重症の場合、同法47条の3は、障害等級1級または2級に該当しない程度の障害の状態にある者が、新たに傷病（基準傷病）を生じて、この基準傷病による障害と他の障害とあわせて1級ないし2級に該当した場合を定めている。

　厚年法においては、いずれも初診日に厚生年金の被保険者である者で、加

入要件を充足していることが必要とされている。

2　初診日の重要性

　受給3要件（前記第2章Ⅲ参照）のうち、①加入要件、②納付要件のいずれの要件を検討する場合においても、初診日がいつであるかが確定できなければ、その要件の存否を確認することができない。

　①加入要件では、前記のとおり初診日当日に加入していた制度によって、障害基礎年金の請求をするか、障害厚生年金の請求をするかが決まることになる。国民年金に未加入の場合でも、初診日に20歳未満であったり、60歳以降65歳未満の国内在住者については、障害基礎年金の対象となる。

　②納付要件では、初診日の前日の時点で納付済みの期間、申請を終えた免除または猶予期間（ただし、その後当該免除または猶予が承認されなければならない）が、納付済期間および免除期間となり、納付要件が検討される。

　前記のとおり初診日において国民年金制度に加入していたか、厚生年金制度に加入していたかによって、支給額、支給要件が異なるところがあり、そのいずれを請求できるかは、受給者にとっては重大な問題となる。また、初診日がいつであるかによっては、①加入要件や、②納付要件を充足せず、いずれの年金制度の受給も受けられないという場合もありうる。

　その意味では、①加入要件、②納付要件のいずれをも充足する時期に、初診日がないと、年金は受給できないということになる。

　また、障害認定日についても、初診日を基準として、初診日から起算して1年6カ月を経過した日、またはその期間内にその傷病が治った場合においては、その治った日（その症状が固定し治療の効果が期待できない状態に至った日を含む）としているので（国年法30条、厚年法47条）、ここでも初診日は起算日としての意味を有しているということになる。

3　初診日の定義

　初診日について、法律では「疾病にかかり、又は負傷し、かつ、その疾病

又は負傷及びこれらに起因する疾病（以下「傷病」という。）について初めて医師又は歯科医師の診療を受けた日」と定義されている（国年法30条、厚年法47条）。

つまり、初診日としては、次の類型があることになる。

① 疾病にかかり初めて医師または歯科医師の診療を受けた日
② 負傷して初めて医師または歯科医師の診療を受けた日
③ 疾病または負傷に起因する疾病について初めて医師または歯科医師の診療受けた日

①については、咽頭に異常を感じて医師の診療受けたところ、がんが発見されて、咽頭全部の摘出手術をした結果、言語機能を失ったというような場合には、この異常を感じて医師の診療を受けた日をもって、初診日とすることになる。

また、②については、交通事故で、片足を切断したというような場合には、この交通事故で搬送・入院された日をもって初診日とすることになる。

ところが、③については、障害の原因となった病気の前に、その病気の原因となった病気があった場合には、その前の病気について受診した日をもって初診日とするというもので、障害の原因となった病気と、前の病気との間には少なくとも因果関係がなければならないと解される。

この点について、厚労省が、障害認定基準を定めて公表しており、「第1 一般的事項」の「3 初診日」として「初診日とは障害の原因となった傷病につき初めて医師又は歯科医師の診療を受けた日」としており、法律の条文と同じように定義している。

この初診日の定義にいう「傷病」については、「2 疾病」として「(1)傷病とは、疾病又は負傷及びこれらに起因する疾病を総称したものをいう。／(2)『起因する疾病』とは、前の疾病または負傷がなかったならば後の疾病が起こらなかったであろうというように、前の疾病又は負傷との間に相当因果関係があると認められる場合をいい、負傷は含まれないものとする」と定義している。

そこで、前の負傷または疾病と後の疾病との間に相当因果関係が認められなければならないことになると解釈されている。

　そのため、前の負傷または疾病についての初診日を、障害年金請求上の初診日として後の疾病について年金受給のための裁定請求をしても、これが認められるかどうかについては、さまざまであり、認められないという場合もあって、この相当因果関係をめぐって不服申立てがなされたりするケースも生じている。

II　初診日の特定

　前記I2のとおり、①加入要件、②納付要件のいずれをも充足する時期に、初診日がないと、年金の受給はできない。その意味で、初診日がどこになるか、その特定は重要な問題であるといえる。

　年金受給を請求しようとする人は、現在の傷病になる以前に、時には、別の傷病があるような場合もあり、それが初診日となるケースもないではない。このあたりを十分に注意して、初診日の特定を行うべきである。

1　具体的な初診日の例

　具体的にどのような場合が初診日として取り扱われるのかについては、年金機構における障害基礎年金事務の手引き2頁の記載が参考となる。

　これによれば、次のような場合が、初診日として認められている。

① 　初めて診療を受けた日　　治療行為または療養に関する指示があった日

② 　同一の傷病で転医があった場合　　初めに医師等の診療を受けた日

③ 　過去の傷病が治癒し同一傷病で再度発症している場合　　再度発症し医師等の診療を受けた日

④　じん肺症（じん肺結核を含む）　　じん肺と診断された日
⑤　先天性の知的障害（精神遅滞）　　出生日
⑥　先天性心疾患、網膜色素変性症など　　具体的な症状が出現し、初めて診療を受けた日
⑦　先天性股関節脱臼　　完全脱臼したまま生育した場合は出生日が初診日、青年期以降になって変形性股関節症が発症した場合は、発症後に初めて診療を受けた日（ただし、完全脱臼していても受診がないまま、成人となるケースもあり、その場合この扱いは妥当ではなく、これらはあくまで「例示」にすぎないことに留意すべきである）
⑧　発達障害（アスペルガー症候群や高機能自閉症など）　　自覚症状があって初めて診療を受けた日が初診日。知的障害（精神遅滞）とは異なるので注意が必要である。

　これらの例は、法律が初診日について規定する、①疾病にかかり初めて医師または歯科医師の診療を受けた日、または、②負傷して初めて医師または歯科医師の診療を受けた日という記載に即しており、理解しやすいものである。

　過去の傷病が治癒したのち再び同一傷病が発症した場合は、再発として過去の傷病とは別傷病とするが、治癒したと認められない場合は、傷病が継続しているとみて同一傷病として取り扱うとしていることは法律の規定からすれば当然のことである。ただし、医学的には治癒していない場合でも、社会的に治癒したものと認められれば、再発（悪化）後の最初の受診日が初診日とされる（社会的治癒）。

　障害年金の初診日は、医師または歯科医師の診療を受けた日とされている。そのため、実務上、原則として、整骨院、ほねつぎ、鍼灸院等への通院日は初診日と認められない。

　健康診断を受けた日（健診日）は、原則として初診日として取り扱わないとされている。ただし、初診時（1番最初に受診した医療機関）の医師の証明が添付できない場合であって、医学的見地から直ちに治療が必要と認められ

る健診結果である場合については、請求者から年金請求書等によって健診日を初診日とするよう申立てがあれば、健診日を証明する資料を（人間ドックの結果など）求めたうえで、初診日と認めることができるとされている規定も、後記Ⅲの初診日の証明の問題とも絡んで、救済的規定として理解できる。

しかし、次の場合は、具体的にどのような場合であるか、個別に検討する必要がある。

⑨　障害の原因となった傷病の前に相当因果関係があると認められる傷病があるとき　最初の傷病の初診日が対象傷病の初診日（相当因果関係の存在）

⑩　傷病名が確定しておらず、対象傷病と異なる傷病名であっても、同一傷病と判断される場合　他の傷病名の初診日が対象傷病の初診日（同一傷病の認定）

2　相当因果関係の存在

障害基礎年金事務の手引き6頁以下によれば、相当因果関係ありとして取り扱われることが多い例は以下のとおりである。

①　糖尿病と糖尿病性網膜症または糖尿病性腎症、糖尿病性壊疽（糖尿病性神経障害、糖尿病性動脈閉鎖症）。

②　糸球体腎炎（ネフローゼを含む）、多発性のう胞腎、慢性腎炎に罹患し、その後慢性腎不全を生じたもの（両者の期間が長いものも含む）

③　肝炎と肝硬変

用語解説

社会的治癒

一度受診をしたが、社会復帰し、通常の日常生活を送っていたところ、その傷病が再び悪化した場合に、最初の受診時を初診日とすると不都合が生じる場合があり、このような事例では、社会保険上は「社会的治癒」という取扱いをして、悪化後の最初の受診日を初診日とすることを認めるケースがある。

④　結核の化学療法による副作用として聴力障害を生じた場合
⑤　手術等による輸血により肝炎を併発した場合
⑥　ステロイドの投薬による副作用で大腿骨頭無腐性壊死が生じたことが明らかな場合
⑦　事故または脳血管疾患による精神障害がある場合
⑧　肺疾患に罹患し手術を行い、その後、呼吸不全を生じたもの（肺手術と呼吸不全発生までの期間が長いものも含む）
⑨　転移性悪性新生物は、原発とされるものと組織上一致するか否か、転移であることを確認できたもの

これに対して、相当因果関係なしとして取り扱われることが多い例として、以下のものがあげられている。

Ⓐ　高血圧と脳出血または脳梗塞
Ⓑ　近視と黄斑部変性、網膜剥離または視神経萎縮
Ⓒ　糖尿病と脳出血または脳梗塞

ここで、注意しておかなければならないのは、医学的には、高血圧と脳出血は「因果関係」があるとされることが多いと思われるが、障害認定基準においては、「相当因果関係」はないとされていることである（しかし、因果関係を認めた判例もある（後記第9章判例7））。

このように、二つの傷病の間に因果関係があると認められるかどうかは、さまざまである。

これらの実務の運用は整合性と説得性に欠き、法の理念（憲法25条（国年法1条）、生活の安定・福祉の向上（厚年法1条））に照らして適切とは思われない。

そこで、具体的な事例において障害年金の請求の可否を検討する場合には、裁決例や、判例にあたることはもちろんであるが、主治医の判断や、医学文献にあたるなどして、因果関係を判断していくことが必要となる。

3 異なる傷病名につき「同一傷病」とする場合

　傷病名が確定しておらず、対象傷病と異なる傷病名であっても、同一傷病と判断される場合は、他の傷病名の初診日を対象傷病の初診日とすると解されているが、このような例としては、精神障害の事例があげられる。

(1) 精神障害

　精神障害については、診断基準が整備されつつあり（ICD-10、DSM-5等）、これによる診断がなされるようになっているが、反面これによると基準を満たさない、あるいは典型的でない場合には、見逃されることになるといわれている。他方、この診断基準が整備される以前から行われてきた医師の診察の所見から疾患を診断するという手法もある。ただ、この場合には、診断する医師によっては診断手法に差が出るため、医師によって診断名が異なるということがあった。

　現状では、上記二つの手法のうち、診断基準を主体としつつ、診察の所見をも併用するという形がとられているといわれている。

　このような精神障害における現状から、特に、過去にA医師から診断された病名と、B医師に診断されている病名が異なっているという事例がみられることになる。

　たとえば、初診日における診断名は、神経性不眠症の疑いというものであったが、その後数年経過した後に、統合失調症と診断され、年金受給を申請して認められた事例などがある。

　また、不眠を訴えて精神科や内科等で睡眠剤を処方してもらったとか、精神状態が不安定ということで、精神安定剤を処方してもらったという場合で、その後数年経過して統合失調症と診断されて、年金受給を申請する事例や、内科を受診して、その際に精神科の受診を勧められていたということが記録上明確であった事例などは、原則として、これら確定診断前や他診療科の受診日を初診日として、年金受給の申請が認められる。

　もちろん、これらの年金受給申請が認められた事例も、それぞれ具体的な

受診内容、その後の治療の経過等も踏まえたうえでの判断ではあるが、統合失調症等の精神疾患であるとの確定的な診断がされた病院での初診日が、初診日であるとはいえず、診断名が異なっていても同一傷病として取り扱うのが原則ということは銘記しておくべきである。

(2) 難病

難病の場合には、専門医も少なく、当初は別の診療科で個別の症状からは、別の病気と診断される可能性があるなど正確な診断を受けられない場合がある。その結果、精神疾患と同じように、当初は別の病気と診断されたが、症状が進行して数年後に初めて専門医の診断を受けて難病であると診断されるという初診日の診断名と申請時の診断名が異なる事例が生ずる。

たとえば、難病の一つである線維筋痛症の場合には、不眠などの症状が出て、精神科を受診して睡眠剤を処方してもらうということや、うつ病と診断される例がありうる。このような場合には後々、専門医によって線維筋痛症であると診断された場合の初診日として、この精神科を受診した最初の日と認定される場合もありうる。

(3) 同一傷病の判断

もちろん、傷病名が異なる二つの傷病があったからといって、すべての場合に、同一の傷病であると認められるものではない。そこで、具体的な事例において、障害年金の請求の可否を検討する場合には、二つの傷病の関連性、医師の意見なども参考にして、請求の可否を判断するべきである。

4 初診日の特定ができない場合

これまでは、初診日を受診した医院等の記録から、正確に特定することができた場合を前提としてきたが、これが困難な場合もありうる。

障害年金の場合には、傷病があったとしても、障害年金制度そのものを知らず、受給可能性があることを知らなかったために、障害状態となったのち受給申請をしないまま、数年、あるいは十数年も経過している事例が多数ある。

このような場合、受診した医院等が廃業していたりすれば、受診した日のカルテ等が存在するわけはない。そうでなくとも、カルテ等の保存期間については、5年とされている（医師法24条2項）から、すでにカルテが廃棄されているという場合も考えられる。

　このような場合、どのようにして初診日を（正確には、診断された内容の調査の意味を有する場合もありうる）特定するかという問題が生ずる。

　これについては、初診日の証明方法にもかかわるので、後記Ⅲで触れることとする。

Ⅲ　初診日の証明

1　カルテ等による証明

　初診日がいつであるかを証明する場合、当該傷病で受診した病院に現在も通院している場合には、その病院に診断書を作成してもらい、そこに初診日を記載してもらうことで足りる。

　仮に、転院をしていた場合には、もともと当該傷病で受診していた病院に「受診状況等証明書」（【資料④】）に初診日等の所定の事項を記載したものを作成してもらうことになる。

　もちろん、「受診状況等証明書」は、過去のカルテ等から転記するものであるから、その作成のもととなったカルテ等は存在していることになる。そこで、詳細な診断内容についての情報を得たいという場合には、年金請求者本人に、病院に対してカルテ開示の請求手続（詳細については後記第7章Q8参照）をとってもらえれば、カルテ等も入手することができる。

　また、初診の医療機関が遠方にあるなどして、年金請求者本人がカルテ等の開示を直接請求することが困難な場合もあり、弁護士が年金請求者本人に代わって調査をする場合もありうる。その場合、弁護士法に基づき弁護士照

会をするなり、可能であれば、年金受給者本人から委任状を受領して、医療機関に対して、個人情報の本人に対する開示請求として行うことが望ましい。

2 カルテの廃棄等によって医師の初診日証明が得られない場合の証明

前記Ⅱ4のとおりカルテの保存期間の経過後である場合や、そもそも受診していた医療機関自体が廃院となるなどして、カルテを探すことができないという場合がありうる。

障害基礎年金事務の手引きによれば、初診日証明が得られない場合の手順として、次のような方法を講ずることとされているので、以下のような資料を揃えることができないか、検討することとなる。

(1) 受診状況等証明書

障害認定日による請求で障害認定日が遡及する場合、事後重症による請求で初診日がかなり遡った傷病による年金請求では、終診（転医・中止）から5年を経過していると、当時の診療録が廃棄されていること等により、初診時の医療機関における診療録に基づく初診等を証明する医師の証明が得られないことがある。

しかし、「一方では、患者に的確な診療を行うために診療録の保管期限の5年を経過していても『患者サマリー』として既往歴を保管している医療機関もあるので、初診時の医療機関と診断書を作成した医療機関が異なる場合、まず『受診状況等証明書』を求める」として、「受診状況等証明書」を得られるかどうか、検討することを求めている。

(2) 受診状況等証明書が添付できない申立書

初診時（1番最初に受診した医療機関）の医師の証明書が添付できない場合は、「受診状況等証明書が添付できない申立書」を提出し、2番目に受診した医療機関による、最初の受診医療機関および初診日が記入されている医師の証明書（受診状況等証明書）が提出できるか確認し、2番目の医療機関にカルテがなく添付できない場合は、「受診状況等証明書が添付できない申立

書」を提出する。この作業を1番古い医師の証明書（受診状況等証明書）が添付できるまで繰り返すこととなり、この申立書を順次作成して遡ることによって、初診日を確定する。

なお、2番目以降に受診した医療機関による最初の受診医療機関および初診日が記入されている医師の証明などの資料は、次の取扱いとされている。なお、①・②の取扱いについては、後述する初診日に関する2015年9月28日付通知（【資料⑫】参照）においても認められている。

① 請求の5年以上前に医療機関が作成した資料（診療録等）に本人申立ての初診日が記載されており、それをもとに作成された資料の場合は、その資料単独で初診日を認めることができる。

　　たとえば、2番目の医療機関の受診状況等証明書に、7年前の診療録をもとにして最初の受診医療機関および初診日が記入されている場合である。

② 医療機関による資料の作成が、請求の5年以上前ではないが相当程度前である場合については、他の参考資料が併せて提出された場合には、初診日を認めても差し支えない。ただし、他の参考資料としては、第三者証明は不適当であり、お薬手帳、領収書、診察券など本人申立て以外の記録を根拠として初診日について推定することが可能となる資料が必要である。

③ 初診日を確認するうえで、次のものを参考資料として取り扱うこととしているので、初診時の医師の証明が添付できない場合は、次の書類の写しを「受診状況等証明書が添付できない申立書」に添付する。

　ⓐ 身体障害者手帳、精神障害者保健福祉手帳、療育手帳　手帳では、交付月日、障害等級、等級変更の履歴、傷病名（身体障害者手帳のみ）等が確認できる。更新前の手帳も参考になる。

　ⓑ 身体障害者手帳等の申請時の診断書

　ⓒ 生命保険、損害保険、労災保険の給付申請時の診断書　診断書（写）では、傷病の発生年月日、傷病の原因、傷病の経過等を確認す

ることができる。

　本人が保管していない場合は、診断書を提出した市区町村の窓口、福祉事務所、保険会社等に提出した当時の診断書が保管されているか確認する。

ⓓ　交通事故証明書　　交通事故が原因である場合、交通事故証明書で事故発生年月日が確認できるので初診日を特定する資料となる。

ⓔ　労災の事故証明書　　事故発生年月日、療養開始日等が確認できるので初診日を特定する資料となる。

ⓕ　事業所の健康診断の記録　　事業所は、労働安全衛生法の規定により、健康診断の結果を5年間保管する義務があるので、本人が健康診断の結果を保管していない場合は、事業所に保管されているか確認する。

　なお、健康診断を受けた日（健診日）は原則、初診日として取り扱わないが、初診時の医師の証明が添付できない場合であって、医学的見地から直ちに治療が必要と認められる健診結果である場合については、健診日を証明する資料（人間ドックの結果など）を求めたうえで、初診日を認めることができることとすると、初診日に関する2015年9月18日付通知において定められたので、健康診断の記録も意味を有する場合がある。

ⓖ　インフォームド・コンセントによる医療情報サマリー　　傷病の発生からの治療経過や症状の経過等が確認できるので、初診日を特定する資料となる。

ⓗ　健康保険の給付録（健康保険組合や健康保険協会等）　　初診日に係る健康保険の給付記録が健康保険組合や健康保険協会に保管されている場合があるので、初診日の証明が取得できない場合は、本人経由で取り寄せてもらう。

ⓘ　次の受診医療機関への紹介状　　2番目以降の医療機関にて、前医について確認可能な場合もある。受診状況等証明書を整備する際には、

わかる範囲で前医の医療機関名、受診期間、診療内容を具体的に記入してもらうようにし、前医からの紹介で受診した場合は、その紹介状の写しを添付してもらえないか確認する。

ⓙ　電子カルテ等の記録（氏名、日付、傷病名、診療科等が確認されたもの）
　　患者の受診記録を電子カルテ等に保管している医療機関があり、初診日診療科、傷病名が確認できる画面がある場合には、その画面を印刷したものを提出する。

ⓚ　お薬手帳、糖尿病手帳、領収書、診察券（可能な限り診察日や診療科がわかるもの）　お薬手帳では、処方箋を発行した医療機関等が確認できる。糖尿病手帳では、手帳を発行した医療機関と血糖値などの検査数値が確認できる。領収書では、受診日、診療科等が確認できる。診察券では、発行日（受診日）診療科等が確認できる。

　なお、初診日に関する2015年9月28日付通知により、診察券や医療機関が管理する入院記録等により確認された初診日および受診した診療科については、請求傷病での受診である可能性が高いと判断できる診療科（精神科など）である場合には、それらの参考資料により初診日を認めることができるとされた。また、診察券や入院記録等だけでは請求傷病での受診である可能性が高いと判断できない診療科（内科など）の場合であっても、診察券や入院記録等で初診日および受診した診療科が確認できたときは、請求者申立ての初診日について参考となる他の資料とあわせて初診日を認めることができるとなったが、他の傷病による受診であると明らかに推認できる場合は認めないこととするとされている。

3　第三者証明

　上記のような資料すら提出できない場合がありうる。特に、20歳前障害による障害基礎年金の請求については傷病の初診日から期間が経過しているなどして初診日が確認できる書類が添付できない場合があり、厚労省年金局事業管理課長は平成23年年管管発1216第3号「20歳前障害による障害基礎年金

の請求において初診日が確認できる書類が添付できない場合の取扱いについて」において、取扱いを定めた。

　しかし、その後国年法施行規則および厚年法施行規則の改正に伴い初診日に関する2015年9月28日付通知をあらためて定めた。また、同月29日には2015年給付指2015-120・年相指2015-76「初診日を明らかにすることができる書類を添えることができない場合の取扱い（指示・依頼）」も出され、同年10月1日以降に決定されるものに適用されることとなった。

　これによって、20歳前に初診日がある場合に第三者による証明書の提出によって初診日を認めるだけでなく、20歳以降に初診日がある場合にも第三者の証明書を提出することで、初診日を合理的に推定するための参考資料として初診日を認めることができる可能性が認められた。

　ただし、20歳前に初診日がある場合の第三者証明の要件と20歳以降に初診日がある場合の第三者証明では、取扱いが異なる。

　そもそも、20歳以降に初診日がある場合には、第三者証明（医療機関で診療を受けていたことについて第三者が申し立てることにより証明したもの。以下同じ）を初診日を合理的に推定するための参考資料とすることとされている。

　この場合第三者証明とともに、初診日について参考となる他の資料の提出を求め、両資料の整合性等を確認のうえ、障害年金を請求する者が申し立てた初診日を初診日として認めることができることとする。

　しかも第三者証明の要件を限定し、かつ、参考となる他の資料としては、診察券や入院記録などの初診日について客観性が認められる資料であるとして資料も限定している。

　これに対して、20歳前に初診日がある場合の第三者証明の取扱いについては請求者が20歳前に発病し、医療機関で診療を受けていたことを明らかにする第三者証明により、請求者申立ての初診日を認めることができることとするとして、初診日を証明する書類が第三者証明のみの場合であっても、第三者証明の内容を総合的に勘案して、請求者申立ての初診日を認めることができることとするとしている。

なお、20歳前に初診日がある場合であって、当該初診日が厚生年金等に加入していた期間である場合の第三者証明の取扱いは、障害厚生年金等の支給の対象となることから、20歳以降に初診日がある場合と同じ取扱いとされている。

いずれにしても、第三者証明による場合には、当該第三者証明が上記通知の要件に該当するかを検討したうえで、第三者証明の文書を作成する必要がある。

4 初診日が一定の期間内にあると確認された場合の初診日確認の取扱い

前記3で参照した通知では、さらに初診日を具体的に特定できなくても、参考資料により一定の期間内に初診日があると確認された場合について、一定の要件に該当する場合には、一定の条件の下、請求者が申し立てた初診日を認めることができることとした。

まず、ここにいう参考資料としては、一定の期間の始期に関する資料、たとえば、請求傷病に関する異常所見がなく発病していないことが確認できる診断書等の資料（就職時に事業主に提出した診断書、人間ドックの結果など）や、請求傷病の起因および当該起因の発生時期が明らかとなる資料（交通事故が起因となった傷病であることを明らかにする医学的資料および交通事故の時期を証明する資料、職場の人間関係が起因となった精神疾患であることを明らかにする医学的資料および就職の時期を証明する資料など）、また、医学的知見に基づいて一定の時期以前には請求傷病が発病していないことを証明する資料がある。

一定の期間の終期に関する資料として、たとえば、請求傷病により受診した事実を証明する資料（2番目以降に受診した医療機関による受診状況等証明書など）、請求傷病により公的サービスを受給した時期を明らかにする資料（障害者手帳の交付時期に関する資料など）、20歳以降であって請求傷病により受診していた事実および時期を明らかにする第三者証明がある。

これらの参考資料があり、初診日があると確認された一定の期間がすべて国民年金の加入期間のみであるなど同一の公的年金制度の加入期間となっており、かつ、当該期間中のいずれの時点においても、障害年金を支給するための保険料納付要件を満たしている場合は、当該期間中で請求者が申し立てた初診日を認めることができることとした。

また、初診日があると確認された一定の期間中、異なる公的年金制度の加入期間となっており、かつ、当該期間中のいずれの時点においても、障害年金を支給するための保険料納付要件を満たしている場合は、請求者申立ての初診日について参考となる他の資料とあわせて初診日を認めることができることとした。さらに、異なる制度に加入していた一定期間に初診日があり、その期間ごとに初診日があっても納付要件を満たすという場合に、国民年金加入中を初診日と申し立てた場合には、その日を初診日と認めることとした。

これらの諸要件の詳細については、通知を確認されたい。

5　日付が特定されない初診日の取扱い

前記3で参照した通知では、資料により初診日のある年月までは特定できるが日付が特定されない場合には、保険料の納付要件を認定する時点や遺族年金における死亡日の取扱い等を踏まえ、当該月の末日を初診日とするとしている。

ただし、当該月に異なる年金制度（国民年金と厚生年金など）に加入していた場合については、当該月の月末を初診日とはしない。

6　初診日を確認する際の留意事項

前記3で参照した通知では、初診日の確認にあたっては、初診日の医証（医師による証明）がない場合であっても、2番目以降の受診医療機関の医証などの提出されたさまざまな資料や、傷病の性質に関する医学的判断等を総合的に勘案して、請求者申立てによる初診日が正しいと合理的に推定できる場合は、請求者申立ての初診日を認めることができることとしている。また、

初診日に関する複数の資料が提出された場合には、他の資料との整合性等や医学的判断に基づいて、請求者申立ての初診日を確認するものとすると定められた。

　このように初診日が確定できない場合にも、上記通知に定める各種要件に該当するかを検討したうえで、参考資料等を揃えていく必要がある。

　ただし、行政通知は行政内規にすぎず、市民や司法を拘束する法規範性はなく、通知の記載事項に該当しないからといって法的に認められないとは限らず、申請代理人としては通知も参考としながらあらゆる観点から立証方法を検討するべきである。

第4章

保険料納付要件

Chapter 4

I　保険料納付要件とは

　原則として、障害年金の受給権を取得するためには、一定以上の保険料の納付等の条件を満たすことが不可欠となる。これを「保険料納付要件」と呼び、社会保険の原理に基づき、原則として保険料の納付等を行わなかった者にその対価である給付（障害年金等の支給）が行われることはない。

　ただし、20歳前の被用者年金（厚生年金保険・共済年金）に加入していない期間に初診日のある無拠出制の障害基礎年金については、国民年金に加入前であり、そもそも被保険者期間が存在しないことから、保険料納付要件は問われないこととされている。

　すなわち、生まれながらにして障がいのある人、幼少期・若年期に障害を発症した人（厳密には20歳に達する日より前に受診歴のある人）については、障害年金受給に保険料の納付は一切問われない。

　過去に、「納付要件が絶対」と誤解している弁護士が、「障害があるため私は仕事も出来なかったので、保険料を納付してきませんでした。私は障害年金を受けられるでしょうか」という法律相談に対して、「保険料を納付していない人は年金を受け取ることはできません」などと回答した例があった。このような誤りにより障がいのある人の重要な権利を奪うことのないよう留意が必要である。

　障害厚生年金対象者でも国民年金の被保険者期間で判断することになる。なお、初診日が1991年5月1日より前にある場合は取扱いが異なるため注意が必要である。具体的な保険料納付要件は次のとおりである。

1　初診日が1991年5月1日以後にある場合の保険料納付要件

　傷病に係る初診日の前日において、当該初診日の属する月の前々月までに被保険者期間があり、かつ、当該被保険者期間に係る保険料納付済期間と保

険料免除期間とを合算した期間が当該被保険者期間の3分の2以上あることである（国年法30条1項、厚年法47条1項。以下、この要件を特に「3分の2要件」という）。

なお、初診日の属する月の前々月までに被保険者期間が存在しない場合は、納付要件を充足する取扱いとなる。

〈図9〉 納付要件を満たす場合の納付状況

	年度＼月	4	5	6	7	8	9	10	11	12	1	2	3
納付状況	2014	／	／	／	納	納	納	納	未	納	納	納	納
	2015	未	未	未	免	免	免	免	免	免	免	免	免
	2016	免	免	免	未	未	未	未	未	未	未	未	納
	2017	納	納	納	納	納	納	納	初診日	／	／	／	／

※「／」は未加入、「納」は納付、「未」は未納
厚労省「障害基礎年金お手続きガイド」（2015年）17頁を参照して作成

〈図9〉の場合、初診日の属する月の前々月までの被保険者期間39カ月のうち、免除・納付済期間は30カ月となる。

したがって、納付要件を満たしている。

〈図10〉 初診日の前々月以前に被保険者期間がない場合
①20歳到達月の翌月に初診日がある場合（厚生年金保険加入なし）

月	4	5	6	7	8	9	10	11	12	1
納付状況	／	／	／	／	／	未				

　　　　　　　　　　　　　　　　△　　△
　　　　　　　　　　　　　　　20歳　初診

②20歳前からずっと海外に在住しており未加入だったが、20歳後帰国し強制加入となった翌月に初診日がある場合

月	4	5	6	7	8	9	10	11	12	1
納付状況	／	／	／	／	／	未				

　　　海外在住（任意加入なし）　　△　　△
　　　　　　　　　　　　　　　帰国・強　初診
　　　　　　　　　　　　　　　制加入

※「／」は未加入を、「未」は未納

〈図10〉①・②は保険料を納めていないが、初診日の属する月の前々月ま

でに被保険者期間が存在しないため、保険料納付要件を充足することとなる。

なお、①の場合は、20歳前の未加入期間中の初診ではないため、拠出制の障害基礎年金の対象となる。

2　初診日が1991年5月1日より前にある場合の保険料納付要件

傷病に係る初診日の前日において、当該初診日の属する月前における直近の基準月（1月、4月、7月および10月をいう）の前月までに被保険者期間があり、かつ、当該被保険者期間に係る保険料納付済期間と保険料免除期間とを合算した期間が当該被保険者期間の3分の2以上あること（国年改正法附則（昭和60年第34号）21条）。

1991年3月までの国民年金保険料については、一部の市区町村で1月、4月、7月、10月の基準月に前3カ月分の保険料をまとめて納付することが可能な取扱いがなされていた。したがって、前記1の原則の規定で判断すると、保険料納付要件を満たさない事態が起こりうる。そのため、1991年5月1日より前に初診日がある場合は、請求者に責めがなく、原則の取扱いによる不利益を受けることがないよう、前記1の規定において、「初診日の前々月まで」を「初診日の属する月前における直近の基準月（1月、4月、7月及び10月）の前月まで」と読み替えて適用することになる。

3　「初診日の前日において、初診日の属する月の前々月まで」の意味

保険料の徴収権は2年で時効となる（国年法102条4項）。したがって、時効にかかっていない2年間分の保険料は、遡及して納めることや免除等を申請することが可能となっている。しかし、障害年金の保険料納付要件を確認する場合には、初診日よりも前の分の保険料について初診日以後に納めたものや免除等の申請をしたものは考慮されないこととされている。すなわち、初診日の前日までに納めたものや免除等を申請していたもののみが対象とな

る。これが「初診日の前日において」の意味である。

また、保険料の納期限は翌月末日（翌月末日が休日および祝日等で金融機関が営業していない場合はその翌日）となるため、初診日の前

〈図11〉 初診日が8月15日の場合の納付状況確認対象

| 4月 | 5月 | 6月 | 7月 | 8月 | 9月 |

この間の納付状況を確認する　△初診

日の時点において日本年金機構で納付状況の確認がとれるものが前々月までの保険料となる。初診日の前月のものは納期限が到来していないため、支払いがなかったとしても、初診日の前日の時点では支払いの有無の判断ができない。したがって、障害年金の保険料納付要件を確認する場合には、初診日の属する月の前々月までの保険料についての納付状況等の確認を行うこととなる。これが「初診日の属する月の前々月まで」の意味である。

〈図11〉の場合は、初診日が8月15日であるため、8月14日までに納付や免除がされた保険料について、初診日の属する月である8月の前々月である6月までの保険料の納付状況を確認することとなる。

4 被保険者期間計算の際に注意する事項

(1) 3分の2要件を確認する際に計算から除外する期間

次の期間については、3分の2要件を判断するうえで、被保険者期間、保険料納付済期間および保険料免除期間の計算から除外することとされている。

① 1961年4月1日以後の期間について、日本国籍を有する者であって、日本に住所を有しないために、国民年金の適用を除外されていた期間のうち、国民年金に任意加入しなかった期間

② 1961年4月1日から1986年3月31日までの被用者年金制度の被保険者の被扶養配偶者であったために国民年金の適用を除外されていた期間のうち、国民年金に任意加入しなかった期間

③ 1961年4月1日から1991年3月31日までの昼間学生であったために国民年金の適用を除外されていた期間のうち、国民年金に任意加入しな

かった期間および1986年4月1日から1991年3月31日までの専修学校等の学生であったために国民年金の適用を除外されていた期間のうち、国民年金に任意加入しなかった期間

なお、海外滞在との関係では、以下の場合に合算対象期間となり、任意加入期間として、3分の2要件の計算から除外できる（日本年金機構の指示である2017年給付指2017-98「日本に住民基本台帳登録をしたままで海外へ出国した者等にかかる合算対象期間の取扱い」とそれに添付された「疑義照会（回答）票（厚労省）」）。

① 日本に住所を有していたことが確認できない場合（戸籍附票が廃棄されている等の理由により、日本に住民基本台帳登録がされていたのか、あるいは海外へ転出していたのかが確認できない等）に、旅券の写しや滞在国の交付する居住証明書等により1年以上海外に滞在した期間を確認できたときのその海外滞在1年経過後以降の期間

② 海外滞在の1年経過後以降の期間がそれ以前から国民年金第1号被保険者期間となっている場合に、海外滞在の1年経過後以降の期間について、事後的に住民票の記載を住民登録の消除期間に修正できたときのその海外滞在1年経過後以降の期間（自治省1971年自治振第128号「住民基本台帳法の質疑応答について」における「海外出張者の住所は、出張の期間が1年以上にわたる場合を除き、原則として家族の居住地にある」という記載参照）。

(2) 相当程度経過後に3号取得届を提出した場合の3号期間

国民年金の第3号被保険者資格取得届の提出漏れにより、2年以上経過した後にこの届出を行った場合、障害年金の保険料納付要件をみる際には、保険料徴収権の時効の問題により、届出の前々月から遡って2年間のみ国民年金の第3号被保険者（第2号被保険者（厚生年金保険の被保険者や共済年金加入者）の被扶養配偶者）としての保険料納付済期間となる。しかし、届出の前々月から2年を超えて前の期間については、納付済期間とならない。

ただし、年金確保支援法によって、第3号被保険者期間に重複する第2号

被保険者期間が新たに判明し年金記録が訂正された場合等は、それに引き続く第3号被保険者期間を未届期間とする取扱いを改め、当初より保険料納付済期間のままとして取り扱うこととされた（〈図12〉参照）。この場合、届出が2年以上遅延した第3号被保険者未届期間について、第3号被保険者該当届（年金確保支援法用）を提出することとなる。

〈図12〉 第3号被保険者未届期間が第3号被保険者期間と扱われる場合

なお、この法律が施行される前に記録訂正がなされた場合でも、当初より第3号被保険者として保険料納付済期間とされる経過措置が設けられている。

(3) 法定免除に該当していた期間

2級以上の障害年金の受給権者（3級にも該当しなくなった日から3年を経過した場合を除く）および生活保護法による生活扶助その他の援助であって厚生労働省令で定めるものを受ける場合等は、国民年金の保険料が全額免除されることになる（国年法89条、国年法施行規則74条）。これは「法定免除」と呼ばれ、届出が必要になるが、該当した月の前月まで遡って法定免除期間となる。該当した月が2年より前の場合であっても、2年を超えて法定免除期間となる。したがって、初診日以後に届出を行った場合でも、保険料納付要件を確認する際には保険料免除期間として考慮することになる。

(4) 年金記録の訂正

いわゆる「消えた年金記録」などに対する請求についても、納付要件にかかわることなので、ここで述べておきたい。この問題は、年金記録が紙ベースでずさんな管理が行われていた時代のものであり、現状の年金記録では納付要件が充足していないように思われても、遡って年金記録を検証すること

で、納付要件を満たす場合がある。つまり、年金記録の訂正請求により、訂正が認められれば、年金機構の年金記録上は未納や未加入期間とされていた期間が納付済期間とされる。

2007年、整理・統合されずに誰のものか不明な「宙に浮いた年金記録」や本人が納付したり、会社から天引きされていた期間が納付済期間になっていない「消えた年金記録」の問題が表面化した。いわゆる年金記録問題である。この問題に対して、総務省への年金記録の「確認申立て」に基づいて年金記録確認第三者委員会が設けられ、あっせんという形で、事実上、記録の訂正を認めるか否かの判断を行っていたが、2015年3月からは厚労省に対して年金記録の訂正請求をすることになった。

年金記録に対して疑問がある場合、国民年金、厚生年金それぞれについて「年金記録訂正請求書 兼 年金記録に係る確認調査申立書」を年金事務所に提出し、年金事務所における確認調査の結果、直ちに年金記録の訂正ができない場合には、地方厚生局に訂正請求書が回送され、ここで訂正するか否かの決定が行われる。記録訂正のための資料としては、年金手帳、厚生年金保険被保険者証、確定申告書、給与明細書、家計簿、銀行口座の出金記録等があり、周辺事情としては、国民年金では訂正を求める期間は短期間か、その他の期間は保険料納付済みか、配偶者は保険料納付済みかなど、厚生年金では同僚の給与天引きの状況や証言などがある。

不訂正の決定に対しては、厚生労働大臣への審査請求または訴訟提起を検討する。

5 公的年金制度の健全性及び信頼性の確保のための厚生年金保険法等の一部を改正する法律（平成25年法律第63号）による第3号被保険者期間の取扱い

会社員や公務員等の第2号被保険者に扶養されている配偶者である第3号被保険者は、第2号被保険者の退職や第3号被保険者自身の年収が基準（原則として130万円）を超えた場合などに、第3号被保険者としての資格を喪失

することとなり、第1号被保険者への種別変更の届出が必要となる。しかし、種別変更の届出を行わずに、年金記録上は第3号被保険者のままとして管理されているケースが相当数あることが認められた（この年金記録が不整合となっている期間を「不整合期間」と呼ぶ）。記録が訂正され、本来の第1号被保険者に変更された場合、2年を超えて前の期間については未納となるため、障害年金の保険料納付要件を満たさなくなることも懸念された。この問題に対応するために、2013年7月1日に「公的年金制度の健全性及び信頼性の確保のための厚生年金保険法等の一部を改正する法律」（平成25年度法律第63号）が施行された（〈図13〉参照）。

〈図13〉 第3号被保険者からの種別変更届出漏れの救済の扱い

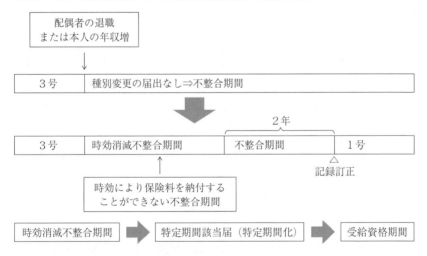

不整合期間を第1号被保険者期間に訂正したことで、時効により保険料を納付することができない期間を特に「時効消滅不整合期間」という。時効消滅不整合期間は、届出（特定期間該当届）を行うことで「特定期間」とすることができる。特定期間となった場合は、障害年金の保険料納付要件を確認する際に、受給資格期間として計算に算入されることになる。したがって、保険料納付要件を確認するうえでこの届出は非常に重要である。ただし、その効果は届出日以後に発生することになるので注意を要する。

上記による救済は原則として、初診日が公布日（2013年6月26日）以後にある場合に限られ、初診日が公布日より前である場合には、受給資格期間として算入されることはない。

　なお、経過措置として、次の場合にも初診日以後に特定期間該当届を行っても、初診日の前日に遡って受給資格期間とみなすことができるとされた。

①　初診日以後に不整合記録が訂正された場合

　2013年6月26日から2018年3月31日までの間に初診日があればよい。

②　初診日前に不整合記録が訂正された場合

　2013年6月26日から同年9月30日までの間に初診日があればよい。

　したがって、特定期間にも留意して保険料納付要件を確認することが重要である。

　また、施行日以後に記録訂正がなされて不整合期間を有することとなった者であって、施行日前において不整合期間が保険料納付済期間として障害年金等をすでに受給している者については、不整合期間を保険料納付済期間とみなして受給権を維持することとされている。すなわち、受給権を有する者が失権することはなく、従前の年金額が支給されることとなる。ただし、新たに請求する障害年金等については、当該不整合期間を保険料納付済期間とみなすことはできないため注意が必要である。

6　旧法時代に初診日がある場合

　1986年3月以前に初診日がある場合には、旧国年法および旧厚年法（旧法）が適用され、旧国民年金の障害年金の障害認定日請求を行うのか、事後重症請求を行うのかあるいは旧厚生年金保険の障害年金の請求を行うのかによって、また、それらの請求傷病の初診日の時期によって細かく保険料納付要件が異なり、非常に複雑であるため、必ず【資料⑩】・【資料⑪】で確認が必要である。

Ⅱ 保険料納付済期間等

1 保険料納付済期間

　国年法上における次の①～④の期間を合算した期間を「保険料納付済期間」という（国年法5条1項、国年改正法附則（昭和60年法律第34号）8条）。

① 第1号被保険者（国民年金の保険料を自分で納める自営業者や学生、フリーターなど。任意加入被保険者を含む）としての被保険者期間のうち、実際に保険料の全額を納付した（滞納処分によって徴収されたものを含む）期間および1961年4月1日から1986年3月31日までの国民年金の被保険者（任意加入被保険者を含む）であった期間のうち保険料の全額を納付した期間

② 第2号被保険者としての被保険者期間および1961年4月1日から1986年3月31日までの厚生年金保険の被保険者であった期間または共済組合の組合員等であった期間

③ 第3号被保険者としての被保険者期間

④ 保険料免除期間について、その後追納により保険料を納付した期間
（国年法5条3項）

　第2号被保険者および第3号被保険者は、被保険者本人に納付義務がないため、原則として被保険者であった期間がそのまま保険料納付済期間とされる。

　また、第1号～第3号被保険者は新法（1986年4月1日以後に施行されている現行の国年法）の規定による分類のため、1961年4月1日から1986年3月31日までの旧法の期間に納付した保険料等についても当然保険料納付済期間となるため、このような規定となる。

2 保険料免除期間

保険料免除期間（所得が低く保険料を納付できない場合は、後記第7章Q2参照）とは、保険料全額免除期間、保険料4分の3免除期間、保険料半額免除期間および保険料4分の1免除期間を合算した期間をいう（国年法5条2項）。

> 保険料免除期間
> ＝保険料全額免除期間＋保険料4分の3免除期間＋保険料半額免除期間＋保険料4分の1免除期間

保険料免除期間には次のとおり4種類ある。

(1) 保険料全額免除期間

第1号被保険者であった期間のうち、保険料の全額につき免除された期間（法定免除、全額免除、学生納付特例（学生等で前年所得が一定以下である場合に申請することによって、保険料の納付が最高で10年間猶予される制度）、納付猶予（50歳未満の本人および配偶者の前年の所得が一定以下である場合に申請することによって、保険料の納付が最高で10年間猶予される制度）により、保険料の全額につき納付することを要しないとされた期間を含む）および1961年4月1日から1986年3月31日までの国民年金の被保険者であった期間のうち、保険料の全額につき納付することを要しないものとされた期間を合算した期間を、保険料全額免除期間という（国年法5条3項、国年改正法附則（昭和60年法律第34号）8条）。

(2) 保険料4分の3免除期間、保険料半額免除期間、保険料4分の1免除期間

第1号被保険者であった期間のうち、保険料の4分の3免除を受けた期間について、免除された額以外の4分の1の額について納付した期間を、保険料4分の3免除期間という。

同様に、保険料の半額免除を受けた期間のうち、免除された額以外の半額について納付した期間を保険料半額免除期間、保険料の4分の1免除を受けた期間のうち、免除された額以外の4分の3の額について納付した期間を、

保険料4分の1免除期間という。

　保険料4分の3免除期間、保険料半額免除期間、保険料4分の1免除期間を総称して、一部免除あるいは多段階免除などと呼ぶが、注意すべきは、一部免除を受けた場合の残額について確実に納める必要があるということである。一部免除が承認されても、初診日前日までに、残額について納付を怠った場合は、保険料免除期間とは認められず未納期間となる。

> 保険料一部免除＝一部免除承認＋免除以外の残額の納付

Ⅲ　直近1年要件

　初診日が2026年4月1日前にある傷病による障害については、保険料納付要件について経過措置が設けられており、初診日の前日において、初診日の属する月の前々月までの1年間（初診日において被保険者でなかった者については、当該初診日の属する月の前々月以前における直近の被保険者期間に係る月までの1年間）のうちに保険料納付済期間および保険料免除期間以外の被保険者期間（未納期間）がなければ、保険料納付要件を満たすこととされている（直近1年要件）。ただし、初診日において65歳未満であることが条件となる（国年改正法附則（昭和60年法律第34号）20条、厚年改正法附則（昭和60年法律第34号）64条）。

　なお、この経過措置においても、初診日が1991年5月1日前にある場合は、「初診日の属する月の前々月まで」を「初診日の属する月前における直近の基準月（1月、4月、7月及び10月をいう）の前月」と読み替えて適用する。

　注意すべきは、この「1年間」は暦月でみるということである。したがって、被保険者期間のみをつなげてみるのではなく、また、未加入期間等も除外せずに含めてみることになる。

〈図14〉 直近1年要件を満たす場合

月	7	8	9	10	11	12	1	2	3	4	5	6	7	8	9	10
納付状況	未	未	納	納	納	納	納	納	納	納	納	納	納	納	未	

この1年間に未納なし　△初診

※「未」は未納、「納」は納付

　〈図14〉では、初診日の属する月の前々月までの1年間に未納がないため、保険料納付要件を満たす。実務的には、まず経過措置の1年要件を確認し、1年要件を満たしていない場合に原則の3分の2要件を調べることになる。

〈図15〉 60歳～65歳までの間に初診日がある場合

①初診日において被保険者である場合

②初診日において被保険者でない場合

※「未」は未納、「／」は未加入

　〈図15〉①は、60歳から65歳までの間に初診日があり、初診日の属する月の前々月までに被保険者期間が存在するため、初診日の属する月の前々月までの1年間の納付状況を確認する。この場合、初診日の属する月の前々月までの1年間とは暦月で判断し、被保険者期間のみを合算して判断するということでないことに注意を要する。この例では未納がないため保険料納付要件

を満たすこととなる。

　〈図15〉②は、60歳から65歳までの間に初診日があり、60歳以降初診日の属する月の前々月までに被保険者期間が存在しない場合は、図のように初診日の属する月の前々月以前の直近の被保険者期間の納付状況を確認する。この例では未納がないため、保険料納付要件を満たすこととなる。

第5章

障害状態の認定と基準

Chapter 5

I　障害程度(状態)の認定

1　障害程度(状態)認定の評価基準

(1)　障害程度(状態)要件とは

　基本事項をあらためて確認すれば、障害年金の受給3要件は、①加入要件、②納付要件、③障害程度要件である(前記第2章Ⅲ参照)。

　本章では、③障害程度要件を扱う。

　障害年金とは、憲法25条に基づき障害を理由とした生活の安定が損なわれることを防止し、障害に関して必要な給付を行う(国年法1条)ものである以上、「障がいのある人」に対する給付であることが前提である。

　③障害程度要件はこの「障がいのある」に当たることを確認するための要件である。法は、障害認定日に法令上の「障害等級に該当する程度の障害の状態にあるときに」障害基礎年金を支給するとしており(国年法30条1項)、このカッコ部分の要件のことである。

　そのため、「障害程度要件」とか「障害状態要件」と呼ばれている。

　この「障害等級」は、「障害の程度に応じて重度のものから1級および2級とし、各級の障害の状態は、政令で定める」(国年法30条2項)とする。

　たとえば1級でいえば、国年法施行令別表の1級は、「身体の機能の障害若しくは病状又は精神の障害が重複する場合であって、その状態が日常生活の用を弁ずることを不能ならしめる程度のもの」とする(【資料②】参照)。

　ここで、「日常生活の用を弁ずることを不能ならしめる程度」などの表現は、何とも現代の日常用語と隔たりがあり、意味を誰もが共通理解することも難しく、いかにも時代錯誤であり、そもそもこの基準が適切であるのかの根本問題とともに、法律表現としても、一般市民誰にでも理解しやすく、時代に即した改訂が必要と思われる。

　要するに、障害年金の受給権が発生するためには、法の想定する障害の

「状態」にあることと、等級に応じた障害の重さ＝「程度」にあることの要件を満たす必要がある。

　日常生活が困難な「状態」と、その困難がどの程度なのか「障害の程度・重さ・該当等級性」は次元が異なるものと意識して事案にあたるべきと思われるが（年金受給に該当する障害状態であるのは間違いないが、該当等級の認定は保険者に委ねるという請求も必ずしも否定されないが）、法の規定する障害程度要件の該当性を立証すれば当該障害状態要件を満たすこととイコールであるため、状態と程度を区分する実益はそれほど多くないことから、本書では基本的には障害程度要件という用語で説明する。

(2)　障害状態にあるとは

　そもそも障害状態における「障害」とは何なのであろうか。

　これを理解するためには、あらゆる法分野の通則法として、障害者基本法があり、障害者権利条約に平仄を合わせるために2011年7月に改正が行われ、いわゆる障害（者）概念の社会モデルが採用されていることを意識することが重要である。

　障害者基本法2条は障害者の定義を次のとおり規定する。

一　障害者　身体障害、知的障害、精神障害（発達障害を含む。）その他の心身の機能の障害（以下「障害」と総称する。）がある者であって、障害及び社会的障壁により継続的に日常生活又は社会生活に相当な制限を受ける状態にあるものをいう。
二　社会的障壁　障害がある者にとって日常生活又は社会生活を営む上で障壁となるような社会における事物、制度、慣行、観念その他一切のものをいう。

　整理すると、心身上の機能障害を前提として、社会のバリア（制度上の障壁や障害者に対する人々の無理解・偏見などの観念等）によって、日常生活や社会生活に支障を受けている状態にあることが障害の状態にあるということである。

　日常生活には、家の中の日々の暮らし、買い物に行ったり、さまざまな外出をしたりなど、障がいのない人と同様の生活が想定される。障がいのある人の社会生活には、市民運動や余暇活動はもちろん、働くことも含まれる。

それら（日常生活・社会生活）に支障が生じていることが障害となる。

障害年金における障害認定実務においても、その人の日常生活能力への支障が障害状態の評価基準とされている。

障害厚生年金3級の障害認定の評価基準は、労働能力に支障が生じていることとされている。

(3) 障害程度要件認定の基本的考え方

以上の、障害年金の目的、障害者基本法等の確認する障害者の定義等に照らして考察するならば、障害程度要件の認定には次のことが必要であるといえる。

> ① 何かしら基礎的な心身上の機能障害が存在していること
> ② 当該機能障害と社会との関係性から生じる日常生活または社会生活上の支障が存在すること
> ③ その支障の程度が、法の想定する等級の程度に相当していること

(4) 日常生活または社会生活上の支障とは何か

国年法施行令別表の障害等級1級「日常生活の用を弁ずることを不能ならしめる程度」について、厚労省の障害認定基準では、「他人の介助を受けなければほとんど自分の用を弁ずることができない程度である」としている。

「弁ずる」を最近は一般には使わないが、「用をたす」とでも考えると、食事をとるとか、トイレに行くとか、日常生活を送るうえでの用件が、自分だけで実行するには不可能な程度の重い障害があることをいっている。

また、国年法施行令別表の障害等級2級の「日常生活が著しい制限を受けるか、又は日常生活に著しい制限を加えることを必要とする程度のもの」について、障害認定基準では「必ずしも他人の助けを借りる必要はないが、日常生活はきわめて困難で、労働により収入を得ることができない程度」としている。

つまり、「日常生活を送ることの困難性」とともに、労働により所得を得ることができない程度という、社会生活上の支障、とりわけ、稼得能力を視野に入れて評価している。

これは、1986年に基礎年金制度が創設され、先天性の障害者等を念頭にした無拠出制の障害基礎年金が障害年金の受給対象とされ、労働能力の喪失だけに着目して評価することは方法論として適切でない一方、稼得能力の欠如による所得保障が障害年金の主な目的であることに変わりがないことから、労働能力上の支障も評価基準としているものといえよう。しかし、この改正において、法文上は労働能力についての記述が消滅しているため（1986年3月まで厚年法別表に労働能力の記載が存在していた）労働能力が2級以上の認定についての尺度とされるかどうかは法的に非常にあいまいとなった。

　ただ、「社会生活」とは、必ずしも所得を伴うものに限らない。社会改善のための市民活動等、無償の社会参加活動も有償の活動と変わらぬ意義が個人のためにも社会のためにも存在する。

　そのため、現行の年金法（国年法・厚年法）を前提としても、障害者権利条約、障害者基本法との整合性を考えると、「社会生活を送る上での支障」に関しても、障害程度（状態）要件認定の際に考慮するよう実務上の留意が必要と思われる。

　障害認定の評価基準とされている日常生活能力とは何かを定義することは難しい。

　人の日常生活は、居宅内での生活・社会的生活・職務上の生活等から構成され、人とコミュニケートしたり、家事をこなしたり、趣味を楽しんだり、金銭管理をしたりしており、日常生活能力とはさまざまな総合的な能力のことである。

(5) 労働能力と障害評価

　年金制度の主な目的は所得の喪失や減少に対して、所得保障を行うことであるが、障害年金では、障害ゆえの日常生活・社会生活上の不利益に対する塡補（必要な援助者への費用等）も目的としている。

　労働能力とは、一般には肉体的・頭脳的な労働遂行能力と理解されている。

　現実に障がいのある人の多くは、職場での合理的配慮の欠如や障害に対する無理解等から一般就労の場から排除されており、客観的な労働遂行能力は

備わっているが、社会的な雇用差別ゆえに所得が低い場合が少なくない。したがって、申請当事者の置かれている社会的な事情・要因等も視野に入れて、労働能力を評価する必要がある。障害に対する社会的なバリアゆえに所得の低い者にこそ、障害年金は給付されるべきであるからである。

　２級以上は労働能力ではなく、日常生活能力で判断されることで、所得能力との関係がさらに希薄となってしまっている。繰り返しの最低限の身辺整理のための日常生活動作は一定程度できても、労働能力がなかったり、著しく低下していることは少なくない。こういった場合に２級以上の認定が非常に困難となっている。つまり、労働能力であればまだ所得能力が喪失・減退していることはその根拠たりうるが、日常生活能力が評価基準となると、それらは根拠とならず、非常にそれ自体あいまいなこの評価基準からすれば、身体的介護の有無や程度、活動範囲などとなってしまうこと（障害状態の基本の内容）は必然であり、これは障害者の社会参加や労働権（ここでは障がいのない者と同程度の所得は得られないとしても、「働くこと」により社会とかかわる権利を含む）保障と逆行するものと考えられる。

(6) 障害者手帳等級と障害年金等級との関係

　原則として障害者手帳の等級と障害年金の等級は、根拠法令も異なり、直接の関係はない。

　唯一実務上関連するのが、精神障害の１級、２級の障害年金が裁定されると、通常、精神障害者保健福祉手帳の等級も１級、２級とされる点である。精神障害者保健福祉手帳の１級、２級の等級認定基準は、国民年金の障害年金等級に依拠して制定されたため、精神保健福祉法45条１項および精神保健福祉法施行規則23条により、医師の診断書に代えて、精神障害を理由として障害年金を現に受けていることを証する書類の写しを添えて精神障害者保健福祉手帳を申請すれば、年金と同じ等級の同手帳が交付される。厚年法３級の精神障害の認定基準と精神障害者保健福祉手帳の３級の基準とは表現が若干異なっているが、厚年法３級の精神障害を理由として障害厚生年金を受給していることを証する書面を自治体の窓口に提示すれば３級の精神障害者保

健福祉手帳が交付される。

　しかし、逆は真ならずで、2級の精神障害者保健福祉手帳が交付されたから自動的に2級の障害年金が支給されるわけではない。

　身体障害者手帳は身体障害者福祉法15条が根拠法令であり、1級から7級まであり1950年に創設された。

　知的障害のある人に交付される「療育手帳」は、知的障害者福祉法に直接の規定はない。

　厚労省の1973年9月27日「療育手帳制度について」と題する厚生省発児156号事務次官通知「療育手帳制度要綱」および同日付けの厚生省児童家庭局長通知「療育手帳制度の実施について」（児発725号）で運用のあり方が地方自治体に行政指導され、それを参考に都道府県や政令指定都市の判断で交付されている。

　同通知での等級は、重度「A」と、その他「B」しかなく、2等級の地域もあるが、たとえば東京都や横浜市では「愛の手帳」と呼ばれ、A1（最重度）・A2（重度）・B1（中度）・B2（軽度）の4段階、さいたま市では、マルA（最重度）、A（重度）、B（中度）、C（軽度）の4段階表記など、等級の表記方法もまちまちだが4等級の地域が多い。

　なお、精神障害者保健福祉手帳の根拠は、精神保健福祉法45条である。

　精神障害者保健福祉手帳は1993年の障害者基本法成立（心身障害者対策基本法の抜本改正）を受けて、それまでの精神保健法に福祉法を含めることで1995年に精神保健福祉法に改正された際に導入された。

2　障害認定の時期

(1)　障害認定日とは

　障害年金を受給するためには、一定の障害の状態にあることが必要であるが、障害の程度は治療等により変化するため、時期によって障害の程度も変化する。

　このため、一定の障害の程度にあり、さらにその状態が今後も継続するこ

とが明らかになった時点で障害年金を受給することとすべきであるが、この状態になる時点は障害の内容や個人によって異なるため、請求できる時期がその人ごとになってしまい、個人差が生じてしまう。

　そこで、一定の障害の状態になった時点でなければ請求できないということにはせずに、対応する行政が公平かつ統一的な取扱いを可能とするため、障害の程度を評価する時期を法律で決め、その時期以降であれば請求することができるとされている。そして、請求できる時期として法律で定められたものを「障害認定日」という。

　したがって、「障害認定日」は、障害年金を請求できるだけの状態に至ったとする時期のことである。なお、認定日請求（本来請求。前記第2章Ⅳ参照）以外では、この時点で障害の程度を評価するわけではない。

(2) 障害認定日の考え方

　上記のとおり、障害認定日は、公平および行政の画一的対応を可能にするという観点から定められたものである。

　つまり、障害認定日をいつにするかは、その当時の他の施策との関連から政策的に定められるものであり、障害の状態を評価する時期として何ら医学的根拠に基づくものではない。

　かつての厚年法における障害認定日は、従来より存在した健康保険の給付期間と関連づけて定められていたのであり、健康保険の給付期間満了後は障害であるとみなし、みなす時期として規定された日を障害認定日としていた（障害擬制）。

　また、厚生年金に比べてかなり遅れて制定された国民年金における障害年金では、当初は「傷病が治癒した日」を症状固定日とし、治癒しない限りは障害年金の対象とはせず、「障害擬制」の考え方が採用されてなかったが、その後支給対象となる障害の範囲に結核や精神病等の内部障害が加えられたため、国民年金にも「障害認定日」概念が導入された。

　このように、障害認定日は、年金制度において障害保障の開始時期を決めるための技術上の概念として導入されたものであり、上記の変遷をみても政

策的なものであることが理解できる。

(3) 障害認定日の原則・例外と特例

(A) 障害認定日の原則と例外

「障害認定日」とは、障害の程度の認定を行う基準日のことである。

要は、この日に障害の程度が法令上の等級に達しているか否かが審査の対象であり、障害年金実務において、初診日と並び最も重要な基準日である。

では、「障害認定日」とはいつなのか。

原則は、国年法30条1項により、当該初診日から起算して1年6カ月を「経過した日」となる。たとえば、初診日が2016年1月1日であれば、2017年7月1日が障害認定日となる。

次に例外は、初診日から1年6カ月以内に傷病が治った日または症状固定日である（国年法30条1項カッコ書）。

つまり1年半が到来する前に傷病が治ったり、症状固定した場合にはその日が障害認定日となる。

たとえば、初診日が2016年1月1日で、同年6月1日に治癒すれば同年6月1日が障害認定日であり、症状固定すなわち、もうこれ以上治療を続けても状態の変化が期待できない状態となり、あとは経過観察や保存的療法、機能維持のためのリハビリを行うだけの状態となれば、その日が障害認定日となる場合がある。

もう一つの例外は、「20歳前障害年金」における20歳に達した日の原則および18歳6カ月と20歳の間に初診日のある人の場合である。

国年法30条の4は大要、①初診日において20歳未満であった者が、障害認定日以後に20歳に達したときはその日において、②障害認定日が20歳に達した日後であるときはその障害認定日において障害等級の程度認定を行うとしている。

つまり、①により、20歳前傷病に基づく障害年金は原則として「20歳に達した日」を障害の程度を認定する日としている。

たとえば5歳の時の2008年1月1日が初診日だからといって1年6カ月目

の6歳の時の2009年7月1日が障害認定日になるわけではなく、少なくとも20歳になるまで障害の程度を認定する日はやってこないのが原則である。

次に②は、たとえば19歳の誕生日に初診日がある人は20歳になってから6カ月目の日が障害の程度を認定する日となる。

まとめると、20歳前に初診日がある人は20歳に達した日、もしくは初診日から1年6カ月が経過した日のいずれか遅いほうが障害の程度を認定する日となる。

⑻ 障害認定日の特例

傷病の特性に応じて、上記の障害認定日では適切な認定ができない場合、傷病ごとに応じた障害認定の特例がある。

たとえば、咽頭の全部摘出手術をした者が1年半待たなければ症状固定しないのではなく、全部摘出の日とする扱いなどである。

〔表5〕 障害認定日を1年6カ月経過前とするもの

障害	施術	障害認定日
聴覚等	喉頭全摘出	喉頭全摘出日
肢体	人工骨頭、人工関節を挿入置換	挿入置換日
	切断または離断による肢体の障害	切断または離断日 （障害手当金は創面治癒日）
	脳血管障害による機能障害	初診日から6カ月を経過した日以後
呼吸	在宅酸素療法	開始日（常時使用の場合）
循環器 （心臓）	人工心臓ペースメーカー、植え込み型除細動器（ICD）	装着日
	心臓移植、人工心臓、補助人工心臓	移植日または装着日
	CRT（心臓再同期医療機器）、CRT-D（除細動器機能付き心臓再同期医療機器）	装着日
	胸部大動脈解離や胸部大動脈瘤により人工血管（ステントグラフトも含む）を挿入置換	挿入置換日

腎臓	人工透析療法	透析開始日から起算して3カ月を経過した日（初診日から起算して1年6カ月を超える場合を除く）
その他	人工肛門造設、尿路変更術、新膀胱造設	施術日から6カ月を経過した日（初診日から起算して1年6カ月を超える場合を除く 新膀胱を造設した場合はその日（初診日から起算して1年6カ月を超える場合を除く） また ①人工肛門を造設し、かつ、新膀胱を造設した場合は、人工肛門を造設した日から起算して6カ月を経過した日または新膀胱を造設した日のいずれか遅い日（初診日から起算して1年6カ月を超える場合を除く） ②人工肛門を造設し、かつ、尿路変更術を施した場合は、それらを行った日のいずれか遅い日から起算して6カ月を経過した日（初診日から起算して1年6カ月を超える場合を除く） ③人工肛門を造設し、かつ、完全排尿障害状態にある場合は、人工肛門を造設した日または完全排尿障害状態に至った日のいずれか遅い日から起算して6カ月を経過した日（初診日から起算して1年6カ月を超える場合を除く）
	遷延性植物状態（遷延性意識障害）	その状態に至った日から起算して3カ月を経過した日以後（初診日から起算して1年6カ月を超える場合を除く）

厚労省「障害基礎年金お手続きガイド」（2015年）14頁を参考にして作成

3 障害認定基準

(1) 障害認定基準とは

障害年金の認定実務は、障害認定基準の絶大な影響を受けている。これに依拠して障害認定の審査は行われている。

そのため、障害年金実務にあたる実務家は、障害認定基準に精通することが重要となる。年金実務の職務遂行上、常時必携の情報といってよい。

しかし、障害認定基準が障害者権利条約の求める障がいのある人の権利を保障するための実務基準としてみたとき、従来から、障がいのある人の実態に即していないとの批判があることも念頭に、基本的人権の擁護を使命とする弁護士は、認定基準に対しては、批判的・懐疑的な姿勢で取り組むことが肝要である。

そもそも障害認定基準とは、法律でも政令でもなく、行政内部の通達にすぎず、法規範性はなく、裁判所の判断もこれに拘束されない。

1986年3月31日庁保発15号通知が2002年3月15日庁保発第12号通知により改正され、旧来は社会保険庁が発していたが、同庁が廃止されて以降、厚労省が所管している（しかし、障害認定基準には、表紙にも作成名義人の記載が見当たらない）。

毎年のように改訂されているので、実務家は、常に最新版を参照する必要がある。

一般的な入手方法は、日本年金機構HPである。同HP上の左サイドにある「年金のことを調べる」欄の「障害年金」をクリックする。そうすると、「障害認定基準」が出てくるのでクリックする。すると、「国民年金・厚生年金保険障害認定基準（全体版）」や、章や節ごとの分割版がPDFファイルで掲載されているのでダウンロードできる。

(2) 障害認定基準の構造の概要

障害認定基準の構造は、次の3項目に分けられている。

① 一般的事項（第1）

② 障害認定にあたっての基本的事項（第2）

③ 障害認定にあたっての基準（第3）

「平成29年12月版」では、全体の分量が（表紙と目次を除き、頁が付されている内容）100頁以上ある。

このうち、①一般的事項が2頁（【資料⑦】参照）だけであるが、ここを理解していないとその後のことは理解できない。重要箇所なので、初心者はまずここを繰り返して読んで自分なりに考えてもらいたい。

次に、②基本的事項も、実務上極めて重要な説明箇所なので、よく押さえておく必要がある。

③の認定基準は、各論であり、膨大なので、まずは各自が担当する必要な部分や関心ある部分等から読み進めるとよいであろう。

(3) 障害認定基準の内容

(A) ①一般的事項

まず、「第1　一般的事項」の項目では、「障害の状態」、「傷病」、「初診日」、「障害認定日」、「障害が治った場合」、「事後重症による年金」、という障害認定にかかわる基本的な概念の定義および説明が示されている。

(B) ②障害認定にあたっての基本的事項

「第2　障害認定に当たっての基本的事項」の項目では、初めに各等級における障害の程度についての定義およびその具体例が示されている。

具体的な記載は各位が、障害認定基準にあたって確認していただきたい。

1級の説明は既述のとおりだが、1級の例示として、次のものがある

> 例えば、身の回りのことはかろうじてできるが、それ以上の活動はできないもの、すなわち、病院内の生活でいえば活動の範囲が概ねベッド周辺に限られるものであり、家庭内の生活でいえば活動の範囲が概ね就床室内に限られるものである。

このように病院の入院部屋のベッド周辺か居宅内でも寝室内でしか過ごせない「長期療養中の重病人」を1級の障害の状態像として説明しており、障害年金を支給する必要のある重度の障害者像が明らかに現実離れしており、

いくら「例示」としても、行政実務はこれをスタンダードモデルと解釈・適用するのが職務上の通例であり、不適切な書き方というほかなく、実態に即した改訂が不可欠である。

2級の例示は次のようになっている。

> 例えば、家庭内の極めて穏和な活動（軽食作り、下着程度の洗濯など）はできるが、それ以上の活動はできないもの、すなわち、病院内の生活でいえば活動の範囲が概ね病棟内に限られるものであり、家庭内の生活でいえば活動の範囲が概ね家屋内に限られるもの

このように、これでは就労継続支援事業所、生活介護事業所等に通所活動をしている障がいのある人には2級の年金支給が認められないことになりかねない表現であり、現実には通所している障害者の多くに障害年金の2級はもちろん1級年金も全国で多数に支給されており、実態と乖離した2級の例示も適切な書き方に改めるべきである。

障害者基本法は障害者の社会参加の支援を目的としており（1条）、国年法・厚年法の障害年金も障害者基本法の規定する障害者の社会参加の支援の観点は不可欠である。しかし、障害認定基準の2級の例示記載は2級年金の対象者の社会参加権を全面否定するに等しいものであり、法令に照らして明らかに不合理な記載である。

3級の程度は「労働が著しい制限を受けるか又は労働に著しい制限を加えることを必要とする程度のものとする。また、『傷病が治らないもの』にあっては、労働が制限を受けるか、又は労働に制限を加えることを内容とする程度のものとする」となっている。

厚年法施行令別表に「労働が著しい制限を受けるか、又は労働に著しい制限を加えることを必要とする程度の障害を残すもの」および「傷病が治らないで、……労働が制限を受けるか、又は労働に制限を加えることを必要とする程度の障害を有するもの」とあるものを引き写しただけであり、説明になっていない。

(C) ③障害認定にあたっての基準

「第3　障害認定に当たっての基準」の概要は次のとおりである。

① 　1章は障害種別ごとの各論　1項として、障害ごとの施行令別表の内容が記載され、2項で、実務的な指針として、障害の測定方法等の「認定要項」が示されており、認定実務上は重視されている。障害認定を行うにあたり必要な知識が解説されている場合もある。

② 　2章では、併合認定や総合認定、差引認定といった二つ以上の障害がある場合の障害程度認定の認定手法が解説されている。

(4) 障害別の認定基準の類型とその特徴

障害ごとの認定基準は、「障害認定基準」の「第3　障害認定に当たっての基準」に示されている。

この点、高橋芳樹監修『障害年金請求援助・実践マニュアル　精神障害者の生活を支えるために』の153頁記載の表が、障害の類型を大きく4つに分類して解説してあり、よくまとまっているため、若干の補正をしたうえで、引用掲載させていただく（〔表6〕参照）。

いずれの障害にも共通するのは、本来は日常生活能力を障害評価の基準としながらも、具体的な評価方法になると、臨床症状や機能障害の程度によって判断している点にある。

この点、機能障害とは、一般的に生理的な機能などの何らかの喪失、または異常のことを意味するのであるが、機能障害の程度だけでは、現実の障害者の所得保障の必要性が障害程度の認定に正しく反映されるとは考え難く、判断基準が医療モデルに偏重している点に留意されたい。

(5) その他の重要事項

(A) 障害の併合（同一傷病または複数の傷病による複数の障害の併合）

障害が二つ以上ある場合に障害年金の等級をどう定めるかが問題になる。

障害認定基準の「第3　障害認定に当たっての基準」、「第2章　併合等認定基準」のうち「第1節　基本的事項」は理論的混乱が見受けられるため参照せず、「第2節　併合（加重）認定」以下を参照する。

(a) 併合（加重）認定

〔表6〕 障害の類型の特徴と障害認定方法

類型	障害分類	特徴	具体的な障害認定
第1	外部障害	肢体、目、耳などの外部障害は、施行令別表に基準が明記されている。	機能障害レベルに戻って障害程度を測定する。
第2	内部障害	肺結核、心臓、腎臓、肝臓疾患などの内部疾患の一部は、施行令別表では明記されておらず、障害認定基準の中で詳しい症状や検査所見が示されている。	検査結果および臨床症状並びに一般状態区分で総合的に測定。検査結果と臨床症状は機能障害レベルといえるが、一般状態区分は無症状で社会活動が可能な段階から、常時介護を要し終日就床を必要とするまでの5段階評価となっており、機能障害と能力障害を含む内容となっている。
第3	内部障害（難病など）および精神障害	慢性疾患や精神障害で、別表でも認定基準でもはっきりせず、「障害の状態の基本」に照らして判断される。	難病などの場合は、臨床症状が複雑多岐にわたるため、客観的所見に基づいた日常生活能力を十分考慮し総合的に認定する。
第4	その他	① 神経症は「永続的なもの」ではないとの理由で原則として除外されている。 ② 「疼痛」は認定の対象となる場合が限られている。 ③ 心疾患や難病などの内部障害では、自覚症状は重くても、検査値で明確でなかったり、合併症がない場合には認定対象となりにくい。 ④ てんかんや喘息など発作性の疾患は、頻度がよほどひどくない限りは対象となりにくい。	

（出典）高橋芳樹監修『障害年金請求援助・実践マニュアル』153頁

「1 2つの障害が併存する場合」として、「個々の障害について、併合判定参考表（別表1）における該当番号を求めた後、当該番号に基づき併合〔加重〕認定表（別表2）による併合番号を求め、障害の程度を認定する」とある。

基本的な併合認定方法はこの方法である。あとは実際にこの表に当てはめて等級が繰り上がるかを検討する。

外部障害が二つ以上ある場合だけでなく、外部障害と内部障害、外部障害

と精神障害、内部障害と精神障害も併合認定される。

　(b)　総合認定

　また、二つ以上の内科的疾患がある場合や精神障害が二つ以上ある場合等は、上記の併合方法ではなく、「総合的に判断して認定」（総合認定）することになっている。さらに、傷病は二つ以上だが、その結果生じている障害が同一の部位の場合で、基準障害による請求に該当する場合も、現状の程度により認定される。別の傷病により両上肢に障害があり等級が上がる場合、併合判定参考表に当てはめるのではなく、両側の状態で認定される。

　ただし、併合認定のように、機械的に当てはめて判定されない分、予測がしにくい反面、どのような組合せでも等級の繰り上がりの可能性があり得るという言い方もできる。

　(c)　差引認定

　差引認定は二つの傷病により同一部位に障害が生じた場合に、後発障害の程度を認定するときに、現状の活動能力減退率から前発障害の活動能力減退率を差し引いて行うという手法で、法令上の根拠はない。この活動能力減退率は、1986年3月前の厚年法では「労働能力減退率」といわれ、個別の障害を重いほうから1号〜13号に分け、号数ごとに、労働基準法施行規則別表（労災保険法施行規則別表も同一）の身体障害等級表の各号の給付日数を遺族給付＝1000日分を100％として計算した割合で、科学的根拠はない。

　厚労省は差引認定について、前発障害について納付要件を満たしていなかったり、前発障害の初診日が国民年金加入中で後発障害の初診日が厚生年金加入中であったという場合に、後発障害だけの等級認定が必要となると説明している（厚労省障害年金の認定基準（差引認定）の見直しに関する専門家ヒアリング（2017年6月9日）資料3参照）。

　2017年8月までの差引認定基準（障害認定基準）によると、前発障害と「差引認定された後発障害」とを併合した（または、どちらかを選択した）「差引認定後に見込まれる支給年金の等級」（差引認定後の等級）が、現状の障害の程度よりも低い等級となっていた。たとえば、現状は1級なのに前発障害が

2級である場合は、差引認定された後発障害は、どれほど重度でも3級にしかならず、「差引認定後の等級」は2級とされていた。このことが国家賠償請求として大阪地裁に提訴され（2015年10月8日付東京新聞夕刊）、国会でも指摘された（第192回国会参議院厚生労働委員会（2016年12月8日））。

　厚労省は専門家ヒアリングを開き、2017年9月、差引認定後の等級が「現状の障害の程度」と同一となるよう大幅に差引認定基準を改正した。これにより、過去30年間の事案の場合には差引認定後の等級が「現状の障害の程

〔表7〕2017年9月改正後の差引認定後の等級と過去の差引認定事例

現在の障害の程度		前発障害	1級	2級			3級			障害手当金					
			1号	2号	3号	4号	5号	6号	7号	8号	9号	10号	11号	12号	13号
1級 (※1)	1号	区分1	7	○	○	24		1	8	18	21	5			
		区分2	1	○	○	○	1	1		11	5	1			
2級	2号					1		1		9	3				
	3号									8	2				
	4号						×	×	5	9	2	6			
3級	5号									27	8	6			
	6号							5	4		3		3	1	1
	7号								14	13	7	4	1		2
(治らないもの) 手当金	8号									6	1				
	9号											2			1
	10号														
	11号														
	12号														
	13号														

（注）障害手当金相当であっても、その傷病が治らないものである場合は、「3級」で認定される。

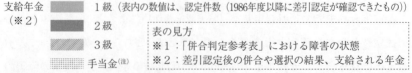

支給年金（※2）
- 1級（表内の数値は、認定件数（1986年度以降に差引認定が確認できたもの））
- 2級
- 3級
- 手当金（注）

表の見方
※1：「併合判定参考表」における障害の状態
※2：差引認定後の併合や選択の結果、支給される年金

厚労省が行った「障害年金の認定基準（差引認定）の見直しに関する専門家ヒアリング」（2017年6月9日）に厚労省が出した資料3をもとに作成

度」と同一となった。しかし、過去になかったケース（〔表7〕の○と×の箇所）については、この改正後も「差引認定後の等級」は現状の程度と異なってしまう。○の部分は現状では1級なのに「差引認定後の等級」は2級となってしまい、×の部分は現状2級なのに3級となってしまうのである。厚労省は今後、このようなケースが出てくれば個別に改正したケースと同様に認定していくとした（厚労省障害年金の認定基準（差引認定）の見直しに関する専門家ヒアリング（2017年6月9日）議事録）。

II 障害別の認定

1 精神障害等

(1) 統合失調症

(A) 現在の病状または状態像

統合失調症は、前兆期、急性期、回復期など時期によって症状の現れ方が異なり、回復期から安定期に入り寛解する者もいるが、再発したり、急性期の症状が残存したり障害が残る場合もある。そのため、療養および症状の経過（発病時からの状況、最近1年程度の病状の変動状況）や予後の見通しを考慮することとされている。

また、妄想・幻覚などの異常体験や、自閉・感情の平板化・意欲の減退などの陰性症状（残遺状態）の有無を考慮し、具体的には、陰性症状（残遺状態）が長期間持続し、自己管理能力や社会的役割遂行能力に著しい制限が認められれば、1級または2級の可能性を検討することとされている。妄想・幻覚などの異常体験は統合失調症の典型症状としてあげられることが多いが、これらがなくても統合失調症と診断される場合はあるため、医師に確認するとよい。また、自閉・感情の平板化・意欲の減退などの陰性症状（残遺状態）は急性期が過ぎた後、病状が長期間続いた場合、高齢化が進んだ場合などに

見られることが多い。

(B) 療養状況

入院している場合は、入院時の状況（入院期間、院内での病状の経過、入院の理由など）を考慮する。具体的には、病棟内で、本人の安全確保などのために、常時個別の援助が継続して必要な場合は、1級の可能性を検討することとされている。

また、精神ガイドラインでは、在宅の場合は、在宅での療養状況および通院の状況（頻度、治療内容など）を考慮し、薬物治療を行っている場合は、その目的や内容（種類・量（記載があれば血中濃度）・期間）を考慮するとされている。また、服薬状況も考慮する。通院や薬物治療が困難または不可能である場合は、その理由や他の治療の有無およびその内容を考慮する。具体的には、在宅で、家族や重度訪問介護等から常時援助を受けて療養している場合は、1級または2級の可能性を検討することとされている。

(C) 生活環境

家族等の日常生活上の援助や福祉サービスの有無を考慮する。具体的には、一人暮らしであっても、日常的に家族等の援助や福祉サービスを受けることによって生活できている場合（現に家族等の援助や福祉サービスを受けていなくても、その必要がある状態の場合も含む）は、それらの支援の状況（または必要性）を踏まえて、2級の可能性を検討する。

また、一人暮らしの場合、その理由や独居になった時期を考慮することとされている。

入所施設やグループホーム、日常生活上の援助を行える家族との同居など、支援が常態化した環境下では日常生活が安定している場合でも、単身で生活するとしたときに必要となる支援の状況を考慮する。

以上が精神ガイドラインの記載内容であるが、過去に家族が多大な苦労をかけられ、同居を拒まれやむなく単身生活をしている場合もあり、サービス事業者もうまく受け入れられず、ほとんど他人の援助や福祉サービスを受けていない場合もある。しかし、それは必ずしも障害の軽さを意味しない場合

も多いことから、代理人としては実際に住居を確認するなどして、生活環境を正確に伝える必要があろう。

(D) 就労状況

統合失調症発病前に就労していた場合は、発病後も継続雇用されていることがあるが、発病によって仕事に支障を来し、業務内容や賃金が変更されることもある。そこで、精神ガイドラインでは、従前の就労状況を参照しつつ、現在の仕事の内容や仕事場での援助の有無などの状況を考慮する、精神障害による出勤状況への影響（頻回の欠勤・早退・遅刻など）を考慮する、仕事場での臨機応変な対応や意思疎通に困難な状況が見られる場合はそれを考慮する、とされている。

発症後に就労できる程度に回復した場合は、障害福祉サービスである就労移行支援や就労継続支援（A型とB型がある）等を利用する場合が多い。そこで、精神ガイドラインにおいても、このような就労系障害福祉サービスや障害者雇用制度による就労については、1級または2級の可能性を検討することとされている。また、障害者雇用制度を利用しない一般企業や自営・家業等で就労している場合でも、就労系障害福祉サービスや障害者雇用制度における支援と同程度の援助を受けて就労している場合は、2級の可能性を検討することとされている。

(E) 他の疾患との関係

統合失調症は、昔から精神障害の代表的疾患としてあげられており、その診断がなされやすい反面、他の疾患との鑑別が不十分な場合や重複している場合も見受けられる。そのため、他の疾患との関係でも注意を要する。統合失調症と他の認定の対象となる精神疾患が併存しているときは、併合（加重）認定の取扱いは行わず、諸症状を総合的に判断して認定するものとされている。

人格障害は、現行の障害認定基準では、原則として認定の対象とならないとされているが、人格障害を障害年金の対象から外す法的根拠はなく、また、ケースによっては人格障害と診断された患者が別の医師から統合失調症であ

ると診断されることもあるため、納得できない場合はセカンドオピニオンを求めるとよい。

同じく現行の障害認定基準では、神経症にあっては、その症状が長期間持続し、一見重症なものであっても、原則として認定の対象とならず、ただし、その臨床症状から判断して精神病の病態を示しているものについては、統合失調症または気分障害に準じて取り扱うこととされている（なお、認定にあたっては、ICD-10による病態区分のどの区分に属する病態であるかを考慮し判断する）。

ひきこもりについては、精神障害の病状の影響により、継続して日常生活に制限が生じている場合は、それを考慮することとされている。統合失調症との関係では、特に前兆期にひきこもりがみられることがあるため、注意を要する。

(2) 気分（感情）障害

(A) 現在の病状または状態像

気分障害は、長期的なスパンで病相期が（交互に）現れ、ある一時点だけを取り上げると病状が明確でないこともある。そのため、精神ガイドラインにおいても、現在の症状だけでなく、症状の経過（病相期間、頻度、発病時からの状況、最近1年程度の症状の変動状況など）およびそれによる日常生活活動等の状態や予後の見通しを考慮し、具体的には、適切な治療を行っても症状が改善せずに、重篤なそううつの症状が長期間持続したり、頻繁に繰り返している場合は、1級または2級の可能性を検討することとされている。

(B) 療養状況その他

療養状況、生活環境、就労状況等は精神ガイドラインでは、統合失調症と同じとされている。

(3) 知的障害

一般に、知的障害は、IQ20未満が最重度、IQ35未満が重度、IQ50未満が中度、IQ70未満が軽度に分類される。しかし、障害年金の裁定において、IQは必ずしも決定的な要素ではない。また、裁定は療育手帳の判定とも連

動しない。

　国年法施行令別表１級10号・２級16号の記載が抽象的であり、認定基準も具体性に欠けるため、知的障害の裁定は、従来、認定者の主観に左右される面が大きかった。その結果、裁定の地域格差が大きいことが問題となり、2016年に精神ガイドラインが運用されることとなった。

　知的障害の裁定請求では、診断書の「日常生活能力の判定」、「日常生活能力の程度」の欄の記載が決定的に重要である。

　日常生活能力の判定は、適切な食事、身辺の清潔保持、金銭管理と買い物、通院と服薬、他人との意思伝達および対人関係、身辺の安全保持および危機対応、社会性の７項目について、「できる」、「おおむね（あるいは自発的に）できるが時には助言や指導が必要」、「（自発的かつ適正に行うことはできないが）助言や指導があればできる」、「助言や指導をしてもできない」といった４段階で評価する様式になっている。また、日常生活能力の程度は、本人の社会生活、日常生活の能力を全体として５段階で評価する。

　精神ガイドラインでは、この４段階評価と５段階評価を組み合わせて、障害の程度の要件の該当性を判断することとなっているので、診断書の記載をみれば、あらかじめ、裁定結果をある程度予測できる。

　知的障害の診断書は、精神保健指定医または精神科を標榜する医師が作成することとされている。

　ただし、「てんかん、知的障害、発達障害、認知障害、高次脳機能障害など診療科が多岐に分かれている疾患について（は）、……治療に従事している医師であれば記入可能」とされている。しかし、知的障害をもつ人は、てんかん等が併存していない限り、日常的に医療機関に通院することはない。そのため、裁定請求の準備は、診断書を作成してくれる精神科の医師を探すところから始めなければならない。ところが、医師の多く（精神科医師の多くも）は障害年金の診断書を作成することに不慣れであり、自分の患者でもないのに診断書を書くことを避けがちである。そのため、協力医を見つけることは容易ではない。

診断書を書いてもらえることになったとしても、本人の日常生活能力の判定、日常生活能力の程度を正しく評価してもらえるとは限らない。
　たとえば、医師が本人に「一人で食事はできるか」と質問すれば、「できます」という答えが返るかもしれないが、それは、本当に一人で食事ができることを意味しない。日常生活能力の程度は単身生活を想定して評価するものであるし（障害年金の精神の障害用の診断書書式の日常生活の判定項目には、「判断にあたっては、単身で生活するとしたら可能かどうかで判断してください」との注意書がある）、食事ができるかというのも、栄養バランスを考えて適切な量を摂取し、しかも配膳や後片づけも含めて、総合的に食事ができるか否かを問うものである。しかし、医師は、本人の日常生活の様子を知らないので、問診だけだと、実態よりも能力が高いかのような診断書になってしまうことが少なくない。
　知的障害のある人は、多かれ少なかれ、周囲のさまざまな支援に支えられて暮らしている。実際には、周囲の支援があって初めて食事や身のまわりのことができているにすぎないのに、どうにかできているという結果だけに着目して、「できる」と評価する診断書が作成されてしまうことが少なくない。診断書の作成にあたっては、家族や支援者がいかに本人をサポートしているかを医師に十分説明し、そのようなサポートが欠けるとたちまち「できない」ことが増えるという実態を適切に伝える必要がある。
　また、知的障害のある人が就労している場合、その就労の事実を過大に評価して、不支給の裁定が下されることも少なくない。家族や支援者の中には「働いていたら年金はもらえない」という誤った認識をもつ者もいる。
　就労支援施設や小規模作業所などに参加する者だけでなく、障害者枠で就労する者、さらには一般就労している者であっても、職場における支援に支えられて就労が可能になっている実態があるはずである。手厚い支援の下で初めて就労が可能になっているのであれば、その支援がなくなったときでも就労は可能かという視点をもつべきで、就労が安定しているからといって直ちに不支給裁定とすべきではない。

以上のとおり、知的障害の裁定請求にあたっては、家族や支援者が医師に対して適切に情報を提供し、本人の日常生活能力を正しく反映した診断書を作成してもらうことと、日常生活上多くの支援に支えられて初めて生活ができているという実態を裁定権者に正しく伝えることが必要である。

(4) 発達障害

　発達障害は、自閉症、アスペルガー症候群などの広汎性発達障害、学習障害、注意欠陥多動性障害（ADHD）などの、先天的な脳機能障害である（発達障害者支援法2条参照）。精神障害の一種として分類されている。

　ただし、日本でも広く使われている米精神医学会の診断基準（DSM）が2013年5月に改訂され（DSM-5）、アスペルガー症候群、ADHD等の診断名はなくなっている。また、現在改訂作業中の世界保健機関（WHO）作成の国際疾病分類（ICD-11）でも同様にアスペルガー症候群等の診断名はなくなることが予定されている。

　母親らの不適切な養育が原因で発達障害になるなどといわれたこともあったが、医学的には否定されている。

　障害年金実務上、従前、発達障害は、障害年金の対象として明確には位置づけられていなかった。発達障害を理由とする障害年金裁定請求が少なからず存在していたにもかかわらず、具体的な認定基準がないという不都合が指摘されていたが、2010年12月10日公布の障害者自立支援法（2013年4月から「障害者総合支援法」）および児童福祉法の一部改正（いわゆる「つなぎ法」）により発達障害がこれらの法律の対象として明確化されたことなどに伴い、2011年に認定基準に盛り込まれることになった。

　発達障害のある人は、社会行動やコミュニケーション能力上の問題から、円滑な対人関係を築くことができず、あるいは不適応行動がみられることから、日常生活に困難が生じることがある。認定基準も、社会性やコミュニケーション能力の不十分さ、不適応行動に着目し、これに起因する日常生活への適応の困難さの程度で、等級認定することとしている。診断書上は「相互的な社会関係の質的障害」、「言語コミュニケーションの障害」、「限定した

常同的で反復的な関心と行動」が、発達障害関連症状として例示されている。

　同一人が複数のタイプの発達障害を併存させている場合もあり、同じ障害でも、症状の現れ方が多様である。そのため、発達障害の外観は個人差が大きい。知的障害にはIQという定量的な指標があるが、発達障害の場合にはそのようなものはないこともあって、認定には困難が伴うと考えられる。

　発達障害では、対人関係や意思疎通を円滑に行うことができないなど、日常生活能力に問題があることに着目すべきであるから、日常生活の中で発生した、対人関係上問題となったエピソードを集め、これを医師に伝えて、診断書に反映してもらうよう努めるべきである。また、裁定請求書の補充書として、このようなエピソードを記載した書面を添付することも検討すべきである。

　知能指数が高くても、そのことが認定の支障になるものではない。大学を卒業した人でも、発達障害があるとして、障害年金の支給対象となることは十分にありうる。

　発達障害は、通常、低年齢で症状がみられる。しかし、知的障害を伴わない発達障害の場合、違和感を覚えながらも障害が自覚されず、医療につながることなく年齢を重ね、大学生になってから、あるいは社会人になってから、障害が発見される場合もある。このような場合には、初診日が20歳を超えることもある。知的障害はすべて20歳前傷病と考えてよく（認定実務上、出生日が初診日と扱われていて実際の初診日が20歳以降でも出生日が初診日とされている）、初診日要件と納付要件が問題になることはないが、発達障害の場合には、これらの要件が問題となる場合も生ずる。一見すると年金支給のハードルが上がるようにも思われるが、社会人になって厚生年金に加入したのちに発達障害の初診日を迎えた場合には、障害厚生年金を受給できる可能性があるので、金額面ではむしろ有利に作用することもある。

　発達障害についても、精神ガイドラインの適用がある。同ガイドラインで「労働に従事していることをもって、直ちに日常生活能力が向上したものと捉えず、現に労働に従事している者については、その療養状況を考慮すると

ともに、仕事の種類、内容、就労状況、仕事場で受けている援助の内容、他の従業員との意思疎通の状況などを十分確認したうえで日常生活能力を判断する」、「一般企業で就労している場合（障害者雇用制度による就労を含む）でも、他の従業員との意思疎通が困難で、かつ不適切な行動がみられることなどにより、常時の管理・指導が必要な場合は、2級の可能性を検討する」等注意喚起がなされており、就労していることが直ちに不支給の理由となるものでないことは、知的障害の場合と同様である。

知能の障害を伴わない場合は、一見すると問題なく働いているように見えることもあるが、職場でのコミュニケーションの実情や、こだわりの強さに起因して臨機応変な対応ができないなどの状況、周囲の配慮に支えられている状況などを診断書に反映させる必要がある。

比較的年齢が進んでから発見された発達障害の場合は、幼少期や学齢期の対人関係上の不適応行動のエピソードなども重要である。

発達障がいのある人は、周囲との衝突などの2次的なストレスから、うつ病など他の精神障害を併発することも少なくない（東京都リーフレット「広汎性発達障害の理解と対応」等参照）。このような場合には、併合（加重）認定ではなく、諸症状を総合的に判断して認定を行う。

裁定請求にあたっては、診断書の「日常生活能力の程度」および「日常生活能力の判定」欄の事前のチェックは必須である。

(5) **器質性精神障害**

器質性精神障害とは、脳そのものの器質的病変あるいは脳以外の身体疾患のために脳が2次的に障害を受けて何らかの精神障害を起こす障害をいう。アルツハイマー病、高次脳機能障害、アルコール性精神障害などがある。

ここでは高次脳機能障害およびアルコール性精神障害を中心に解説する。

(A) **高次脳機能障害**

高次脳機能障害とは、脳血管障害や交通事故等による外傷等が引き金となって起こる認知障害・人格変化等の精神的障害の総称である。

主な症状には、記憶障害、人格変化、失認、失行などがあり、日常生活に

大きな支障を及ぼす場合がある。

　しかし、この障害の判断は困難であり、たとえば「感情をコントロールできない」、「人格変化」にしても生来性の問題として見逃されてしまう傾向があった。

　国が高次脳機能障害の問題に取り組み始めたのも比較的最近のことである。

　交通事故損害賠償の分野においても高次脳機能障害は近時議論がなされ、公益財団法人日弁連交通事故相談センター東京支部編『民事交通事故訴訟損害賠償額算定基準　2016（平成28年）　下巻（講演録編）』（いわゆる「赤い本」）163頁以下の「『脳外傷による高次脳機能障害事案』の相談における留意点」は、近時の同症状に関する法律相談者における留意点、近時の議論状況等が簡潔に説明されており、年金実務と損害賠償実務に直接の関係はないものの補助的な参考情報とはなる。

　障害年金制度においても、2013年に障害認定基準が改正された。

　具体的には、障害認定基準「第8節　精神の障害」、「2　認定要領」、「B　症状性を含む器質性精神障害」の(5)として次のように記載された。

> 　高次脳機能障害とは、脳損傷に起因する認知障害全般を指し、日常生活または社会生活に制約があるものが認定の対象となる。その障害の主な症状としては、失語、失行、失認のほか記憶障害、注意障害、遂行機能障害、社会的行動障害などがある。
> 　なお、障害の状態は、代償機能やリハビリテーションにより好転も見られることから療養及び症状の経過を十分考慮する。（以下略）

　高次脳機能障害で認知障害を主症状とする人の場合、障害年金の請求は「精神」の診断書を使用することになる。しかし、以前の診断書様式（精神）ではこれらの症状（記憶障害、人格変化、失認等）を適切に表すことが困難であったため、2013年に認定要領および診断書様式が改正された。

　この改正とあわせ、診断書には、失行、失認、記憶障害などの項目が新たに採用され、高次脳機能障害について以前より適切な表記ができるようになった。

　また、高次脳機能障害の患者は認知障害とともに身体的な障害を負うこと

も多い。そのため、障害年金の請求にあたって診断書を精神科ではなく、リハビリテーション科あるいは神経内科の医師が書くケースも多くある。その場合、診断書の「日常生活能力の判定に当たっては、単身での生活を想定して」という前提が抜けてしまう場合もある。記入方法などについて代理人として適切な情報提供が必要である。

また、精神の診断書とともに肢体の診断書を用いることが適切な場合もある。注意しなければならないのは、肢体は症状固定であれば初診日から6カ月で請求可能であるが、認知障害などの精神症状については原則どおり1年6カ月を待たなければならない。さらに、失語障害（聴く、読む、話す等の一連の流れができない）が発症する患者も多い。この症状がある場合は、言語機能の障害の認定基準により併合認定されるため、言語機能の診断書も提出する。

なお、高次脳機能障害は「見えない障害」ともいわれ、周囲の人も本人の変化に気がつかず、障害が見逃されてしまうケースも多い。さらに、本障害を確定診断できる医療機関も少ないのが現実である。そのため、障害年金請求に至るまで他の傷病にはない困難さがある。原則は画像により器質的異常が確認できることが確定診断の条件であるが、画像での確認が困難であっても、医師が確定診断をすることができれば障害年金の認定上は何ら問題はない。厚労省は、2013年の障害認定基準改正時に本傷病による認定事例を公表しているので、ぜひ参照していただきたい。

いずれにしても、代理人としては患者の抱える問題を詳細に把握し、整理することが他の傷病以上に大切であろう。なお、認知症と本傷病とは重なる症状が多い。その峻別について述べることは本稿の目的ではないが、若年性認知症については器質性精神障害の認定基準が適用されることは付記しておく。

Ⓑ アルコール性精神障害等

アルコール、薬物などの精神作用物質の使用により生じる精神障害についても、高次脳機能障害と同様、「B　症状性を含む器質性精神障害」に基づき認定される。障害等級の判定は、高次脳機能障害と同様である。

この傷病による障害年金の請求については、「精神病性障害を示さない急性中毒および明らかな身体依存の見られないものは認定の対象とならない」。過去の裁決（『社会保険審査会審決集〔平成14年版〕』389頁）では、アルコール性認知症を示唆する精神障害により認定された事例があるが、この事例のように認知力の低下を来すほどではない場合や気分障害など他の精神障害を合併している場合を除いて、アルコール依存症単独では認めない扱いが近年顕著となっている。

　アルコール摂取と関係する傷病に「ウェルニッケ・コルサコフ症候群」がある。これは、大量のアルコール摂取によってビタミンB_1の吸収が阻害され意識障害、眼球運動障害、健忘症候群などが発症する傷病である。この傷病による認定も少数ながら存在するが、「飲酒により肝臓が悪くなっている人を税金や保険料で救済するのは問題である」という意見も強く（厚労省「障害年金の認定（肝疾患による障害）に関する専門家会合」第3回（2013年10月3日・第4回（同年11月15日）議事録参照）、厳しい認定実態にあると思われる。

　アルコール依存症やアルコール関連の傷病に対する障害年金支給を認めないことに法令上の根拠はない。この専門家会合で示されたような酒を飲むことは自己責任という風潮が大きく影響していると考えられる。しかし、アルコールを摂取すれば生命に危険が及ぶ抗酒剤を服用していてもなおアルコールに手が出てしまう状態は、脳の器質的異常に起因しているものと考えるほかない。障害年金の対象を精神障害にも拡大する国年法改正法案についての国会審議（第46回国会衆議院社会労働委員会（1964年4月22日））で、厚生省が「麻薬あるいはアルコール、そういうことに基因する中毒性精神病は対象にいたします」と明確に述べていることも参照されたい。

(6) 神経症、人格障害その他

　障害認定実務上、障害年金の認定対象傷病から原則として除外されている精神疾患がある。「神経症」と「人格障害」に分類される精神疾患である。「認定基準」によると、人格障害は原則として認定の対象とならず、神経症

についても、その症状が長期間持続し、一見重症なものであっても、原則として認定の対象とならないとされている。

ただし、神経症（ICD-10（詳細は後記第7章Q7参照）コードF4）にあっては、精神病の病態（ICD-10コードF2（統合失調症）またはF3（気分［感情］障害）の区分に属するとされる病態）を示している場合には、対象傷病である統合失調症および気分（感情）障害に準じて取り扱うこととされている（人格障害にはこの例外も認められていない）。

しかし、人格障害と神経症を認定の対象としないことについて、法令上の根拠は全く存在しない。

神経症が除外されている理由は、心因性であるため一定期間で治る可能性が高いことや精神病よりも障害の程度が軽微であることなどがあげられている。しかしながら、神経症でも、重篤な症状で日常生活能力が著しく低下し、慢性症状を呈している例はごく普通に存在しており、法令上の根拠もなく認定基準という通知のみで除外していることは不合理である。

たとえば神経症には、「恐怖症性不安障害」、「パニック障害」、「強迫性障害」、「重度ストレス反応」、「心的外傷後ストレス反応（PTSD）」、「適応障害」、「解離性障害」等あるが、それらに症状が重症化、慢性化して、社会生活を送ることが困難で収入を得ることができずに所得保障を必要としている者が社会に多数存在している。障害認定基準における神経症の記載において、精神病の病態を示している場合について統合失調症および気分（感情）障害に準じて取り扱うとされていることは、とりもなおさず神経症と精神病の境界が明確でなく線引きが容易に行い得ないことを示している。

そもそも神経症が心因性、精神病は内因性という見方自体が国際的には克服されてきている。「神経症と同様に精神病という概念も明確さを欠くため、近年の国際分類や米国のDSM-Ⅲは精神病という言葉の使用に慎重な態度をとっている」（加藤正明ほか編『縮刷版 精神医学事典』457頁）、「DSM-Ⅲ、DSM-Ⅳでは心因性疾患を意味する神経症という用語の使用を廃止」している（大熊輝雄『現代臨床精神医学〔改訂11版〕』269頁）とされている。

社会保険審査会裁決でも、神経症の強迫性障害と精神病のうつ病を引き合いに出して、うつ病治療薬である選択的セロトニン再取込み阻害薬が強迫性障害にも有効であるという事実などをあげ、強迫性障害はうつ病の類縁の可能性があると指摘し、神経症と精神病の境界が明確でないことを認めているものがある（『社会保険審査会審決集〔平成21-22年〕』平成21年（厚）第404号）。

さらに、この境界が明確でないことが実際の臨床の現場で影響を及ぼしていることも懸念される。たとえば不安障害である。不安障害を抱えた方がA病院では不安障害と診断され、B病院ではうつ病と診断されることがある。両者の症状はよく似ているため、医師がどちらとも診断する場合がある。この場合、不安障害と診断されたら障害年金の対象としてもらえず、うつ病と診断されたら対象とされるという病名のみで選別され非常に不合理な結果を招く。このことからも、神経症や精神病という鑑別が容易でないあいまいな線引きによって、神経症を除外すること合理性はない。

社会保険審査会も多分に懐疑的で、神経症であることをもって対象外と一蹴される裁決や一方対象と認められる裁決など、社会保険審査会の見解も統一的でない。

実際の認定の場において、診断書の病名の欄に精神病と神経症が併記されている場合は、神経症は対象外ということで、神経症による日常生活能力の低下については差し引かれて認定されるということも見受けられる。このような中で障害年金の受給権を得るためには、現在のところ認定基準のただし書を利用するしかない。実務的には、医師がＦ２またはＦ３の病態を示していると診断する場合は、医師に、精神の障害用診断書裏面⑬の備考欄に、示している精神病の病態とそのICD-10コードをしっかりと記入してもらうことが重要である。

「人格障害」についても障害年金の対象外とされている合理的な理由はない。ICD-10でＦ６「成人のパーソナリティおよび行動の障害」としていわゆる人格障害は精神障害の一つとして認められている。

人格障害については、障害認定基準において、神経症のようなただし書は

設けられていないが、社会保険審査会裁決により、境界性人格障害について、その臨床症状から判断して精神病の病態を示しているものについては統合失調症または躁うつ病に準じて取り扱うこととして述べられているもの(『社会保険審査会裁決集〔平成19年〕』平成18年(国)166号)や、統合失調症型人格障害に分類されるものについても統合失調症に準ずるものとして対象とされる場合があると述べられている裁判例(後記第9章判例10)も見受けられるが、他の人格障害については原則として認定の対象とはならない。

また、人格障害も神経症も、社会生活を送る能力に一定の制限を受けることがあるとしても、日常生活に著しい制限を受け、あるいは日常生活に著しい制限を加えることを必要とする程度(2級相当)とは認め難いとする判例もある(後記第9章判例10)。

摂食障害や過食症などのその他の精神疾患についても障害年金の対象とされていないのが現状である。

神経症や人格障害でも、精神病と同様に著しく日常生活能力が低下し、それによって生活自体が困難となることは想像に難くない。であるにもかかわらず、合理的な理由または法令上の根拠なく、これらの精神疾患が除外されている現状がある。

これらの傷病名の場合になぜ障害年金の対象外なのか容認できない、理解できないという当事者の声はもっともなものであり、そのような当事者の代理人としては国に対して神経症や人格障害でも受給権を認めるよう申立てを行っていくことが重要である。

神経症や人格障害で日常生活・社会生活に支障を生じ、苦しんでいる多くの方の救済ができるよう、これらの傷病名の対象者が障害認定から除外されることがないように国は取扱いを改めるように、具体的な事案を担当する代理人としても、そのように国に働き掛けていくべきであろう。

(7) てんかん

てんかんの障害の程度は、認定基準の例示によれば、発作のタイプ(A〜

Dの4種）および頻度並びに日常生活能力の低下の程度で認定される。ICD-10では、てんかんは神経系疾患のカテゴリーに分類（G40）されている。しかしながら、てんかんによる障害年金の請求にあたっては精神の診断書を用いることになっているため、請求者の障害状態の反映が困難であり大きな問題が生じている。

　日常生活能力の低下の程度は、精神障害の診断書で評価されるものとなる。精神症状を伴うてんかんであれば、このような認定は適切である。しかし、精神症状を伴わないてんかんの場合には、精神障害の診断書に示された、食事摂取、清潔保持、他人との意思疎通等については発作状況にないときには能力の低下はないことになる。このことで、診断書上の「日常生活能力の判定」が、ある程度の長期的にみた日常生活能力や労働を含む社会生活能力の低下に比して、軽度な評価となってしまうことが多い。そのために仕事ができないような場合でも、2級非該当となる事例が多発している。精神の診断書の「日常生活能力の程度」の欄における評価項目の「精神障害」のカッコ書には、てんかんは含まれておらず、このことだけでも、現行の精神診断書で、てんかんの認定を行うことの不合理は明らかである。

　精神ガイドラインでは、てんかんは対象外とされた（第2の2）。障害認定基準改正時（2011年9月）のパブリックコメントにおいて、「診断書⑪欄の『2　日常生活能力の判定』と『3　日常生活能力の程度』に、てんかん特有の日常生活能力が障害を受けている程度が判定可能なように、てんかんについての判定項目を設けるべきである。また、障害認定基準『てんかん』の一部例示（2級）に『日常生活が著しい制限を受けるもの』と記載しているが、『3　日常生活能力の程度』は精神障害と知的障害を想定した項目であるため、てんかん単独での障害認定を著しく困難とするものである」との意見に対して、厚労省は「てんかんについては、⑪欄『「障害の状態」の「ア」』、『イ』の項目及び⑪欄『現症時の日常生活活動能力』にて主に症状を判断して」いると回答していた。このことから厚労省は「日常生活能力の程度」と「日常生活能力の判定」とのマトリックスを目安とした精神ガイドラ

インの対象から、てんかんを除外した可能性が高い。しかし、現状の認定基準では、精神症状のない発作だけのてんかんであっても、日常生活能力の評価の程度も要件としているように読める。そのため、診断書での日常生活能力の評価によって、受給されるべき人に障害年金が裁定されない場合がありうる。

2 外部障害（肢体・視力・聴力ほか）

(1) 肢体の障害

肢体の障害は障害認定基準の第3第1章第7節において、「第1　上肢の障害」、「第2　下肢の障害」、「第3　体幹・脊柱の機能の障害」および「第4　肢体の機能の障害」に区分されている（以下、単にそれぞれ「第1」、「第2」、「第3」、「第4」ともいう）。

この点、第4に区分される場合は、基本動作判定で障害が認定されることから、第1～第3に区分される場合と比べて、等級が認定されやすい。そして、2012年9月の障害認定基準改正前は、この第4の区分の適用があるのは、脳・脊髄に起因する障害（脳梗塞、脳出血、脊髄損傷、パーキンソン病、筋ジストロフィー、脊髄小脳変性症、椎間板ヘルニア、脊柱管狭窄症など）と多発性障害（関節リウマチ、多発性硬化症、SLE・多発性筋炎・強皮症等の膠原病など）と記載されていたが、同改正により、肢体の障害が上肢および下肢などの広範囲にわたる障害（脳血管障害、脊髄損傷等の脊髄の器質障害、進行性筋ジストロフィー等）に適用されるとの記載に変更されている。

また、2012年9月改正前の障害認定基準においては、両上・下肢のそれぞれ1関節の障害については、2級の障害年金が認定されるか否かが明確ではなかったが、同改正後は、両上・下肢のそれぞれ1関節に障害がある場合でも、2級の障害が認定される場合があることが、「第1」と「第2」の区分の中で明記されることとなった。

そこで、以下では、第1～第4の各等級について解説するが、障害認定基準の内容については巻末の【資料⑭】を参照されたい。

(A) 第1（上肢の障害）

(a) 障害認定基準

「機能障害」のうち、関節可動域、筋力の障害で判定する規定について、関節が「著しい障害を有する（用を全く廃した）」とされる三つの場合の一つである「不良肢位で強直」とは、どのような場合をいうのかが明らかではないが、労災の認定基準では、「強直とは関節の完全強直又はこれに近い状態」とされており、「これに近い状態」とは、健側の関節可動域の10％に相当する角度を5度単位で切り上げた角度とされているので、障害年金の認定においても、同様に解するべきである。なお、両上肢の場合は、健側がないから、参考可動域との対比になる。

また、筋力の半減とは、障害認定基準別紙「肢体の障害関係の測定方法」によれば、「検者の加える抵抗には抗し得ないが、自分の身体部分の重さに抗して自動可能な場合」のことであり、筋力の著減とは、「自分の体部分の重さに抗し得ないが、それを排するような体位では自動可能な場合」、筋力の消失とは、「いかなる体位でも関節の自動が不能な場合」をいう。

ところで、関節可動域の評価にあたっては、関節の可動域だけでなく、①筋力、②巧緻性、③速さ、④耐久性も考慮したうえで評価することとなり、各種の麻痺等、他動可動域による評価が適切でないものについては、これら諸点を考慮し、日常生活における動作の状態から上肢の障害を総合的に認定するとされて、動作の状態により認定することが、より明確になった。

しかし、上肢の障害の認定基準においては、肢体の機能の障害の認定基準とは異なり、どのような動作制限がある場合に何級が認められるかという基準が示されておらず、予測可能性に問題がある。したがって、代理人としては、障害の状態をできる限り具体的に書いた診断書を提出するなどして、今まで受給できていた年金が受給できなくなる事態を防ぎ、適切な認定をしてもらう努力が必要となろう。

(b) 2012年9月改正の経緯

この点、2012年9月改正前の障害認定基準では、両上・下肢の関節の機能

障害が2級に該当する場合を明示的に定められておらず、両上・下肢の3大関節の1関節に人工関節を入れてなお、かなり重度な障害が残る場合でも、併合で2級になることはなかった。

しかし、東京高判平成20・7・31判例集未登載（原審東京地判平成19・8・28判例13）は、両上・下肢の3大関節の1関節のみに人工関節を入れている場合であっても、「一下肢の用を全く廃したもの」と同程度といえればよいのであり、「両下肢に人工関節をそう入置換した場合は、原則として3級に該当するものであるが、更にその上位等級である2級に該当するか否かの認定は、障害認定基準の第3第1章第7節第4『肢体の機能の障害』の部分に倣って行うべきである。したがって、関節の運動可動域のみでなく、筋力、運動の巧緻性、速度、耐久性及び日常生活動作の状態から総合的に判定を行い、『両下肢の機能に相当程度の障害を残すもの』と判断されるならば、2級15号に該当すると認定されることとなる」と判示して、障害認定基準の不備を明らかにした（後記第9章判例13）。

そこで、2012年9月改正の障害認定基準においては、「両肢の機能に相当程度の障害を残すもの」の例として、「両上肢の3大関節中それぞれ1関節の他動可動域が、障害認定基準別紙『肢体の障害関係の測定方法』による参考可動域の2分の1以下に制限され、かつ、筋力が半減しているもの」をあげ、傷病にかかわらず、両上・下肢の各1関節だけに障害がある場合にも2級が認定されることになったという経緯である。

また、傷病にかかわらず、「両下肢に機能障害を残すもの」である場合に3級が認定され、「一上または一下肢の1関節に機能障害を残すもの」である場合にも、障害手当金が支給されることとなったことは評価できる。

しかし、両上肢については、①さじで食事をする、②顔を洗う（顔に手のひらをつける）、③用便の処置をする（ズボンの前のところに手をやる）、④用便の処置をする（尻のところに手をやる）、⑤上位の着脱（かぶりシャツを着て脱ぐ）、⑤上位の着脱（ワイシャツを着てボタンをとめる）」という「日常生活における動作を考慮して総合的に認定するとされたものの、かかる日常生活

動作が、どのように考慮され、動作判定がどの程度で何級になるのかということが不明のままである。

そのため、日常生活動作判定が、等級認定をより重くする方向に考慮されるのではなく、軽くする方向に考慮されるのではないかとの懸念もあり、いずれにせよ、基準があいまいになったため、診断書の内容によって等級が予想できないという問題は大きい。したがって、代理人としては、両上肢の障害についても、両上肢に関する「ほとんどの動作が非常に不自由」な場合に２級の認定を求めるなど、「第４　肢体の機能の障害」の認定要領(6)と同様の扱いをするよう主張していく必要がある。また、日常生活動作を考慮することにより、より重い等級認定がされる事例を集積し、基準をより具体的で予想可能性のあるものにしていく必要性が高い。

(B)　第２（下肢の障害）

(a)　障害認定基準

強直の意味、筋力の評価、各種麻痺の認定方法、動作制限と等級との関係の不明確さは「上肢の障害」と同様である。

(b)　2012年９月改正による変更点

なお、2012年９月改正の障害認定基準において、傷病にかかわらず、両上・下肢の各１関節だけに障害がある場合にも２級が認定されることになったこと、「両下肢に機能障害を残すもの」である場合に３級が認定され、「一上肢（または一下肢）の１関節に機能障害を残すもの」である場合にも、障害手当金が支給されることとなったことは、上肢（前記(A)(b)）で述べたとおりである。

また、両下肢の障害認定について、①片足で立つ、②歩く（屋内）、③歩く（屋外）、④立ち上がる、⑤階段を上る、⑥階段を下りるという「日常生活における動作」を考慮して総合的に認定するとされたものの、かかる日常生活動作が、どのように考慮され、動作判定がどの程度で何級になるのかということが不明であることの問題も、上肢（前記(A)(b)）で述べた。

(c)　失調性麻痺がある場合

失調性麻痺とは、神経が筋肉等への指示を適切に連携して行うことができず、たとえば、頭では普通に歩こうとしているつもりでも、身体は泥酔したときのように腰が立たないような動作となってしまう麻痺である。

　この麻痺の場合、動作上の制限が多いにもかかわらず、関節可動域も筋力も正常である場合が多いので、理解してもらいにくいことが指摘されている。そのため、他の障害以上に診断書に具体的な障害の状態を記載してもらうことが必要であり、また、失調性の麻痺の場合は平衡機能も障害されている場合が多いことから、平衡機能の障害の欄の記載も障害の認定に影響する。

　実際に、日常生活における動作の下肢の機能について、ほとんどが「一人でできるが非常に不自由な場合」であり、「日常生活が著しい制限を受けるか、又は日常生活に著しい制限を加えることを必要とする程度のもの」であるとして、下肢の障害認定基準を適用し、障害の程度2級が認定された裁決例もある（安部敬太＝田口英子編『詳解障害年金相談ハンドブック〔新訂版〕』262頁以下）。

　ⓒ　第3（体幹・脊柱の機能の障害）
　　(a)　腰椎椎間板ヘルニア等による疼痛がある場合
　一般に疼痛については、障害認定基準（第9節　神経系統の障害）の記載どおりに、障害等級が認定されるが、たとえば、腰椎椎間板ヘルニアなど、脊柱部位の器質的変化や損傷等を原因として腰部から下肢にかけて疼痛の障害が生じている場合は、脊柱の認定基準において、「認定に当たっては、単に脊柱の運動障害のみでなく、随伴する神経系統の障害を含め、総合的に認定する」とされていることから、疼痛を含め、脊柱・下肢等の認定基準の記載どおりに障害等級認定がされている。そして、この場合、脊柱や下肢と神経系統の障害がそれぞれ認定されることはほとんどない。

　また、障害認定基準において、認定対象となる疼痛は、「四肢その他の神経の損傷によって生じる灼熱痛、脳神経及び脊髄神経の外傷その他の原因による神経痛、根性疼痛、悪性新生物に随伴する疼痛、糖尿病性神経障害による激痛等」とされているところ、近時は、ここに記載された傷病を限定列挙

として取り扱う傾向が強く、これらに起因しない疼痛の影響については考慮されない可能性がある。しかし、末尾の「等」の記載からしても、これらは例示列挙と解され、これら傷病に起因しない疼痛であっても、医学的に根拠のある疼痛がある場合には、認定の対象とするよう求めていく必要があるだろう。たとえば、神経障害性疼痛は障害年金の支給対象であるとした裁判例（東京地判平成28・5・27裁判所HP）があり、国も裁判の中でそれを否定していない。

(b) 体幹の機能障害と脊柱の機能の障害との関係

ところで、体幹の機能の障害である、「高度体幹麻痺を後遺した」とは、どのような場合を意味するのか明確ではなく体幹障害と脊柱の障害がどのように違うのかも定かでないことから、過去の裁決例をみても、「体幹の機能の障害」の基準を適用して障害等級を認定した事例は非常に限られている。

したがって、「体幹の機能障害」と「脊柱の機能障害」のどちらの基準を適用して判断するべきであるかは慎重に検討する必要がある。

(D) 第4（肢体の機能の障害）

(a) 障害認定基準

肢体の障害が上肢および下肢などの広範囲にわたる障害（脳血管障害、脊髄損傷等の脊髄の器質障害、進行性筋ジストロフィー等）の場合には、障害認定基準を参照して障害等級を認定する。

この点、2012年9月の障害認定基準の改正により、肢体の機能の障害が両上肢、1上肢、両下肢、1下肢、体幹および脊柱の範囲に限られている場合には、それぞれの認定基準と認定要領によって認定することになり、障害認定基準の適用は、上肢と下肢の両方に障害がある場合に限られることとなった。

なお、肢体の機能の障害の程度は、関節可動域、筋力、巧緻性、速さ、耐久性を考慮し、日常生活における動作の状態から身体機能を総合的に認定するものとされており、また、多動可動域による評価が適切でない弛緩性の麻痺などについては、関節可動域は考慮せずに認定することとされている。な

お、この日常生活動作における身体機能との関連については、【資料⑭】に具体例が掲載されている。

　(b)　上肢と下肢の障害の状態が相違する場合

　この点、2012年9月の障害認定基準の改正により、肢体の機能の障害が上肢および下肢の広範囲にわたる場合であって、上肢と下肢の障害の状態が相違する場合には、障害の重い肢で障害の程度を判断し、認定することとされたことは評価できる。

(2)　眼の障害

　眼の障害については、2013年6月の障害認定基準の改正により、視力障害、視野障害、その他調節機能障害および輻輳機能障害またはまぶたの欠損障害に区分された。そして、視力障害、視野障害、まぶたの欠損障害、調節機能障害、輻輳機能障害、まぶたの運動障害、眼球の運動障害または瞳孔の障害が併存する場合には、併合認定の取扱いを行う。

　なお、眼の障害においては、身体障害者手帳を取得した際の診断書などの資料が障害年金請求の参考となることも多い。

　(A)　視力障害

　「両眼の視力」とは、それぞれの眼の視力を別々に測定した数値であるものの、1級と2級では、それぞれの眼の測定値を合算した視力で認定することになっている。たとえば、障害認定基準によると右0.04・左0.04の場合と右0.08・左0の場合とは同じ2級となる。しかし、生活や労働全般についての能力障害は前者のほうが大きいと考えられる。

　厚労省における、「障害年金の認定（眼の障害）に関する専門家会合」においても、このように両眼の和で測定する方法は、「学問的にも問題であり、諸外国でも行われていない。両眼開放の視力や良い方の眼の視力で判定するなど、判定方法について再検討する必要がある」（第4回（2012年12月7日）議事録）とされており、早急な是正が必要であろう。

　(B)　視野障害

　視野障害により、障害の程度2級が認定される場合は、その是非はともか

く、現行の障害認定基準上は、求心性視野狭窄と輪状暗点がある場合に限られる。求心性視野狭窄とは、周囲から中心に向かって、視野が狭まっていく症状であり、輪状暗点とは、見えない暗転が中心部を取り巻いて輪状になっている場合をいう。

　すなわち、現行の障害認定基準においては、網膜剝離や緑内障により視野が不規則に狭くなる不規則性視野狭窄については、これにより両眼の視野が２分の１以上欠損した場合に、障害の程度３級には認定されるが、認定基準が２級を求心性視野狭窄と輪状暗点に限定しているように読めるため、２級には認定されない可能性がある。したがって、この点について基準の改正が必要である（厚労省「障害年金の認定（眼の障害）に関する専門家会合」議事録参照）。

　また、中心の視野がなくなる中心暗点のみの場合には、障害認定基準(2)オ「両眼による視野が２分の１以上欠損したもの」（障害手当金、症状未固定は３級）において「原則視野障害として認定は行わないが、状態を考慮して認定を行う」とされているところ、中心暗点があっても視力障害が認められない場合もあるから、このような場合に、輪状暗点よりも大きい中心暗点があるにもかかわらず、２級が認定されないことも不当と考えられる。

　障害手当金（症状未固定では３級）が認定される場合の「視野の２分の１」が、どういう場合をいうのかも不明確であり、左右の視野半分欠損ではなく、中心狭窄などにより視野が２分の１以下となっている場合に３級としない不当な裁決例も報告されている。

　　Ⓒ　その他の障害

　2013年６月の障害認定基準の改正で、脳からの神経異常により、自分の意思とは無関係にまぶたが閉じてしまう眼瞼痙攣が認定基準に加えられ、「眼瞼痙攣等で常時両眼のまぶたに著しい運動障害を残すことで作業等が続けられない程度のもの」は「まぶたの運動障害」として障害手当金（症状固定でない場合は３級）とされたが、室内では手探りで生活し外出時は常に付き添いが必要という重度の事例でも、障害手当金（症状固定でない場合は３級）と

しか認められない（障害基礎年金については不支給）という基準にとどまっている。また、眼瞼痙攣は、医学的にみて、長期にわたり症状が固定しないケースが多いにもかかわらず、厚年法施行令別表1の3級14号（症状未固定3級）と認めず、安易に症状固定と認定し、障害手当金しか支給しないことも多い。

(3) 聴覚の障害

聴覚障害は、純音聴力レベル値と最良語音明瞭度によって認定される。

聴力レベルは、眼の障害と異なって、人工内耳や補聴器は使用しない状態で測定する。参考までに、100dBは、電車が通るときのガード下の音が聞こえない程度、90dBは、大声による独唱、騒音工場内の音が聞こえない程度、80dBは、電車の車内の音が聞こえない程度、70dBは、騒々しい事務所の音が聞こえない程度、50dBは、クーラーの屋外機の音が聞こえない程度だといわれている。なお、最良語音明瞭度の検査は、聞こえているのに、言葉が聞き取りづらい障害を検査するものである

また、「請求時点で」、聴覚の障害により障害年金を受給していない者に、障害の程度1級の診断を行う場合には、これに加えて、聴性脳幹反応検査等の他覚的聴力検査またはそれに相当する検査を実施して認定することになっているから、障害認定日において障害等級不該当となり、請求日現在1級レベルの場合は、請求日において他覚的検査等をする必要がある。他方、障害認定日で両耳の聴力レベルが1級相当以上でありながら他覚的聴力検査を行っていなかった場合は、請求日の他覚的聴力検査で確認されるが、障害認定日まで遡及される。

(4) その他の障害

(A) 鼻腔機能の障害

障害認定基準のいう「鼻を欠損し、その機能に著しい障害を残すもの」とは、鼻軟骨部の全部または大部分を欠損し、かつ、鼻呼吸障害のあるものをいうとされており、嗅覚脱失は認定の対象とならないとされている。

Ⓑ　平衡機能の障害

　平衡機能の障害とは、身体がどちらを向いているのか、傾いているのかなどの情報を関知する機能に障害がある場合であり、その原因が、内耳性によるめまいや失調だけでなく、頭部外傷や中央神経系の脳性の疾病に起因するものも含まれる。

　平衡機能障害に１級の認定はないが、聴覚の障害（特に内耳の傷病による障害）と平衡機能障害とは、併存することがあり、この場合には併合認定の取扱いを行うことになっているので、留意する必要がある。

Ⓒ　そしゃく・嚥下機能の障害

　障害認定基準では、そしゃく・嚥下機能の障害は、歯、顎（顎関節も含む）、口腔（下、口唇、硬口蓋、頬、そしゃく筋等）、咽頭、喉頭、食道等の器質的、機能的障害（外傷や手術による変形、障害も含む）により食物の摂取が困難なもの、あるいは誤嚥の危険が大きいものと定義されている。その障害の程度は、摂取できる食物の内容、摂取方法によって関与する機関、臓器の形態・機能、栄養状態等も十分考慮して総合的に認定するものとされている。

Ⓓ　音声または言語機能の障害

(a)　具体的な状態

　障害認定基準では、音声または言語の機能の障害とは、発音にかかわる機能または音声言語の理解と表出にかかわる機能の障害をいい、構音障害または音声障害、失語症および聴覚障害による障害が含まれるとされている。

　ここに、構音障害または音声障害とは、歯、顎、口腔（舌、口唇、口蓋等）、咽頭、喉頭、気管等の発声器官の形態異常や運動機能障害により、発音にかかわる機能に障害が生じた状態のものと定義される。

　「失語症」とは、大脳の言語野の後天性脳損傷（脳血管障害、脳腫瘍、頭部外傷や脳炎など）により、一旦獲得された言語機能に障害が生じた状態のものである。

　そして、「聴覚障害による障害」とは、先天的な聴覚障害により音声言語の表出ができないものや、中途の聴覚障害によって発音に障害が生じた状態

のものをいう。

　なお、従来、聴覚障害がある場合に言語機能の障害で請求する例は少なかったが、聴覚の障害と言語機能の障害は併合認定されるので、両方の障害に基づき、請求するべきである。

　また、音声または言語機能の障害とそしゃく・嚥下機能の障害や肢体の障害または精神の障害は併存することが多いが、併合認定として取り扱うこととされている。

　　(b)　評価方法

　まず、構音障害、音声障害または聴覚障害による障害は、①口唇音（ま行、ぱ行、ば行等）、②歯音、歯茎音（さ行、た行、ら行等）、③歯茎硬口蓋音（しゃ、ちゃ、じゃ等）、④軟口蓋音（か行、が行等）について、発音不能な語音を確認するほか、語音発語明瞭度検査等が行われた場合はその結果を確認して、評価の参考とするものとされている。なお、歯のみの障害による場合は、歯科補綴等の治療を行った後の結果により認定を行い、歯のみ以外の障害による場合は、補装具のない状態により認定を行う。たとえば、パイプなどの補助具を付けると何とか話せるような場合でも、補助具は取り外した状態で言語障害の程度を判定することは、医師に診断書の作成を依頼する際、留意するべきである。

　次に、失語症については、音声言語の表出および理解の程度、標準失語症検査等が行われた場合はその結果から確認された、失語症の障害の程度を評価の参考とする。そして、失語症が、音声言語の障害の程度と比較して、文字言語（読み書き）の障害の程度が重い場合には、その症状も勘案し、総合的に認定するものとされている。

　　(c)　2015年6月の障害認定基準改正

　言語機能の障害の認定基準は、2015年6月に改正され、特に、失語症について、前記(b)のとおり、話すことだけでなく、聴いて理解すること、読んで理解すること、書くことのすべてにわたる障害であることを前提として、失語症の重症度を客観的に判断できるよう基準が明確されたことは評価できる。

また、診断書の様式も、①会話による意思疎通の程度、②発音不能な言語（構音障害、音声障害または聴覚障害による障害）、③失語症の障害の程度の三つの項目に分けて、障害の状態や程度を客観的および具体的に表記することができるようになった。

3　内部障害（呼吸器・心疾患・代謝疾患ほか）

(1)　共通する問題意識

(A)　「総合的に認定」

障害の内容により、基準となる検査の内容や検査数値等は異なるものの、各障害の認定基準において、検査所見等の客観的所見のほか、下記のような「一般状態区分」が示されている。

たとえば、心疾患による障害の程度を一般状態区分表で示すと〔表8〕のとおりである。

〔表8〕　心疾患の一般状態区分（抜粋）

区分	一般状態
ア	無症状で社会活動ができ、制限を受けることなく、発病前と同等にふるまえるもの
イ	軽度の症状があり、肉体労働は制限を受けるが、歩行、軽労働や座業はできるもの　たとえば、軽い家事、事務など
ウ	歩行や身のまわりのことはできるが、時に少し介助が必要なこともあり、軽労働はできないが、日中の50％以上は起居しているもの
エ	身のまわりのある程度のことはできるが、しばしば介助が必要で、日中の50％以上は就床しており、自力では屋外への外出等がほぼ不可能となったもの
オ	身のまわりのこともできず、常に介助を必要とし、終日就床を強いられ、活動の範囲がおおむねベッド周辺に限られるもの

この点、検査数値は非常に悪いが、一般状態区分は比較的軽いという事例が存在する。他方で、検査数値は微妙であるが、一般状態区分は非常に重いという事例も存在する。中には、検査数値や一般状態区分の診断書上の記載が不明確であったり、一部記載がない場合も存在する。

ここで、障害認定基準によれば、たとえば心疾患において「心疾患による障害の程度は、呼吸困難、心悸亢進、尿量減少、夜間多尿、チアノーゼ、浮腫等の臨床症状、Ｘ線、心電図等の検査成績、一般状態、治療および病状の経過等により、総合的に認定する」とされているとおり、検査数値等と一般状態は「総合的に判断する」ための各要素にすぎない。

　しかし、保険者は、検査成績等が以下に述べる「一部例示」に該当することを求め、かつ、一般状態区分についても同区分表のどこに該当するかを重視し、双方がいずれも１級、２級ないし３級に相当する程度でなければ等級認定しない傾向にあるといえる。診断書の記載が不十分な場合、本来であればその他の要素を総合考慮して等級認定すべきであるところ、当該内容が「不明」であるとして非該当の根拠とされることが少なくない。

　請求者側としても、各要素の等級該当性が十分でなくとも、総合的な判断として等級該当性が認められれば積極的に請求すべきと考えられる。

　　⒝　「一部例示」

　障害認定基準における各認定要領においては、各等級に相当すると認められるものの一部例示が示されている。

　たとえば腎疾患について、各等級に相当すると認められるものを一部例示すると次のとおりである。

〔表９〕腎疾患の障害等級（抜粋）

障害の程度	障害の状態
１級	前記⑷①の検査成績が高度異常を一つ以上示すもので、かつ、一般状態区分表のオに該当するもの
２級	１　前記⑷①の検査成績が中等程度または高度の異常を一つ以上示すもので、かつ、一般状態区分表のエまたはウに該当するもの ２　人工透析療法施工中のもの
３級	１　前記⑷①の検査成績が軽度、中等度または高度の異常を一つ以上示すもので、かつ、一般状態区分表のウまたはイに該当するもの ２　前記⑷②の検査成績のうちアが異常を示し、かつ、イまたはウのいずれかが異常を示すもので、かつ、一般状態区分表のウまたはイに該当するもの

保険者の認定実務においては、この例示に該当するか否かにより等級判定が行われていることが多い。

しかし、文字どおりこれは「一部例示」であり、当該認定要領に当てはまらない数値であっても、上記のとおり一般状態等の他の要素を含めた「総合的な判断」の下で等級判定がなされなければならない。

この点、2014年9月29日の厚労省「障害年金の認定（腎疾患による障害）に関する専門家会合」（第2回）において、事務官は「『各等級に相当すると認められるものを一部例示すると次のとおりである』と……『総合的に認定する』と……なので、数字はそこまで悪くないんだけれども、実際に状態が悪いような方をどうするのかといったご意見につきましては、そこは最終的にはご本人の状態を見て総合的に判断する道がある」と述べている。

Ⓒ 治療前の数値か治療後の数値か

投薬や治療により数値が大きく改善する場合、投薬後ないし治療施行中の数値を等級判定のための数値として採用すると、その障害の重症度が適切に把握できないおそれがある。一般状態区分の判定についても同様のことがいえよう。

したがって、治療前の数値・状態を採用するか治療後の数値・状態を採用するかは、等級判定に大きな影響を及ぼす。これに関連する障害と治療については、腎不全に対する人工透析療法、呼吸器疾患に対する在宅酸素療法、血友病に対する血液凝固因子補充療法などがあげられる。

この点、腎不全に対する人工透析療法に関し、2015年の厚労省障害年金の認定（腎疾患による障害）に関する専門家会合では、医師全員が透析前の検査数値を記載すべきであると意見を述べ、同年6月、厚労省は毎回の人工透析前の検査成績を記入するよう診断書の注意書きを変更している。このような経過も参考として、呼吸器疾患に対する在宅酸素療法、血友病に対する血液凝固因子補充療法等についても、治療前の数値が採用されるべきであることを主張すべきであろう。

(2) 各障害に関する認定基準

障害認定基準の第3第1章第10節～15節に関して、注意すべき点を述べていく。各障害の障害認定基準を確認しつつ、以下を読み進められたい。

(A) 呼吸器疾患による障害

認定要領では、肺結核、じん肺、呼吸不全の三つの傷病群に分けられているが、請求例として多いのは呼吸不全である。

この呼吸不全については、動脈血ガス分析値および予測肺活量の異常の程度、かつ、一般状態区分の評価により認定することとしている。この「および」が、「かつ」なのか「または」なのかは、障害認定基準上では明確ではないが、認定実務においては、「または」と解して認定しているのが一般的であると考えられる。しかし、最近の裁判例（東京地判平成28・2・19WLJ2016 WLJPCA02198025）において、「かつ」と解するという国の見解を支持した裁判所の判断があるので、注意が必要である。

障害認定基準は、動脈血ガス分析値と予測肺活量の検査結果のうち「呼吸不全の障害の程度の判定は、……動脈血ガス分析値を優先する」としている。

動脈血ガス分析値にも、O_2分圧とCO_2分圧があり、障害認定基準に「病状判定に際しては、動脈血O_2分圧値を重視する」とある。呼吸不全には2種あって、動脈血O_2分圧だけに異常が出る低酸素血症（Ⅰ型呼吸不全）と動脈血O_2分圧および動脈血分圧の両方に異常が出て高二酸化酸素血症を伴う低酸素血症（Ⅱ型呼吸不全）があり、特にⅠ型呼吸不全の場合には、動脈血O_2分圧だけに異常が出るのであるから、動脈血O_2分圧値を重視することは妥当である。しかし、日本年金機構の裁定では、Ⅰ型呼吸不全であっても、動脈血CO_2分圧に異常がないことを根拠として2級非該当等とすることがある。

在宅酸素療法を行っている場合の動脈血ガス分析値について、空気呼吸器下の数値でみるのか、酸素吸入時の検査結果でみるのかについて、障害認定基準上は明記されていない。上記裁判例で、国は次のとおり主張している。在宅酸素療法適用基準は、動脈血O_2分圧について、障害年金2級以上の検

査基準である60Torr以下よりも同等（またはそれより少し重い）程度である、「①安静、空気呼吸下で55Torr未満または②55Torr～60Torrでも、55Torr未満に相当する低酸素血症」としている。そのため、動脈血O_2分圧を空気呼吸下の数値で判断するとすれば、２級以上の集団の中に在宅酸素適用者がすべて含まれ、在宅酸素適用者はすべて２級となってしまい、障害認定基準が在宅酸素療法開始した者を原則３級としていることと整合性がとれない。したがって、在宅酸素療法開始後の検査数値で認定すべきである、とする。この国の主張からすれば、障害年金の程度は酸素吸入時の動脈血ガス分析値で認定するということになる。しかし、そうすると、呼吸不全で２級という認定は極々まれなケースに限られることになる。動脈血O_2分圧が２級程度の数値となれば、在宅酸素適用となり、在宅酸素が導入されると、酸素吸入時の動脈血O_2分圧の数値は多くのケースで大幅に改善されることとなり、この段階では、障害年金は２級非該当と認定されてしまう。在宅酸素適用者はほとんど２級非該当となり、障害年金２級と認定されるのは、酸素吸入時であってもなお呼吸不全状態にある極めて重度な患者のほか、56Torr～60Torrの者のうち在宅酸素が適用となる「55Torr未満に相当する」ほどには重度でない者だけが２級と認定されることになり、後者については呼吸不全の重症度と障害年金の等級認定との逆転が生じる。一方、空気呼吸下の動脈血ガスで認定するのであれば、在宅酸素適用者は原則すべて２級となる。これは確かに在宅酸素導入者は原則３級としていることに矛盾する。しかし、これは逆に、在宅酸素導入者を２級とするよう見直すべきである。

　呼吸不全において、2010年11月施行の障害認定基準で別途例示が加筆された慢性気管支喘息について、１級の要件の一つとして「動脈血ガス分析値が高度異常で常に在宅酸素療法を必要とするもの」をあげているが、この場合の動脈血ガス分析値が高度異常というのは空気呼吸下のものとしか考えられない。身体障害者手帳、難病および労災の認定においては、空気呼吸時の動脈血O_2分圧値で判定していることからも、障害年金においても、空気呼吸時の動脈血ガスで認定し、在宅酸素導入者は原則２級と障害認定基準を改正

することが求められる。少なくとも在宅酸素導入時の動脈血ガスは異常がなくとも、軽微な労作でSpO₂（経皮的動脈血酸素飽和度）が低下してしまうような場合には２級とすべきである。

慢性気管支喘息については、上記のとおり、一般的な呼吸不全とは別に例示が記載されていて、プレドニゾロンや吸入ステロイドの連用量とともに、２級には「常時とは限らないが、酸素療法を必要とする」とあるが、実際の認定事例では、酸素療法を行っていないものでも、２級と裁定されている例があり、前記(1)で述べたとおり、これは例示にすぎず、これに該当しないと２級とはならないと決めつけてはならない。

(B) 心疾患による障害

弁疾患、心筋疾患、虚血性心疾患（心筋梗塞、狭心症）、難治性不整脈、大動脈疾患、先天性心疾患、重症心不全の７つに区分して、それぞれについて非常に細かな認定要領となっている。ただ、この記載自体、あいまいな点が多い。たとえば、異常検査所見のＤには「心エコー図で中等度以上の左室肥大と心拡大、弁膜症、収縮能の低下、拡張能の制限、先天性異常のあるもの」とあるがこの中等度とは何により判定されるのか、同Ｅには「重症な頻脈性又は徐脈性不整脈所見」（傍点は筆者）とあるがこの重症とはどの程度なのか等、明確ではない。各区分の例示の書き方も、統一されていない。三つの要件について、「異常検査所見のＡ、Ｂ、Ｃ、Ｄ、Ｅ、Ｇのうち２つ以上の所見、かつ、病状をあらわす臨床所見が５つ以上あり、かつ、一般状態区分表のウ又はエに該当するもの」（①弁疾患２級の２）のように二つの「かつ」で結んでいるものもあれば、「異常検査所見のＡ、Ｂ、Ｃ、Ｄ、Ｅ、Ｇのうち２つ以上の所見及び心不全の病状をあらわす臨床所見が５つ以上あり、かつ、一般状態区分表のウ又はエに該当するもの」（②心筋疾患２級の２）のように「及び」と「かつ」で結んでいるものもあり、どちらも内容に違いはないと解するほかないにもかかわらず、違う書きぶりとなっている。

また、重症心不全の箇所に、「CRT（心臓再同期医療機器）、CRT-D（除細動器機能付き心臓再同期医療機器）は２級」と明記されていて、重症心不全の

表題の下にこれが記載されていることだけを根拠に、これらの装着前の状態が重症心不全であったと確認できない場合には、2級としないとの扱いがなされている。厚年法施行規則は、厚年法52条3項により、障害厚生年金3級の者が受給権発生日または前回診断書診査日から1年を待たずに額改定請求が可能とされる場合の一つに「心臓再同期医療機器（心不全を治療するための医療機器をいう。）を装着したもの」（同規則47条の2の2第2項10号）をあげていて、厚労省通知（2014年3月31日年管管発0331第10号）はこの「心臓再同期医療機器」を「CRT（心臓再同期医療機器）、CRT-D（除細動器機能付き心臓再同期医療機器）」と同義であるとしているが、上記規則には重症心不全に対して装着したものに限るとは規定されていない。にもかかわらず、障害認定基準上の記載を根拠に、上位に位置する同規則の規定に要件を設けることは妥当ではない。しかも、診断書は、「CRT（心臓再同期医療機器）、CRT-D（除細動器機能付き心臓再同期医療機器）」装着後の障害の状態について記載されるが、現行診断書様式には、装着前の状態について、それが重症か否かを判断しうる記入欄はない。このような診断書様式の不備を放置し、医師に照会もせずに、重症心不全であることが明確でない場合には3級（または2級非該当）とする裁定が横行している。

　　(c)　腎疾患による障害

　慢性腎不全の障害の程度は、①血清クレアチニン、②内因性クレアチニンクリアランス、③eGFRのいずれかに中等度異常が確認できる場合に、一般状態区分の評価にも照らして、等級が認定される。③は腎臓による老廃物の排泄能力を示すもので、数値が小さいほど重症である。これは、2015年6月施行の障害認定基準改正により追加され、血清クレアチニン、年齢および性別により、計算して算出することから、血清クレアチニンの補正数値ともいえるものである。一般社団法人日本腎臓学会の「CKD（慢性腎不全）診療ガイドライン2013」では、eGFRの数値のみで、重症度を判定していて、最重度の「末期腎不全」を15ml／分／1.73m^2未満としている。一方、障害認定基準は「10以上20未満のときは軽度異常、10未満のときは中等度異常」と

している。上記改正に向けた専門家会合では、医師からガイドラインに合わせて15未満を中等度とすべきという意見が出されたが、10以上でも人工透析適用の場合には２級となるという事務局の説明により、結局は医学的重症度より厳しい基準となった。しかし、この記載が例示にすぎないことを踏まえれば、人工透析前で15未満の場合でも、２級認定を求めうると考えるべきである。

　腎移植後の支給については、人工透析を施行していた者が移植後１年以内に事後重症請求をした場合が問題となる。2015年６月改正前障害認定基準のこの節には、このことについての記載がなく、「第18節　その他の障害」に「・障・害・等・級・に・該・当・す・る・も・のが、臓器移植を受けた場合は、臓器が生着し、安定的に機能するまでの間、少なくとも１年間は従前の等級とする」（傍点筆者）との記載があるだけであったが、上記改正により、この節に「・障・害・年・金・を・支・給・さ・れ・て・い・る・者が腎臓移植を受けた場合は、臓器が生着し、安定的に機能するまでの間を考慮して術後１年間は従前の等級とする」（傍点筆者）と記載された。障害認定基準の記載からすれば、人工透析施行者で、事後重症での障害年金請求が遅れて障害年金の受給権を得ていない者であっても、障害等級に該当する状態であることは明らかであるから、腎移植後１年間は２級が支給される可能性がある（ただし、この点が争われた上記改正前の再審査請求について、社会保険審査会は「障害等級に該当するもの」とは受給権者に限られるという解釈を示し棄却している）。一方、上記改正後のこの節の記載では、障害年金を支給されている者ではないために、受給権自体の発生も、腎移植後１年の支給もないことになる。同じく保険料を負担してきた被保険者であり、人工透析から腎移植をして１年以内であることは同じであるにもかかわらず、既受給権者は２級が受給でき、それまでに受給権を得ていない者は障害年金が一切受給できないことになる。

　　Ⓓ　肝疾患による障害

　肝疾患は、①血清総ビリルビン、②血清アルブミン、③血小板数および④プロトロンビン時間（PT）の検査結果並びに⑤腹水および⑥脳症の有無・

程度により、等級が認定される。国際的な肝疾患の重症度を判定する指針であるChild-Pugh分類（肝障害度を示す尺度。〔表10〕参照）

〔表10〕Child-Pugh分類

ポイント	1点	2点	3点
脳症	ない	軽度	ときどき昏睡
腹水	ない	少量	中等量
血清ビリルビン値（mg／dL）	2.0未満	2.0-3.0	3.0超
血清アルブミン値（g／dL）	3.5超	2.8-3.5	2.8未満
プロトロンビン活性値（％）	70超	40-70	40未満

合計点で［A：5-6点　B：7-9点　C：10-15点］と分類する。2点が障害認定基準の中等度異常に、同分類3点が障害認定基準の高度異常に相当する。2014年6月施行の障害認定基準改正に向けた専門家会合では、同分類に比して、血清アルブミンが少し緩い基準となっていること、同分類にはない血小板数も加えていることなどから、障害認定基準はChild-Pugh分類を少し緩和した程度であるとの議論がなされた。

　しかし、血小板数を除いて考えると、このChild-Pughスコアとの関係ではたとえば、以下の問題がある。障害認定基準2級の例示は上記①〜⑥について「中等度又は高度の異常を3つ以上示すもの」を要件としている。すると、この場合の最も低いChild-Pughスコアは2点×3＋1点×2で8点となる。また、中等度異常と高度異常が各一つで計二つの異常の場合でも、Child-Pughスコアは3点＋2点＋1点×3で8点となる。後者はChild-Pughスコアでは前者と同じでありながら、2級とは認定されないことになる。このことからも、前記(1)のとおり、等級についての「例示」は単なる例示にすぎないと考えて、事案に取り組む必要がある。

　同改正において、それまでは記載のなかった、アルコール性肝硬変について、180日以上の断酒が認定の要件として加えられた。この場合、医療保険では保険給付の対象となるにもかかわらず、障害年金の対象としないことを明確にした。断酒ができないのはアルコール依存症によることが多いが、それ自体を疾病（障害）とみずに本人の帰責事由によるものと断じることの妥当性が（そもそも同依存症については精神障害として給付対象とされることがかなり少ないことも）問題となりうる。さらに、この記載は、他疾患においても、

〔表11〕2017年12月改正障害認定基準の概要

疾患	改正前の下線部の表記	主な改正箇所
ア 赤血球系・造血不全疾患（再生不良性貧血、溶血性貧血等）	難治性貧血群	等級の例示において、改正前は検査数値4つのうち3つに該当することが要件だったのが、一つだけ該当していればよいとなった。 B表（検査所見）において、貧血は国際的にヘモグロビン濃度で評価するのが標準であるとして、赤血球数が削られ、骨髄機能を表す最も信頼できる数字として網赤血球数が加わった。
イ 血栓・止血疾患（血小板減少性紫斑病、凝固因子欠乏症等）	出血傾向群	B表（検査所見）に凝固因子活性が加えられた。 凝固因子欠乏症でインヒビターが出現している状態および凝固第Ⅰ因子（フィブリノゲン）が欠乏している状態の場合は、B表（検査所見）にかかわらず、A表（臨床所見）や日常生活状況等により認定するとされた。
ウ 白血球系・造血器腫瘍疾患（白血病、悪性リンパ腫、多発性骨髄腫等）	造血器腫瘍群	B表（検査所見）において、赤血球数がヘモグロビン濃度に変更となった。 C反応性タンパク（CRP）陽性、乳酸脱水素酵素（LDH）の上昇、白血球数が削られた。

障害年金認定において、自己責任に起因すると判断されうる障害を対象から除外する傾向が強まる可能性を孕んでいる。

(E) 血液・造血器疾患による障害

　血液・造血器疾患による障害に係る認定基準は、2017年12月に改正された。主な改正箇所は、〔表11〕のとおりである。

　インヒビターというのは、凝固因子の補充治療に対する耐性ができてしまい、補充療法が効かない病態であり、補充療法が有効な血友病よりも生活上、労働上に困難さは大きい。

　〔表11〕アについては、検査数値に該当する要件が大幅に改善され、イのインヒビターが出現している状態および凝固第Ⅰ因子（フィブリノゲン）が欠乏している状態の場合については、そもそも検査所見に異常が見られない

傷病の性質上ではあるが、検査数値によらず、生活状況等により認定するものとした。これらは、検査数値という機能障害にとらわれず、社会生活を含む生活全般についての能力障害がより重視されることになったと捉えることができ、評価できる。また、造血幹細胞移植後の移植片対宿主病（GVHD）も認定の対象とされ、認定の基準が示されたことも改善点といえる。

また、認定要領の(6)に「輸血や補充療法により検査数値が一時的に改善する場合は、治療前の検査成績に基づいて行うものとする」と追加された。これまでは、たとえば凝固因子補充療法により検査数値の時間単位で変動する血友病の場合にいつの検査数値で認定するのかが不明で、裁判などでの補充がない時点での検査数値により認定すべきだという請求人の主張に対して、国は適切な時期の検査数値で認定するとしか説明していなかった。ただ、より正確に機能障害をみるためには、補充がなされていない状態での最も悪い検査数値とすべきところであった。また、改正後診断書の凝固系検査の注意書は「最も適正に病状をあらわした日付、検査数値を記入してください」との表現となっていて、「治療前の検査数値」とさえされなかった。その意味では最も悪い数値も記入可能ともいえるが、日本年金機構の認定実務上は、請求日以前３カ月の日付でないと診断書を返戻する可能性が高いため、治療前の数値としたほうがまだマシだったといえよう。医師に診断書を依頼するときは、「最も適正に病状をあらわした日付、検査数値」を十分検討して記載してもらうこと、請求日３カ月以前の検査結果が最も悪い数値でない場合には「その他の所見」欄等にその検査数値を日付とともに記入してもらうことを伝えたい。

　　(F)　代謝疾患による障害

2016年６月の障害認定基準の改正までは、インスリン治療下で、HbA1cが８％以上「及̇び̇」（傍点筆者。この「及び」は裁定事例、裁決事例等のいずれにおいても「又は」として認定実務上は扱われていた）空腹時血糖値が140mg／dl以上を、血糖コントロール不良として３級としていた。この改正により、HbA1cも血糖値も基準からは外され、検査数値などとして次のいずれ

かに該当することが要件とされた。

① 内因性のインスリン分泌が枯渇している状態で、空腹時または随時の血清Cペプチド値が0.3ng／mL未満を示すもの
② 意識障害により自己回復ができない重症低血糖の所見が平均して月1回以上あるもの
③ インスリン治療中に糖尿病ケトアシドーシスまたは高血糖高浸透圧症候群による入院が年1回以上あるもの

　血清Cペプチド値とは、生体が自力でつくるインスリン量の程度を示すもので、インスリンの生体生産が不能なⅠ型糖尿病で明らかな異常値を示すことが多く、インスリンの効果不良であるⅡ型糖尿病の場合には異常値を示すケースは限られる。②および③の症状も主にはⅠ型糖尿病に生じる。これにより、対象はⅠ型糖尿病にほぼ限定される。しかし、Ⅰ型糖尿病の多くが小児期に起こり、この場合には20歳前初診の障害基礎年金の対象であるから、3級では支給はない。そうすると、糖尿病単独で3級となる場合のほとんどは、ケースとしては限られている厚生年金加入中に初診日があるⅠ型糖尿病の場合ということになる。この結果、これまで、旧基準に基づき、Ⅱ型糖尿病でHbA1cが8％以上または空腹時血糖値が140mg／dℓ以上により、障害厚生年金3級を受給していた人のほとんどが、再認定時に支給停止となってしまう。法令の改正があったわけでもない中で、このような不利益処分が大量になされることの妥当性が問題となる。

　なお、これまで糖尿病腎不全、糖尿病性網膜症、糖尿病神経障害等の合併症がある場合を除き、糖尿病単独では2級以上となる可能性について、障害認定基準上は記載がなかったが、今回の改正で「症状、検査成績及び具体的な日常生活状況等によっては、さらに上位等級に認定する」との記載がなされた。この点は糖尿病単独での2級以上の認定に道を開くものとして、活用すべきである。

4　難病

(1)　難病とは

「難病」とは医学的な診断名ではなく、「治りにくく」「社会生活が困難で生きづらい」という社会生活上の不利益も考慮されている日本における社会的な概念である。

2017年4月現在、難病の患者に対する医療等に関する法律で330疾患が指定難病とされ、障害者総合支援法で358疾患が福祉制度対象となっているが、障害者権利条約、障害者基本法が障害の社会モデルを採用していることにも照らし、障害年金受給対象の難病者は、これら法律に指定されていない疾患であっても、認定されるべきことになる。

(2)　難病の障害認定

難病について障害認定基準第3第1章第18節2(5)に次の記述がある。

> いわゆる難病については、その発病の時期が不定、不詳であり、かつ、発病は緩徐であり、ほとんどの疾患は、臨床症状が複雑多岐にわたっているため、その認定に当たっては、客観的所見に基づいた日常生活能力等の程度を十分考慮して総合的に認定するものとする。
>
> なお、厚生労働省研究班や関係学会で定めた診断基準、治療基準があり、それに該当するものは、病状の経過、治療効果等を参考とし、認定時の具体的な日常生活状況等を把握して、総合的に認定する。

障害年金制度においては、病名は受給要件になっておらず、障害の状態、日常生活能力の程度が問題となる（「傷病により」、「障害等級に該当する程度の障害の状態にあるとき」（国年法30条1項））。よって、難病について、他の制度で問題となる難病の指定の有無のような入口の問題はない。

もっとも、障害年金制度は、初診日要件を設けて医療機関を受診したことを不可欠の要件とし、障害の状態も身体の各部位ごとの機能障害を中心とした障害等級表に当てはめる形で評価される、いわゆる医学モデルとなっている。そのため、原因および治療方法も確立されていない難病による障害で裁定請求をする場合、初診日の特定が困難だったり、日常生活の制限の大きさ

を機能障害によって示せないことが多かったり、診断書の様式の選択が難しかったり、そもそも診断できる専門医が少ないこともあって、認定を非常に困難にしている。

よって、病気の特性や診断基準、症状、治療方法などについて可能な限り調査したうえで、請求者本人や家族から症状や日常生活能力について十分なヒアリングを行い、医師との連携を図って、適切な診断書および補足資料を準備する必要がある。

なお、症状が多岐にわたり、複数部位に障害がある場合、それぞれの障害の状態について認定基準に当てはめたうえで、どうすれば障害の状態を最も適切に表すことができるか、個々のケースによって十分検討して、どの様式の診断書を提出するか、何通提出するかについて選択することが重要である。

(3) 認定困難な4疾患

厚労省から、障害認定困難な4疾患として、化学物質過敏症・線維筋痛症・慢性疲労症候群・脳脊髄液減少症のそれぞれ等級ごとの認定事例が発表されている（2012年3月30日給付指2012-71、2012年5月29日給付指2012-125）。この認定事例と請求者の症状とを対比しつつ、請求をしていくことになる。

化学物質過敏症については、日本年金機構で診断書の補足資料となる照会様式を作成し、これを診断書に添付する取扱いになっている。この照会様式については、年金事務所から市区町村に診断書と共に窓口配布するよう協力依頼がなされているので、あらかじめこれを入手したうえで診断書と共に医師に記載してもらい、障害の状態の把握に努めるとともに、請求時に求められなくとも請求者側から積極的に提出すべきであろう。

(A) 化学物質過敏症

前記厚労省の認定事例では、疾患の概要として、「化学物質への曝露（ばくろ）が個人の許容量をこえると、その後に原因化学物質への微量曝露であっても免疫障害、自律神経障害、精神障害、臓器障害などのアレルギー疾患または中毒的な多種類の体調変化をきたし、化学物質に対し過敏状態になることがある疾患です」と説明されている。

認定事例では、その他の障害用の診断書が用いられ、⑫⑮⑯欄は必ず記載されていなければならないとされている。「化学物質過敏症　照会様式」も診断書と一緒に提出が求められている。

(B)　線維筋痛症

(a)　線維筋痛症の評価

線維筋痛症は、原因不明の全身の疼痛を主症状とし、不眠うつ病などの精神神経症状、過敏性腸症候群、逆流性食道炎、過活動性膀胱などの自律神経系の症状を副症状とする病気である（一般社団法人日本線維筋痛症学会＝国立研究開発法人日本医療研究開発機構線維筋痛症研究班編「線維筋痛症診療ガイドライン2017」参照）。

難病の患者に対する医療等に関する法律５条１項により2017年４月１日までに330疾患が難病指定されているが、線維筋痛症は2017年４月現在、指定難病とされていない。

また、2017年４月１日までに指定された障害者総合支援法の対象となる難病の358疾病にも入っていない。

病勢の客観的評価法として、線維筋痛症の重症度分類（ステージ分類）試案（厚労省研究班西岡試案）が提案されており、臨床症状の組合せや症状の強さからステージⅠ～Ⅴに分類されている（〔表12〕参照）。

〔表12〕線維筋痛症重症度分類試案

ステージ分類	臨床病像	頻度
ステージⅠ	米国リウマチ学会分類基準の18箇所の圧痛点のうち11箇所以上の痛みであるが、日常生活に重大な影響を及ぼさない。	44.0%
ステージⅡ	手足の末端部に痛みが広がり、不眠、不安感、うつ状態が続く。日常生活が困難。	31.0%
ステージⅢ	激しい痛みが持続し、爪や髪への刺激、温度・湿度変化など軽微な刺激で激しい痛みが全身に広がる。自力での生活は困難。	9.8%
ステージⅣ	自分の体重による痛みで、長時間同じ姿勢で寝たり座ったりできない。	9.1%

| ステージⅤ | 激しい全身の痛みとともに、膀胱直腸の障害、口の渇き、目の乾燥、尿路感染など全身に症状が出る。通常の日常生活は不可能。 | 6.1% |

　このステージ分類は、ステージⅠが最も症状が軽いものであり、順次重篤になっていくものであるから、ステージⅡ以上の場合には、ステージⅠの「米国リウマチ学会分類基準の18箇所の圧痛点のうち11箇所以上の痛み」を超えた圧痛点が存在することが当然の前提であるし、ステージⅢ以上の場合には、単に「手足の末端部に痛みが広がる」以上に痛む箇所が増えていることが当然の前提である。線維筋痛症の特色である「痛み」について、多くの患者は「全身をガラスの破片が駆け巡るような」「錐で刺されたような痛み」と表現する。このような数値化できない症状を診断書に反映させるためには、どのような動作をしたときに「痛み」が現れるのか、できうる限り具体的に聴き取り医師に情報を提供することが大切である。

　(b)　障害認定基準

　前記(2)で述べた難病の障害認定基準に基づいて、「客観的所見に基づいた日常生活能力等の程度を十分考慮して総合的に」認定されることになる。

　障害認定基準の「第18節　その他の病患による障害」の認定要領(5)には「なお、厚生労働省研究班や関係学会で定めた診断基準、治療基準があり、それに該当するものは、病状の経過、治療効果等を参考とし、認定時の具体的な日常生活状況等を把握して、総合的に認定する」となっており、線維筋痛症については、前記のとおり厚生労働省研究班や関係学会で定めた診断基準、治療基準としてステージ判定があるので、これを参考として総合的に判定することになる。

　そのため、線維筋痛症で障害年金を請求する場合には、前記ステージⅠ～Ⅴのどれに該当するかを診断書に記入することが求められている。

　しかし、実際にはその判定は困難なものがあるところから、厚労省は上記のとおり、線維筋痛症についての認定事例を示した。

　すなわち、「現在『線維筋痛症』……については『第18節　その他の病患

による障害』にて認定を行っていますが、障害の程度を認定する際に参考となる検査所見はほとんどなく障害の状態の判定に苦慮しているところです。

このため各疾患の認定について、指針や認定基準の作成を求められているところですが、これらの疾患については調査研究が行われているところであり、病患としての定義や有効な治療法等について確立しておらず、現段階での認定基準の作成は難しいことから、これまで認定した事例を参考に障害等級別に各病患の認定事例を作成しましたので、障害の程度を認定する際の参考としてご活用ください」とした。

したがって、この認定事例と請求者の症状の対比を参考にしつつ、請求をしていくこととなる。

なお、認定事例は肢体の障害用の診断書により示されるが、厚労省は2017年8月、その他障害用の診断書でも受付可能である（認定困難4疾患すべてについて、受け付ける診断書様式は限定しない）ことを明確にした。

Ⓒ 慢性疲労症候群（筋痛性脳脊髄炎）

前記厚労省の認定事例では、疾患の概要として、「原因不明の全身倦怠感が急激に始まり、十分な休養をとっても回復せず、長期にわたり疲労を中心に微熱、のどの痛み、リンパ節のはれ、筋力低下、頭痛、精神神経症状などが続き、日常生活に支障をきたします」と説明されている。

もっとも、日本で「慢性疲労症候群（CFS：ChronicFatigueSyndrome）」と呼ばれる疾患はイギリス・カナダ等では「筋痛性脳脊髄炎（ME：Myalgic-Encephalomyelitis）」と呼ばれ、CFSを含むMEは、ICD-10において「G93.3神経系疾患」の「ウイルス感染後疲労症候群・良性筋痛性脳脊髄炎」と分類されている（「NPO法人　筋痛性脳脊髄炎の会」ホームページ参照）。いわゆる誰もが経験する「慢性疲労」とは無関係の疾患のため、名称から誤解を受けるという理由から、現在患者団体等では「慢性疲労症候群」の名称は避け「筋痛性脳脊髄炎」と呼ぶこともある。

慢性疲労症候群には、旧厚生省疲労研究班の診断基準があるが、日本疲労学会の診断指針も発表されているほか、国際的にも複数の基準がある。今後

も見直しが行われる可能性がある。

認定事例では、その他の障害用の診断書が用いられ、⑫⑮⑯欄は必ず記載されていなければならないとされ、かつ、⑨欄に旧厚生省研究班の重症度分類によるPS値の記載が必要とされている。

[PS（performancestatus）による疲労・倦怠の程度]（旧厚生省特別研究事業）
PS 0：倦怠感がなく平常の社会（学校）生活ができ、制限を受けることなく行動できる。
PS 1：通常の社会（学校）生活ができ、労働（勉強）も可能であるが、倦怠感を感ずるときがしばしばある。
PS 2：通常の社会（学校）生活ができ、労働（勉強）も可能であるが、全身倦怠感のため、しばしば休息が必要である。
PS 3：全身倦怠感のため、月に数日は社会（学校）生活や労働（勉強）ができず、自宅にて休養が必要である。
PS 4：全身倦怠感の為、週に数日は社会（学校）生活や労働ができず、自宅にて休養が必要である。
PS 5：通常の社会（学校）生活や労働（勉強）は困難である。軽作業は可能であるが、週のうち数日は自宅にて休息が必要である。
PS 6：調子のよい日は軽作業は可能であるが週のうち50％以上は自宅にて休息が必要である
PS 7：身のまわりのことはでき、介助も不要ではあるが、通常の社会（学校）生活や軽労働（勉強）は不可能である。
PS 8：身のまわりのある程度のことはできるが、しばしば介助がいり、日中の50％以上は就床している。
PS 9：身のまわりのこともできず、常に介助がいり、終日就床を必要としている。

(D) 脳脊髄液減少症（脳脊髄液漏出症）

前記厚労省の認定事例では、疾患の概要として、「頭部への強い衝撃（交通事故や転倒）などで脳や髄液を覆う硬膜に穴があき、脳脊髄液（髄液）が持続的ないし断続的に漏出することによって、脳脊髄液が減少し、頭痛、頚部痛、めまい、耳鳴り、視機能障害、倦怠・易疲労感などを引き起こすと考えられている疾患です。頭痛、めまいなどの症状は、座位、起立位の状態で強く現れ、臥位で軽減します」と説明されている。

脳脊髄液減少症には、国際頭痛分類診断基準、日本神経外傷学会基準、脳脊髄液減少症研究会のガイドラインなどさまざまな診断基準があり、厚生労働省研究班でも診断基準が策定されている。

認定事例では、肢体の障害用の診断書が用いられ、⑲⑳㉑㉒欄は必ず記載されていなければならないとされ、特に㉑欄には主な症状を詳しく記載してもらうことが必須であるとされている。さらに上記協力依頼の文書では、㉑「その他の精神・身体の障害の状態」欄に「日中（起床から就床まで）の臥位（臥床）（横になること）時間の記載が求められている（例：日中の○時間臥位をとっている状況である）。

しかし、2017年8月から、脳脊髄液減少症については、原則、「その他の障害」用の診断書を提出するように取扱いが変更された。請求者の障害の状態を示すにはその他診断書のほうが適切な場合が多いと考えられるので、前進といえる。

5　その他

(1)　総　論

障害年金制度においては、病名は受給要件になっておらず、一定の「障害の状態」にあることが要件となっている（国年法30条1項「傷病により」、「障害等級に該当する程度の障害の状態にあるとき」）。

よって、障害認定基準に明示されていない障害名、病名であっても、障害年金の受給が認められる場合がある。

障害認定基準でも、これまで述べてきたもののほかに、第3第1章第16節に「悪性新生物による障害」が、同第17節に「高血圧症による障害」が、同第18節で「その他の疾患による障害」が示されているが、第2・3(4)（同第3第1章第18節2(8)同旨）に、「『障害等級認定基準』及び『併合等認定基準』に明示されていない障害及び障害の程度については、その障害によって生じる障害の程度を医学的検査結果等に基づき判断し、最も近似している認定基準の障害の程度に相当するものを準用して行う」として、障害認定基準に明

示されていない障害名、病名であっても、障害の程度によっては障害年金の受給が認められることを前提としている。

(2) がん（悪性新生物）（障害認定基準第16節）

(A) 悪性新生物による障害とは

障害認定基準は、悪性新生物（悪性腫瘍）による障害を、次のように区分している（第16節2(3)）。

① 悪性新生物そのもの（原発巣、転移巣を含む）によって生じる局所の障害

② 悪性新生物そのもの（原発巣、転移巣を含む）による全身の衰弱または機能の障害

③ 悪性新生物に対する治療の効果として起こる全身衰弱または機能の障害

このように、外部障害、機能障害だけでなく、悪性新生物そのものによる、または悪性新生物に対する治療の効果として起こる全身衰弱も、日常生活能力の低下につながるため障害認定の対象とされている。

(B) 障害の程度

障害認定基準は、悪性新生物による障害の程度について、「組織所見とその悪性度、一般検査及び特殊検査、画像検査等の検査成績、転移の有無、病状の経過と治療効果等を参考にして、具体的な日常生活状況等により、総合的に認定するもの」としている。

さらに、一般状態区分表との関係で、次のとおり認定の例示がなされている（障害認定基準第16節2(5)）。

① 1級　著しい衰弱または障害のため、一般状態区分表のオに該当するもの

② 2級　衰弱または障害のため、一般状態区分表のエまたはウに該当するもの

③ 3級　著しい全身倦怠のため、一般状態区分表のウまたはイに該当するもの

(C)　認定のされ方

　悪性新生物そのものによるかまたは悪性新生物に対する治療の結果として起こる症状が外部障害（上肢や下肢の切断、喉頭全摘出による言語障害、脳や脊髄への転移による肢体障害、がんによる抹消神経障害、抗がん剤による中枢・末梢神経障害等）が主の場合、障害の程度は、その他外部障害の症状に対応する各認定要領も参考にすべきである。なお、悪性新生物に対する治療の結果としての腹部臓器・骨盤臓器の術後後遺症、人工肛門・新膀胱造設・尿路変更術、臓器移植等については後述のとおりである。

　悪性新生物そのものによるかまたは悪性新生物に対する治療の結果として起こる症状が全身衰弱（がんそのものまたは抗がん剤・放射線治療等による副作用である倦怠感・悪心・嘔吐・下痢・貧血・体重減少など）が主の場合は、前記(B)によるが、腫瘍マーカーの結果やステージ等の重症度分類のみで評価するわけでも一般状態区分のみで判断するわけでもなく、他の所見等も含め、あくまで総合的に認定されるものであることに注意する必要がある。

　もっとも、「全身衰弱と機能障害とを区別して考えることは、悪性新生物という疾患の本質から、本来不自然なことが多く、認定に当たっては組織所見とその悪性度、一般検査及び特殊検査、両像診断等の検査成績、転移の有無、病状の経過と治療効果等を参考とし、認定時の具体的な日常生活状況等を把握して」、結局、「総合的に認定」され（障害認定基準第16節2(6)）、あるいはがん本体だけでなく、他の認定基準に該当する障害がある場合は複数障害の請求と同様併合認定がなされることになる。

　(D)　診断書

　診断書について、基本的には以下のような対応することになる（2012年11月28日年金給付部給付企画G「障害認定事務にかかる意見への回答」）。

① 外部障害がなく、全身衰弱が主な症状である場合　その他の障害用の診断書を提出

② 外部障害が主であり、全身衰弱は目立たない場合　外部障害に対応する診断書を提出

③　外部障害があり、全身衰弱もある場合　　その他障害用の診断書と外部障害に対応する診断書の両方の提出

　もっとも、③の場合はもちろん、①の場合であっても上記のように一般ステージ等の重症度分類のみで評価するわけではないので、治療内容、頻度、血液検査・画像検査・身体所見、体重などを診断書に記載してもらうことが必要であり、②の場合であってもがん本体での認定をも求める場合には、「その他診断書」の作成を医師に依頼し、一般状態区分の判断に資すると思われる日常生活能力に関する情報をできるだけ詳しく診断書に記載してもらうべきである。

　重要なのは、障害の状態をいかに適切に表すかであり、それによって診断書の様式、内容、枚数などを検討すべきである。その際、代理人としても悪性新生物そのものやその治療法について可能な限り文献等で調査したうえで、主治医とも十分に連携を図る必要があろう。

(E)　額改定請求の待機期間

　なお、悪性新生物の場合は、2014年4月に施行された「額改定請求の待機期間（1年間）を要しない場合」の対象とされなかったため、認定後1年以内に急激に症状が悪化しても、受給権を取得した日または障害の程度の診査を受けた日から1年を経過しなければ額の改定請求ができないことに注意を要する（第6章Ⅷ4参照）。

(3)　高血圧症（障害認定基準第17節）

(A)　高血圧症とは

　障害認定基準では、「高血圧症とは、おおむね降圧薬非服用下で最大血圧が140mmHg 以上、最小血圧が90mmHg 以上のものをいう」とされている。

　しかし、単にこの血圧の数値のみで障害認定の対象となるわけではなく、「高血圧症による障害の程度は、自覚症状、他覚所見、一般状態、血圧検査、血圧以外の心血管病の危険因子、脳、心臓及び腎臓における高血圧性臓器障害並びに心血管病の合併の有無及びその程度等、眼底所見、年齢、原因（本態性又は二次性）、治療及び症状の経過、具体的な日常生活状況等を十分考慮

し、総合的に認定するもの」とされており、日常生活能力の聴取りとそれに関する資料が重要となる。

　(B)　障害認定基準の問題点

　障害認定基準の認定要領に「単に高血圧のみでは認定の対象とならない」と明示されていること、さらに脳の障害や心疾患、腎疾患等をそれぞれ合併する場合にそれぞれの疾患の認定要領によって認定するという記載が目立つことからも、実際は、各器官の機能障害がない限り、障害認定は難しい。加えて、認定要領の障害の程度に関する記載も「腎機能障害が急激に進行し、放置すれば腎不全にいたる」、「出血、白斑を伴う高血圧性網膜症」、「頭痛、めまい、耳鳴り、手足のしびれ等の自覚症状」、「眼底に著明な動脈硬化の所見」などあいまいな点も多く、実務上、各器官の専門医が作成する各様式の診断書により、各器官の障害が少なくとも3級や手当金の程度に該当し、単独では支給対象とならない場合も複数の様式の診断書を提出することで、それらが併合認定により等級に該当するような場合でないと支給対象となることはほぼないものと考えられる。

　そもそも「降圧薬非服用下」と服薬を要件としていない点が、他の認定基準がすべて服薬を前提としていることとの整合性がなく、確かに非服用下で最大血圧が140mmHg以上、最小血圧が90mmHg以上というだけでは服薬していれば日常生活に影響の少ないことも多いのであって、そのこともこの認定基準が認定実務上使われることが少ないことにつながっているものと思われる。

(4)　腹部臓器・骨盤臓器の術後後遺症（障害認定基準18節2(2)）

　腹部臓器・骨盤臓器の術後後遺症とは、胃切除によるダンピング症候群等、短絡的腸吻合術による盲管症候群、虫垂切除等による癒着性腸閉塞または癒着性腹膜炎、腸ろう等をいう。

　腹部臓器・骨盤臓器の術後後遺症の障害の程度は、全身状態、栄養状態、年齢、術後の経過、予後、原疾患の性質、進行状況、具体的な日常生活状況等を考慮し、総合的に認定するものとする。

(5) 人工肛門・新膀胱（障害認定基準18節2(3)）

①人工肛門、または、②新膀胱を造設したもの、もしくは、尿路変更術を施したものは、3級と認定する。

ただし、①と②どちらにも該当する場合と、①かつ完全排尿障害（カテーテル留置または自己導尿の常時施行を必要とする）状態にある場合は、2級とされる。

また、「全身状態、術後の経過及び予後、原疾患の性質、進行状況等により総合的に判断し、さらに上位等級に認定する」とされており、人工肛門のみなので3級と安易に判断し障害基礎年金不支給と決めつけてしまわずに、病状や治療の経過、日常生活への影響について、十分聴取りをし、一般状態区分表を参考にして、上位等級の可能性を追求する必要がある。

なお、障害の程度を認定する時期について、人工肛門造設または尿路変更術を施した場合はそれらを行った日から起算して6カ月を経過した日（施術日だったものを6カ月経過日に2015年6月改正）、新膀胱造設の場合はその日など、初診日から1年6カ月以内であっても障害認定日となる場合が、障害認定基準18節2(3)で詳しく定められている。

(6) 遷延性植物状態（障害認定基準18節2(4)）

遷延性意識障害とは、いわゆる「植物状態」のことをいうが、1976年に日本脳神経外科学会は、遷延性意識障害を次の6項目を満たす状態に陥り種々の治療に対してほとんど改善がみられないまま3カ月以上継続した場合と定義している。

① 自力移動ができない
② 自力摂食ができない
③ 糞・尿失禁がある
④ 眼球は動いても認識することはできない
⑤ 簡単な命令にはかろうじて応じることもできるが、ほとんど意思疎通は不可能である
⑥ 声を出しても意味のある発語ができない

遷延性植物状態は1級と認定される。

障害の程度を認定する時期は、初診日から1年6カ月以内でも、「その障害の状態に至った日から起算して3月を経過した日以後に、医学的観点から、機能回復がほとんど望めないと認められるとき」は障害認定日とされることが明確に規定された（2014年4月改正障害認定基準）。たとえば、3月1日にクモ膜下出血で倒れ3月3日に上記①〜⑥の症状に陥った場合、起算日（障害の状態に至った日）は3月3日になり、認定日は3カ月後の6月3日となる。1年6カ月を待つ必要はない。なお、起算日について、①〜⑥を満たす状態が3カ月続いた日を起算日とするのではないことに注意したい。

(7)　臓器移植（障害認定基準18節2(6)）

臓器移植を受けたものの障害認定については、術後の症状、治療経過および検査成績等を十分に考慮して総合的に認定する。

なお、障害等級に該当するものが、臓器移植を受けた場合は、臓器が生着し、安定的に機能するまでの間、少なくとも1年間は従前の等級とされ、障害等級が3級の場合は2年間の経過観察を行う。

Ⅲ　併合──条文上規定されたもの

ここで取り上げる「併合」は、認定基準に記載された二つの障害がある場合の「併合の手法」（前記Ⅰ3(5)）ではなく、国年法または厚年法の条文に基づき行われる二つ以上の別傷病による障害（年金）の併合である。

これには、次の3種類がある。

① 国年法31条等の併合
② 基準障害による請求（前記第2章Ⅶ参照）
③ 併合改定

1　国年法31条等の併合

　障害年金２級以上の受給権ある者が、別の傷病でも２級以上の障害年金の受給権を得た場合、両者の年金を併合した年金が支給される（国年法31条、厚年法48条・52条の２第１項）。

　たとえば、下肢の形成不全で20歳前障害基礎年金２級（永久認定）を受給中の者が、厚生年金加入中に初診日のあるうつ病で２級と認定されれば、（障害基礎年金および障害厚生年金）１級の受給権が発生して、前発の20歳前障害基礎年金の受給権は消滅する（国年法31条、厚年法48条・52条の２第１項）。その後、うつ病の程度が軽くなって３級以下となっても、肢体障害２級は永久認定なので、（障害基礎年金および障害厚生年金）２級は支給され続けることになる。なお、内部障害が二つ存在する場合、二つの障害を切り分けてそれぞれ２級とする認定が明らかに可能な場合でも、総合認定（前記Ⅰ3(5)(b)参照）により併合して１級とはせず、２級のままにするという扱いが散見される。これは外部障害と外部障害、外部障害と内部障害、内部障害と精神障害の場合に、各２級であれば併合認定（同(a)参照）により必ず１級となることに比して著しく均衡を欠く扱いである。

2　併合改定

　併合改定（国年法34条４項・36条２項ただし書、厚年法52条４項・52条の２第２項・54条２項ただし書）とは、前発傷病に関して障害基礎年金（または障害基礎年金および障害厚生年金）の受給権がある（一度は２級以上と認定された）人が、前発傷病よりも後に初診日がある傷病（後発傷病、３級以下の程度である場合に限る）をあわせた障害の程度が、前発傷病による障害の程度よりも上位等級になった場合に、前発の障害年金の額を改定するというものである。後発傷病についても加入要件と納付要件を満たしている必要があり、65歳到達日前に請求しなければならない。また、これはあくまで額の改定であるので、後発傷病の初診日における加入年金にかかわらず、前発障害年金が障害

基礎年金単独であれば、併合改定後も障害基礎年金単独であるし、前発の障害年金が障害基礎年金および障害厚生年金の場合には、併合改定後も障害基礎年金および障害厚生年金である。

Ⅳ 障害認定基準の課題

1 障害認定基準の問題点

(1) 国年法施行令別表・厚年法施行令別表自体の不合理性

(A) 国年法施行令別表・厚年法施行令別表の規定

国年法施行令別表には、1級～2級に相当する障害の程度として、〔表13〕～〔表15〕のとおり定められている。

〔表13〕 1級に相当する障害の状態

8号	体幹の機能に座っていることができない程度または立ち上がることができない程度の障害を有するもの
9号	前各号に掲げるもののほか、身体の機能の障害又は長期にわたる安静を必要とする病状が前各号と同程度以上と認められる状態であって、日常生活の用を弁ずることを不能ならしめる程度のもの
10号	精神の障害であって、前各号と同程度以上と認められる程度のもの
11号	身体の機能の障害若しくは病状又は精神の障害が重複する場合であって、その状態が前各号と同程度以上と認められる程度のもの

〔表14〕 2級に相当する障害の状態

14号	体幹の機能に歩くことができない程度の障害を有するもの
15号	前各号に掲げるもののほか、身体の機能の障害又は長期にわたる安静を必要とする病状が前各号と同程度以上と認められる状態であって、日常生活が著しい制限を受けるか、又は日常生活に著しい制限を加えることを必要とする程度のもの
16号	精神の障害であって、前各号と同程度以上と認められる程度のもの
17号	身体の機能の障害若しくは病状又は精神の障害が重複する場合であって、その状態が前各号と同程度

厚年法施行令別表第1には3級の障害状態が規定されている。

〔表15〕 3級に相当する障害の状態

11号	両下肢の十趾の用を廃したもの
12号	前各号に掲げるもののほか、身体の機能に、労働が著しい制限を受けるか、又は労働に著しい制限を加えることを必要とする程度の障害を残すもの
13号	精神又は神経系統に、労働が著しい制限を受けるか、又は労働に著しい制限を加えることを必要とする程度の障害を残すもの
14号	傷病が治らないで、身体の機能又は精神若しくは神経系統に、労働が制限を受けるか、又は労働に制限を加えることを必要とする程度の障害を有するものであって、厚生労働大臣が定めるもの（※）

※ 同号の障害程度要件を内容とする1986年3月29日厚生省告示66号は、「結核性疾患及びけい肺以外の傷病」を広く対象としていることから、すべての傷病を対象としている。

(B) 国年法施行令別表・厚年法施行令別表の不合理性

以上のとおり、1級相当の障害の程度としては、座位も保てない、長期安静が必要、日常生活が送れない、生活がベッド周辺に限られる者が想定されている。

また、2級については、歩くことができない、長期安静が必要、日常生活に著しい制限、病院内での生活が病棟内に限られ、家の外も出ないような者が、3級についても、労働が著しい制限を受けるか、当該制限を必要とする者が想定されている。

しかし、実際に1級から3級の認定を受け、障害年金を受給している者は、移動や外出を行い、社会活動や就労をしながら生活している者が多い。所得保障の趣旨からは、障害年金を受給させることが必要であるからである。ところが、不支給処分がなされたことに対し、審査請求ないし取消訴訟を行った場合、当該別表の記載を理由に、その程度に達していないとして棄却される例が後を絶たない。

「長期にわたる安静を必要とする」状態が1級・2級の障害年金支給のための条件であるなどと法定することは、全く合理性はない。障がいのある者はみな長期間ベッドで伏せていてベッドも病院を抜け出すことも許されない

存在とでもいうがごとき表現であり、どんなに重い障害があったとしても、社会に生き生きと参加する姿が当然という現在のノーマライゼーションの理念と乖離している。

ケガや病気をして、一時的に入院生活が必要になることは障害があろうとなかろうと変わらない。

重度の障がいのある者が医療とかかわる時間が比較的長いのは事実であるが、それは障がいのない者と相対的な問題にすぎない。

当該別表の記載は、終戦後の世情の残る1959（昭和34）年の国年法制定当時の生活状況を反映させた内容であり、現在の障がいのある者の生活実態からはかけ離れた時代錯誤の内容といわざるを得ず、早急に障害者権利条約の時代に即した内容に変更されなければならない。

障害による稼得能力の喪失を補塡するという障害年金の目的からしても、労働能力喪失を評価の副次的事情にとどめた日常生活能力に偏った認定は法の目的に反したものであるといえる可能性がある（後記第9章判例10参照）。

(2) 認定基準の不合理性

(A) 障害認定基準の内容

障害認定基準では、「障害の程度の基本」（第2・1）として、次のとおり定められている。

> 1　障害の程度
> 　障害の程度を認定する場合の基準となるものは、国年令別表、厚年令別表第1及び厚年令別表第2に規定されているところであるが、その障害の状態の基本は、次のとおりである。
> (1)　1級
> 　身体の機能の障害又は長期にわたる安静を必要とする病状が日常生活の用を弁ずることを不能ならしめる程度のものとする。この日常生活の用を弁ずることを不能ならしめる程度とは、他人の介助を受けなければほとんど自分の用を弁ずることができない程度のものである。
> 　例えば、身のまわりのことはかろうじてできるが、それ以上の活動はできないもの又は行ってはいけないもの、すなわち、病院内の生活でいえば、活動の範囲がおおむねベッド周辺に限られるものであり、家庭内の生活でいえば、活

動の範囲がおおむね就床室内に限られるものである。
　(2)　2　級
　　身体の機能の障害又は長期にわたる安静を必要とする病状が、日常生活が著しい制限を受けるか又は日常生活に著しい制限を加えることを必要とする程度のものとする。この日常生活が著しい制限を受けるか又は日常生活に著しい制限を加えることを必要とする程度とは、必ずしも他人の助けを借りる必要はないが、日常生活は極めて困難で、労働により収入を得ることができない程度のものである。
　　例えば、家庭内の極めて温和な活動（軽食作り、下着程度の洗濯等）はできるが、それ以上の活動はできないもの又は行ってはいけないもの、すなわち、病院内の生活でいえば、活動の範囲がおおむね病棟内に限られるものであり、家庭内の生活でいえば、活動の範囲がおおむね家屋内に限られるものである。
　(3)　3　級
　　労働が著しい制限を受けるか又は労働に著しい制限を加えることを必要とする程度のものとする。
　　また、「傷病が治らないもの」にあっては、労働が制限を受けるか又は労働に制限を加えることを必要とする程度のものとする。（「傷病が治らないもの」については、第3の第1章に定める障害手当金に該当する程度の障害の状態がある場合であっても3級に該当する。）

Ⓑ　「例示」はあくまで「一例」にすぎないこと

　上記認定基準には、「例えば」として、1級では「家庭内の生活でいえば、活動の範囲がおおむね就床室内に限られるものである」、2級では「家庭内の生活でいえば、活動の範囲がおおむね家屋内に限られるものである」とされている。

　しかし、この点は後述のとおり、文字どおり単なる例示であることに留意する必要がある。たとえば前記国年法施行令別表の2級15号には、「前各号に掲げるもののほか、身体の機能の障害又は長期にわたる安静を必要とする症状が前各号と同程度以上と認められる状態であって、日常生活が著しい制限を受けるか、又は、日常生活に著しい制限を加えることを必要とする程度のもの」と規定されているにすぎず、「例えば」以下の記載が法令の内容を構成するものではない。

Ⓒ　「家屋内に限られる」は時代錯誤で不合理極まること

上記のとおり、「例えば」以下は例示であるが、その内容自体、明らかに時代錯誤であり、合理性がないことを指摘する必要がある。

すなわち、国民年金については、内部障害のうち最初に障害年金の対象とされたのは、国年改正法（昭和39年法律第87号）によって対象となった「結核性疾患による病状障害、換気機能障害、非結核性疾患による呼吸器の機能障害及び精神の障害（ただし、精神薄弱、神経症及び精神病質は除かれる。）」であり、このうち中心をなすのは、当時の患者数の多さから、結核であったと考えられる。

そして、結核の等級認定の際によりどころとされていた結核の治療指針が掲げる安静度表による安静度については、「短時間ならば床を離れていてもよいが主に横になっていなければならないものを3度」、「午前午後にそれぞれ安静時間をとらなければならないものを4度」とされ、障害等級「2級の場合は安静度3度及び4度がおおむね相当するので、認定に当たっては参考資料として用いるものとする」とされており、これは上記「家庭内の生活でいえば、活動範囲は、おおむね家屋内に限られる」に対応していたものといえる。

これに対し、1966年12月1日からは、障害年金の支給対象となる障害の範囲についてすべての障害に拡大されており、結核のように日常の相当時間起居せず、活動範囲が極めて限定される状態と、別表の規定が対応しなくなってきているといわざるを得ない。

戦後の「サナトリウム」（主に結核患者のための長期療養者のための療養所）入院者を想定した障害者像は「社会に参加する障害者」を想定する現在の障害者権利条約の時代にはもはやそぐわず、速やかに全面改訂するべきである。

(D) 外部障害と内部障害とのダブルスタンダード

前記のとおり、2級に関する障害認定基準は「日常生活が著しい制限を受けるか又は日常生活に著しい制限を加えることを必要とする程度のものであるが、この日常生活が著しい制限を受けるか又は日常生活に著しい制限を加えることを必要とする程度とは、必ずしも他人の助けを借りる必要はないが、

日常生活は極めて困難で、労働により収入を得ることができない程度のものをいう」としている。

　この点、内部障害や精神の障害については、上記認定基準により就労の状況が重要な判断要素として考慮される実態があるが、外部障害の場合、就労の有無が問題とされていない。たとえば、20歳前初診の場合、所得制限（国年法36条の３）にかからなければ就労の有無は全く問題とされない。20歳初診の視力障害で失明状態の者が、音声認識によりパソコンを利用し就労している場合には、所得制限にかからなければ障害基礎年金１級が支給される。また、20歳以降初診の場合には、所得制限はないため、仮に1000万円を超える稼得所得があっても、障害年金は支給される。たとえば、事務職として厚生年金加入中の者が交通事故に遭い、両下肢が完全麻痺した場合、従前と同じ仕事が可能で収入減はなかったとしても、障害基礎年金および障害厚生年金１級が支給される。

　しかし、この点でも内部障害と外部障害を区別する合理的な理由は見出せない。

　㈤　「労働により収入を得ることができない程度のもの」という点

　1980年１月30日に国際連合で採択された国際障害者年行動計画では、「国際障害者年の目的は、障害者がそれぞれの住んでいる社会において社会生活と社会の発展における『完全参加』並びに彼らの社会の他の市民と同じ生活条件及び社会的・経済的発展によって生み出された生活条件の改善における平等な配分を意味する『平等』という目標の実現を推進することにある」とされ、障がいのある者の社会参加の権利を保障している。

　その後も、日本が2007年９月28日に署名し、2014年１月20日に批准した障害者権利条約は、上記国際障害者年行動計画を始めとして、それまで国際的に認められてきた障がいのある者の権利を確認した条約といわれているところ、同条約１条では、「障害者には、長期的な身体的、精神的、知的又は感覚的な機能障害であって、様々な障壁との相互作用により他の者との平等を基礎として社会に完全かつ効果的に参加することを妨げ得るものを有する者

を含む」とし、障がいのある者の社会参加の権利を確認している。

　このように、障がいのある者の社会参加の権利（他の者と同様に労働する権利を含む）が保障されているにもかかわらず、労働によって収入を得ることができない程度といった認定基準制定当時の条件を適用することは、就労系福祉サービス（A型、B型）等で、「労働」をしている場合や障害者雇用等で多大な援助があって初めて就労できている場合も、2級非該当とされてしまうことになり、障がいのある者の社会参加の権利を侵害するものにほかならない。

　実際にも、障害年金1、2級受給者のうち、就労している者は、おそらく外部障がいのある者を中心として3割以上にも及ぶものであり、労働によって収入を得ていることをもって2級該当性を排除するかのような障害認定基準の記載は実態と乖離している。

(D)　まとめ

　以上のとおり、認定基準の内容は、障がいのある者が社会参加をし、就労する権利を侵害し、また、多くの障害年金1級、2級受給者が就労している実態と乖離する点で、さらには外部障がいのある者と異なる取扱いをする理由が見出せない点で、極めて不合理である。

2　近時の制度改革と課題

(1)　精神ガイドラインの施行

　障害基礎年金については、かねてより認定の地域差が指摘されていたところ、厚労省において「精神・知的障害に係る障害年金の認定の地域差に関する専門家検討会」が2015年2月に設置されて、2016年2月にガイドラインがまとめられ、精神ガイドラインとして2016年9月1日から施行されている。

　精神ガイドラインは、精神障害および知的障害に係る認定において、障害等級の判定時に用いる目安や考慮すべき事項の例等を示すものとされている。

　等級判定の方法は、精神ガイドライン中の「障害等級の目安」を参考としつつ、「総合評価の際に考慮すべき要素の例」で例示するさまざまな要素を

考慮したうえで、障害認定診査医員が総合的に判定するものである。

この点、「障害等級の目安」は、「日常生活能力の程度」の評価および「日常生活能力の判定」の評価の平均を組み合わせたものが、どの障害等級に相当するかの目安を示したものである（〔表16〕参照）。

上欄の「程度」とは、障害年金用診断書裏面の「ウ　日常生活状況」のうちの「3　日常生活能力の程度」欄の(1)〜(5)のどの判定欄に記載されているかについて記載するものであり、左欄の「判定平均」とは、同じく「2　日常生活能力の判定」欄の選択項目を「できる　1点」、「概ねできる　2点」、「助言があればできる　3点」、「できない　4点」とみなして、平均点を算出して当てはめるというものである。

「総合評価の際に考慮すべき要素の例」は、①現在の病状または状態像、②療養状況、③生活環境、④就労状況、⑤その他の項目について、各障害に共通する「共通事項」に加え、「精神障害」、「知的障害」、「発達障害」それぞれの考慮すべき要素の例があげられている。

たとえば、①現在の病状または状態像について考慮すべき具体的な内容例として、共通事項としては、「精神障害」に関し、「統合失調症については、

〔表16〕　障害等級の目安

判定平均 \ 程度	(5)	(4)	(3)	(2)	(1)
3.5以上	1級	1級または2級			
3.0以上3.5未満	1級または2級	2級	2級		
2.5以上3.0未満		2級	2級または3級		
2.0以上2.5未満		2級	2級または3級	3級または3級非該当	
1.5以上2.0未満			3級	3級または3級非該当	
1.5未満				3級非該当	3級非該当

療養および症状の経過（発病時からの状況、最近1年程度の症状の変動状況）や予後の見通しを考慮する」、知的障害に関しては「知能指数を考慮する。ただし、知能指数のみに着眼することなく、日常生活の様々な場面における援助の必要度を考慮する」、発達障害に関しては、「知能指数が高くても日常生活能力が低い（特に対人関係や意思疎通を円滑に行うことができない）場合は、それを考慮する」などの例があげられている（詳細は精神ガイドライン本文を参照されたい）。

　精神ガイドラインの施行を受け、2017年4月からは、すべての障害基礎年金の認定を東京1カ所に集中させ、障害基礎年金・障害厚生年金ともに統一認定機関である「障害年金センター」で認定作業が実施されている。

(2) 診断書（精神の障害）の記載要領の作成

　精神ガイドラインの作成とあわせて、障害年金請求者や受給者の病状および日常生活状況を適切に診断書へ反映させるため、診断書を作成する医師向けに、診断書の記載時に留意してほしいポイントなどを示した記載要領（同記載要領の留意点については、後記第7章Q6参照）が作成された。なお、記載要領は日本年金機構等のホームページに掲載され、診断書を作成する医師が必要なときに確認できる。

(3) 請求者等の詳細な日常生活状況を把握するための照会文書の作成

　精神ガイドラインの作成とあわせて、障害の程度を診査する医師が、障害年金請求者や受給者の詳細な日常生活状況を把握するために、請求者等へ照会する際に使用する文書（「日常生活及び就労に関する状況について（照会）」）が作成され、主な照会事項が整理されている。当該照会文書は、本人や家族のほかに、日常的に本人と接していて生活状況をよく把握されている第三者（たとえば地域や職場での支援者など）に記載してもらうことも可能とされている。

(4) 精神ガイドラインに関する日本弁護士連合会の意見

　日本弁護士連合会は、上記専門家検討会での議論を踏まえ、2015年7月17

日に「精神・知的障害に係る障害年金の認定の地域間格差の是正に関する意見書」を取りまとめ、同年7月23日に厚生労働大臣宛てに提出している。

当該意見書では、次のとおり意見が述べられている。

> 国（厚生労働省）は、この度精神障害や知的障害に係る障害年金の認定に運用上大きな地域間格差がある問題につき、実態調査に基づき、2015年2月から「精神・知的障害に係る障害年金の認定の地域差に関する専門家検討会」を設け、地域間格差是正のための方策として、全国統一の等級判定のガイドラインを作成することを予定している。
>
> 精神・知的障害に係る障害年金の等級認定については、かねてから、その認定基準のあいまいさ等から不合理な不支給事案が散見され、また、地域や認定医による差も大きいことや診断書作成医師の専門性が十分でないこと等が、実務の現場で懸念されていたものであり、年金受給権の保障を求めて、障害年金の認定や等級に見直しを求める訴訟も各地で提起されてきた。当連合会としても、障害年金制度が障害者の所得保障に不可欠な制度であることに鑑み、その受給権の充実を図るべきことを折々に求めてきた。
>
> この度の本検討会の検討については、障害年金認定の地域間格差の是正が図られること自体は必要なことであるが、その改善の方向性は、憲法第25条、国民年金法および厚生年金保険法の趣旨に基づき、本来認定されるべき人が地域によっては認定されていない事態を改善するという障害者の年金受給権の確立・充実につながるものでなければならず、地域間格差是正の名の下に障害年金の支給抑制に繋がることがあってはならない。
>
> そこで、当連合会は、国に対し、以下の意見の趣旨で述べる観点からの見直しを行うよう求める。
>
> 〈意見の趣旨〉
>
> 地域間格差の是正のため、等級判定のガイドラインを設けること自体は必要やむを得ないとしても、本検討会が想定しているところの、診断書の『日常生活能力の程度』及び『日常生活能力の判定』の項目を点数化し、等級認定を類型化する目安を設定することは、精神・知的障害における数値化・類型化しにくい障害の特性が捨象され、画一的な運用となる可能性が高く、本来障害年金を受給すべき障害者が切り捨てられるおそれがある。
>
> したがって、本件ガイドラインによる上記の目安の設定により、点数化の結果が等級認定に直結されるべきではなく、『日常生活能力の程度』及び『日常生活能力の判定』には反映されにくい『生きづらさ』など、個別の障害特性や事情を総合考慮した上で等級認定を行うことができるよう、柔軟な運用が可能な目安が設定されるべきである。
>
> また、等級認定に当たっては、障害者本人、家族、支援者等から日常生活の状態に関する情報が積極的に収集され、これを十分に勘案しうるものとされるべきである。

3 実務上の留意点

(1) 総合評価におけるさまざまな要素の主張立証の必要性

　精神ガイドラインは、前記専門家検討会で議論されたとおり、診断書の記載事項を点数化して等級判定の目安を設定し、当該目安を参考としつつ、例示されたさまざまな要素を考慮したうえで、認定医が総合的に等級判定するとされている。この点「障害者」とは、「障害及び社会的障壁により継続的に日常生活又は社会生活に相当な制限を受ける状態にあるもの」とされているところ（障害者基本法2条1号）、障害も社会的障壁も人により千差万別であり、特に、精神ガイドラインの対象とされている精神障害、知的障害または発達障害のある人は、数値化・類型化しにくい「生きづらさ」を抱えている。そのため、等級判定においては、いかに個別の事情を収集し、これを等級判定に反映させることができるかが重要となる。

　精神ガイドラインについては、「実施時に障害基礎年金や障害厚生年金等を受給している方で、ガイドライン実施前後で障害の状態が変わらない場合は、当分の間、等級非該当への変更は行わない」とされ、また、「施行後3年を目途にガイドラインに基づく認定状況について検証を行い、必要に応じてガイドラインの見直し等を検討します」とされている。

　法律実務家としては、「総合評価の際に考慮すべき要素の例」に示された要素に事実を適切に当てはめていくとともに、当該「要素の例」はあくまで例示であり、本人の「生きづらさ」を表現する事実を広く主張立証することにより、障害年金を受給すべき障がいのある人が切り捨てられることのないよう活動すべきである。

(2) 就労と年金不支給・支給停止

　従前から、就労をしていると、あるいは就労が継続すると、障害基礎年金が不支給とされたり、支給停止とされる例が多く存在している。

　これは、前記のとおり、「障害の状態の基本」（障害認定基準第2・1）において、2級相当の状態として「必ずしも他人の助けを借りる必要はないが、

日常生活は極めて困難で、労働により収入を得ることができない程度のものである。例えば、家庭内の極めて温和な活動（朝食作り、下着程度の洗濯等）はできるが、それ以上の活動はできないもの又は行ってはいけないもの、すなわち、病院内の生活でいえば、活動の範囲がおおむね病棟内に限られるものであり、家庭内の生活でいえば、活動の範囲がおおむね家屋内に限られるものである」としていることを根拠としている。すなわち、精神の障がいのある人に関していえば、「労働により収入を得ることができない程度」、「活動の範囲が概ね家屋内に限られる」という記載からすれば、就労していれば障害等級2級に相当しないと読めそうである。

しかし、上記「障害の状態の基本」は旧法時代から変化のないものであり、この間、実際には職場の支援体制や法整備が強化され、障がいのある人の就労率は大幅に増加し、社会参加が推進されている。障害認定基準において、就労状況については、「労働に従事していることをもって、直ちに日常生活能力が向上したものと捉えず、現に労働に従事している者については、その療養状況を考慮するとともに、仕事の種類、内容、就労状況、仕事場で受けている援助の内容、他の従業員との意思疎通の状況などを十分確認したうえで日常生活能力を判断する」とされ、前記ガイドラインの「総合評価の際に考慮すべき要素の例」においても、たとえば「知的障害」に関する考慮要素として「一般企業で就労している場合（障害者雇用制度による就労を含む）でも、仕事の内容が保護的な環境下での専ら単純かつ反復的な業務であれば、2級の可能性を検討する」、「一般企業で就労している場合（障害者雇用制度による就労を含む）でも、他の従業員との意思疎通が困難で、かつ不適切な行動がみられることなどにより、常時の管理・指導が必要な場合は、2級の可能性を検討する」などとしており、就労をしている場合であっても、「仕事の種類、内容、就労状況、仕事場で受けている援助の内容、他の従業員との意思疎通の状況など」を考慮して判断されているとされている。

多くの支援の下で就労ができているからといって、特に知的障害や発達障害のある人の就労では安定的な地位や十分な賃金が保障されていないことが

少なくなく、このような場合に障害年金が支給されないとなれば、障害者雇用は推進されず、障がいのある人の社会参加や働く権利を謳った障害者権利条約や、合理的配慮の下で障害者雇用を促す障害者雇用促進法の理念に反することになりかねない。

　したがって、そもそも「障害の状態の基本」が現在の障害に対する捉え方や障がいのある人の実際の就労状況に合致しているかについて弁護士としては問題提起をすべきであるが、あわせて、「労働により収入を得ることができない程度」については、かつてのように多くの支援がない状態での労働能力を基準に判断すべきであり、また、「活動の範囲が概ね家屋内に限られる」については、あくまで例示であること（大阪地判平成27・5・15判例集未登載は、「『家庭内の生活でいえば、活動の範囲がおおむね家屋内に限られるもの』は、障害等級2級に該当する場合の一般的な例示であり、これに該当しないからといって、直ちに障害等級該当性が否定されるものではない」と述べている）を主張したうえで、就労の内容や現場で受けている支援の内容について、丁寧に主張立証することが求められる。

第6章

請求手続の流れの概要

Chapter 6

I　申請（裁定請求）と受理——申請の方法と申請にあたっての留意点

1　請求事由の選択

(1)　認定日請求

　障害認定日請求（前記第2章Ⅳ参照）をするかどうかは、初診日から1年半経過後の障害認定日において（症状固定がこれより前にあれば症状固定日）、障害年金の支給程度（障害基礎年金であれば2級以上、障害厚生年金であれば3級以上）に該当するかで判断する。

(2)　事後重症請求

　もし、障害認定日において所定の障害の程度に達していなくても、その後65歳に到達する日の前日までに所定の障害の程度に該当するときは、その時点で障害基礎年金の裁定請求をすることができる（事後重症請求。第2章Ⅴ参照）。認定日請求の時は障害認定日の属する月の翌月から遡って年金が支給されるが（消滅時効にかかるまでの過去5年間を最長とする）、事後重症請求の場合は、裁定請求の日の属する月の翌月からしか年金を受給できない。

(3)　初めて1級・2級

　初めて1級・2級（第2章Ⅵ参照）を請求するのは、前発障害について障害厚生年金3級の人が後発障害を併合して2級以上となる場合だけでない。前発傷病の初診日においては国民年金加入中で前発障害は3級以下のために障害基礎年金の受給権が取得できなかった場合、前発傷病の初診日では納付要件を満たさず後発傷病の初診日では納付要件を満たす場合および請求時点で65歳を過ぎていて、二つの傷病による障害をあわせて初めて1級・2級に該当したのが65歳到達日前であるような場合に、請求することになる。

(4)　老齢年金の繰上げ支給との関係

　ちなみに65歳から支給される老齢基礎年金を繰り上げして60歳代前半から

受け取るようにした場合、繰上げ請求日以後は、障害年金の請求との関係では65歳に達したのと同じ扱いになり、かなりのケースで請求できなくなる（国年法附則9条の2の3、厚年法附則16条の3）。請求できるのは、次の①または②の場合の障害認定日請求だけである。

① 被保険者であった時（60歳前または繰上げ請求後の国民年金任意加入中もしくは厚生年金加入中）に初診日のある場合。

② 60歳以上・65歳未満の被保険者でない時に初診日がある場合では繰上げ請求前に初診日と障害認定日の両方があるとき。

2　障害年金の請求の方法

(1)　裁定請求——年金支給の基本的な資格を得るための申請

障害年金はもらう資格があっても自ら請求をしないともらえない。

資格ができたら、こちらからその旨を申し出て、障害年金の受給資格を認めてもらう必要がある。これを裁定請求という（請求先については、後記第7章Q9参照）。

以下、実際の請求に向けた流れに沿って、説明していく。

(2)　納付要件の確認

初回の相談で、本人から初診日の時期を聞いたら、まずは、保険料納付要件を確認することが必要である（確認の方法については後記第7章Q1参照）。年金事務所に行くと、氏名、住所、生年月日、基礎年金番号などから、「基

用語解説

裁定請求

障害年金は、申請主義がとられているので、請求をしないともらえない。国年法16条は「給付を受ける権利は、その権利を有する者の請求に基いて、厚生労働大臣が裁定する」としており（厚年法33条に類似規定）、自分は障害年金の受給資格があると考える人は、「年金請求書」（従来は「裁定請求書」との表題であった）を年金事務所等に提出することになる。

礎年金番号情報照会回答票」や「被保険者記録照会」等を検索してくれる。本人が年金事務所に行きにくいときは、委任状を持って行き、納付記録を確認する。その際、請求に必要な書類の入手もしておくべきである。最近は相談の予約が電話でできるので、あらかじめ予約をしたうえで年金事務所に行くことを勧める。

　なお、厚生年金に加入すべきであったのに使用者が加入していなかった場合には、被保険者確認請求（厚年法31条）を行うことにより、初診日において厚生年金被保険者であった（または厚生年金に加入すべき地位にあった）ことが認められれば、障害厚生年金の加入要件を満たし、障害厚生年金の請求が可能となる。この確認請求は、給与明細、労働契約書、雇用保険被保険者記録などにより、事業所を管轄する年金事務所に対して行う。ただし、確認請求した以前2年分しか保険料納付はできず、それより前の期間は保険給付の対象とならない（厚年法75条）未納期間となってしまう。そのことで、納付要件を満たさなくなると障害基礎年金の請求もできなくなってしまうので、そうなってしまう場合には、被保険者確認請求は行うべきではない。その事業所に使用されてから、時間が経過した後に初診日がある場合は十分注意が必要である。

(3)　「被保険者記録照会（納付Ⅱ）」の読み方

　特に確認しておく必要があるのは、「被保険者記録照会（納付Ⅱ）」である。これは過去の国民年金の保険料の納付状況を示している。主な記号として次のものがある。

A	定額保険料納付済み
Y	法定免除
Z	申請免除（全額）
＊	国民年金保険料未納
／	第2号被保険者または無資格

　注意が必要なのは、保険料納付要件は、初診日の前日における納付状況を確認することである。

　また、データ上では「納付あるいは免除」となっていても、納付あるいは免

除申請（保険料免除制度の詳細については、後記第7章Q2参照）をした日付が初診日以降であれば、障害年金の納付要件の算定の際、納付済期間または免除期間には算入されない。そのため、納付日および免除申請した日付が明記されている「被保険者記録照会－納付1過不足納」等の帳票確認が必須である。

また、「＊」が全被保険者期間の3分の1を超えてある場合や、直前1年間に「＊」が一つでもある場合は、保険料納付要件を満たしていないおそれがある。「／」については、2号被保険者でなく、国民年金未届で未納（無資格）の月の場合もあるから、厚生年金期間との突合せが必須である。

(4) 病歴・就労状況等申立書

これは初診時から今日までの受診就労状況等を詳しく記載するもので、なるべく本人や家族の記憶に基づき、詳細に記入する（【資料⑥】参照）。

(5) 受診状況等証明書

初診日に診察した医師と、裁定請求用の診断書を書いた医師が異なっている場合に、初診日に診察した医師に書いてもらう。

(6) 年金用診断書

障害認定にあたって最も重要な書類になる。診断書様式には〔表17〕のとおり8種類ある。

〔表17〕 申請のための診断書の様式一覧

様式番号	種類（表題）
120号の1	眼の障害用
120号の2	聴覚、鼻腔機能、平衡機能、そしゃく・嚥下機能、音声または言語機能の障害用
120号の3	肢体の障害用
120号の4	精神の障害用
120号の5	呼吸器疾患の障害用
120号の6―(1)	循環器疾患の障害用
120号の6―(2)	腎疾患、肝疾患、糖尿病の障害用
120号の7	血液・造血器、その他の障害用

障害の状態を最も適切に示す診断書様式を選択する必要がある。傷病によっては、障害の状態が複数の様式により記載可能なため、どの様式で提出するか迷う場合があるし、複数提出したほうが保険者に伝わりやすいという場合もある。本人の状態と検査結果等の医学的所見を十分精査して、どの様式の診断書を依頼するかを判断する。

診断書の用紙は病院にはなく、年金事務所や市町村の窓口からもらうか、日本年金機構HPからダウンロードして入手する。

知的障害や肢体障害など継続受診が必要でなく、請求時には受診していない場合には、診断書を作成してもらう病院探しから始める必要がある（後記第7章Q3参照）。

請求時に受診している場合には、診断書用紙をその病院に持って行き、診断書を作成してもらう。

たとえば、精神の障害の場合について述べると、医師によっては日常生活の状況をよく聴き取らず、「日常生活能力の判定」や「日常生活能力の程度」を実際より軽く書いてしまうことがある（後記第7章Q5・Q6）。特に「日常生活能力の程度」の欄においては(3)が3級、(4)が2級、(5)が1級の認定に直結するものであるので、医師に書いてもらったら必ずチェックするべきである。

医師が軽く書きすぎている場合は、それだけで年金が不支給になってしまうこともあるので、実際の症状について具体的に説明して、再検討ができないか聞いてみることも考えるべきである（詳細は後記第7章Q4参照）。

障害認定日請求の場合には、障害認定日から原則として3カ月以内の日付（現症日：診断書に記載されている状態が、医師によっていつ診断されたものであるかを表す日付）の診断書をもらわなければならない。3カ月以内というのは日本年金機構の運用であり、症状に固定性がある場合や他の資料で障害の程度を証明しうる場合には、障害認定日の診断書がなくとも認定されることはある（後記第9章Ⅲ参照）。そうではない場合で、当時のカルテがなかったり、病状により受診がなかったときには審査されない傾向が強まっているが、

場合によっては行政争訟で争うことも検討すべきである。

　請求が障害認定日より1年以上経っている場合、請求時点の診断書もあわせて求めるのが日本年金機構の実務である。

　遡及請求を行う際に添付すべき診断書は、「障害認定日以後3カ月以内の現症のもの」のほか「年金請求日以前3カ月以内の現症のもの」も必要とされている（厚生年金事務の手引き8頁）。なお、この点に関しては、「肢体切断、心臓ペースメーカー、人工透析など初診日から1年6カ月を経過しなくても障害認定日を認定するケース」（詳細は前記第5章参照）においては、当該ケースに該当することのみを理由として年金請求するのであれば、診断書は「年金請求日以前3カ月以内の現症のもの」のみでも差し支えないものとされている（同手引き9頁）。

　また、「障害認定日に年金受給権が発生しない場合、事後重症請求をしたい」というときには、その旨の申立書も添付する必要がある（なお、実務上は、遡及請求の場合、当該申立書の添付は必須とされている。厚生年金事務の手引き8頁・9頁・11頁参照）。

　さらに、遡及請求をする場合であって、請求日における障害等級を最下位の等級以上の等級であることを想定する場合には、裁定請求と同時に額改定請求を行う必要がある（疑義照会「障害厚生年金の障害認定日における請求が一年以上遡及して行われた場合における額改定同時請求の可否について」に対する厚労省回答（2015年12月10日））。そのようにしておかないと、障害認定日において受給権が発生した場合に、裁定請求日等級についての不服申立てが不適法とされる可能性が生じてしまう。

　また事後重症請求の場合には、請求時点前3カ月以内の診断書が必要である。

　基準障害による請求の場合は、通常、請求時診断書のみを提出するよう求められる。しかし、初めて1級・2級に該当した時点の診断書を提出したほうが、本人にとってプラスになる場合があるので、その場合には現状とともに初めて1級・2級に該当した時点の診断書を提出する。これは具体的には、

①請求が65歳を過ぎ、請求時では基準障害による請求の受給権が発生しない場合、②国民年金保険料の法定免除は2級以上に該当した前月分以降が該当し、その月分から還付対象となるため、基準障害による請求の受給権が遡及して発生すれば還付月数が違ってくる場合がある。また、基準障害による請求の場合は、前発障害が3級以下であることが要件なので、障害年金の受給権がない場合は2級以上でないことを証明する障害者手帳の写しやその申請時診断書等の資料の提出が必要な場合がある。

(7) その他の書類の準備

その他の書類として準備が必要なものに、次のものがある。

① 年金手帳（基礎年金番号がわかる書類があれば代用可能）
② 住民票（住民票コードまたはマイナンバーの年金請求書記載（詳細は後記第7章Q11参照）で省略可）または戸籍謄本（加算の対象者がいないときは戸籍抄本でも可能）
③ 公的年金を受けている人はその年金証書等
④ 印鑑（認印で可能）
⑤ 振込先になる預金通帳（請求者名義のもの）の写し

また、加給年金の対象となる妻や子がいる場合（前記第2章Ⅱ5・6参照）に必要な書類として次のものがある。

⑥ 世帯全員が記載してある住民票謄本
⑦ 戸籍謄本
⑧ 加算の対象となる者の所得証明書または非課税証明書、学生証等
⑨ 子が障害の状態（障害年金等級2級以上）にある場合には、子についての障害年金診断書　子が18歳年度末までのどこかの時点での診断書を提出して2級と認定されれば20歳まで子の加算が支給される（加算額・加給年金額対象者の障害該当届）。ただし、1度だけの提出でよいため、裁定請求時の提出が必須ではない。18歳年度末以降に障害の状態となったときも、その時点の診断書により2級と認定されれば20歳まで加算される（障害給付加算額・加給年金額加算開始事由該当届）。

⑩ 生計同一関係に関する申立書　被扶養配偶者が別居や事実婚の場合には、生計同一団体にあることについて第三者に証明してもらう必要がある。事実婚については、当事者間に社会通念上、夫婦の共同生活と認められる事実関係を成立させようとする合意があり、その事実関係が存在すること等がその要件とされている（厚労省通知「生計維持関係等の認定基準及び認定の取り扱いについて（厚年法）」（2011年3月23日発0323第1号））。

(8) 年金請求書の提出および結果の通知

以上の書類を集めて、障害年金請求書を、年金事務所か、市区町村役場に提出する（受理を拒まれた場合については、後記第7章Q10参照）。

障害年金請求書の書き方は、日本年金機構HPにも案内されている。

障害程度要件を満たしているかどうかは、認定医が障害認定基準により審査する。障害年金の受給権を確認（裁定）の結果、障害年金が支給できる場合は年金証書が送られる。また、受給する権利が認められなかった場合には不支給決定通知書が送付される。

障害の内容にもよるが、おおむね3カ月ほどで（障害厚生年金の場合は日本年金機構ではおおよそ3カ月半ほど）、支給決定あるいは不支給決定が通知される。支給決定がでると、遡及分があれば第1回分とあわせて一括で入金され、その後は年6回偶数月の15日に前2カ月分が支給される。

Ⅱ 審査手続

1 審査機関

　障害基礎年金の裁定は、法的には厚生労働大臣の権限であるが（国年法16条）、実務上は委託を受けた日本年金機構が行っている（国年法109条の10第1項3号等）。

　障害厚生年金については、実施機関が裁定することとなっており（厚年法33条）、国家公務員（第2号厚生年金被保険者）については国家公務員共済組合連合会が、地方公務員（第3号厚生年金被保険者）については各共済組合（各都道府県、公立学校、都道府県警察、市町村などごとに設置）が、私立学校教職員（第4号厚生年金被保険者）については日本私立学校振興・共済事業団が、それ以外は厚生労働大臣が実施機関とされている（同法2条の5第1項）。なお、厚生労働大臣による裁定については、実質的には委託を受けた日本年金機構が行っている（同法100条の10第1項4号）。

　年金請求書は受付機関において受付・点検が行われる。国家公務員、地方公務員、私立学校教職員については、それぞれの機関ごとに障害評価機関があるので、以下はこれ以外の国民年金加入者と厚生年金加入者を念頭に置いて解説する。

　受付機関における点検が済むと、日本年金機構に進達され、障害認定等実質的な審査がなされる。

　障害認定は、厚生年金の場合は日本年金機構本部の障害年金業務部が集中的に行っている（いわゆる「中央裁定」）。国民年金の場合、従来は都道府県ごとに置かれた日本年金機構の地方の事務センターが行っていた（いわゆる「地方裁定」）。しかし、2017年4月1日から、厚生年金のみならず国民年金についても、東京都にある「障害年金センター」に裁定事務を一元化し中央裁定になった。もっとも、受付機関は従来どおり市区町村役場や年金事務所

である。

障害程度の判定は、年金機構から委託された、医師の資格を有する障害認定審査委員が行う。

2 受付機関における審査

受付機関では、まず年金請求書および添付書類の点検が行われる。その際、添付書類に不足があればこれを揃えてから請求書自体を提出し直すよう求められることもある。また、診断書等添付書類に不備があったり、請求書と添付書類の記載に整合性がない場合には、請求書が返戻（つき返されること）されたり、補正を求められることもある。急いで請求しても返戻されるとかえって時間がかかることになりかねないので、事前によく確認してから提出したい。

ただし、本来、行手法により市民には社会保障受給権に関する申請権が保障されており、申請が事務所に到達した場合行政庁には遅滞なく審査を開始する義務と応答義務（処分の適否を答える義務）がある（同法7条）。

審理に必要不可欠な事項に関して行政庁が懇切丁寧に補正事項を教示・指摘することは正当であるが、重箱の隅を突くがごとくいたずらに「返戻」を繰り返すことは障がいのある市民の障害年金申請の意思を委縮させるおそれがあり、行き過ぎた返戻に対しては、毅然とした態度で臨むべきである（後記Ⅲ3(1)参照）。

補正が求められるケースの中には、請求の方向づけ（本来請求、遡及請求、事後重症請求などの請求のパターン。前記第2章参照）が間違っていたり、これが明確でないためにこちらの意図と受付機関の認識が異なる場合も含まれる。したがって、あらかじめ請求の方向づけを十分検討することはもちろんであるが、請求のパターンが単純ではなく、日本年金機構が原則として想定していない基準障害による請求と事後重症請求を兼ねるなど請求事由（根拠条文）を明確にする必要がある場合、認定を求める初診日とその根拠を丁寧に説明する必要がある場合、主位的請求と予備的請求とを明確にするなどの

必要がある場合等は、その旨を記載した書面（任意の様式）を添付することがある。また、初診日となる日が2つあり、それぞれが別制度に加入中である場合は、障害基礎年金と障害厚生年金の同時請求をする場合がある（第7章Q13参照）。

また、事実関係が正しくとも、年金請求書と被保険者記録との間で氏名、性別、職歴等の記載が異なっていたり、複数の年金に重複してかかわっている時期があるような場合には、被保険者記録の整備がなされるので、あらかじめ事情を説明しておくとスムーズである。

特に問題がなければ3週間程度で日本年金機構に進達され、年金請求書登録処理がなされる。

3　日本年金機構における審査

年金請求書が進達されると、実質的な受給要件の審査、すなわち年金の加入要件や納付要件、障害の程度要件について審査が行われる。

構造としては、受給資格要件（年金の加入要件および納付要件）の審査が行われ（事前審査）、これをクリアしたものについて、障害認定審査委員に回付され、障害の程度についての評価（障害認定審査）がなされることになる。

もっとも、現実には両審査は明確に区別できるものではない。たとえば障害の認定の仕方によって初診日の認定が影響を受けるなど、事前審査の段階で一定の障害についての評価がなされてしまっている可能性もある。

また、障害認定は基本的には書類審査によってなされる。もっとも、厚労省の障害認定基準によれば、「提出された診断書等のみでは認定が困難な場合又は傷病名と現症あるいは日常生活状況等との間に医学的知識を超えた不一致の点があり整合性を欠く場合には、再診断を求め、又は療養の経過、日常生活状況等の調査、検診、その他所要の調査等を実施するなどして、具体的かつ客観的な情報を収集した上で、認定を行う」とされており、年金事務所の職員が本人の自宅等に調査に赴くことも可能性としてはゼロではない。実地調査が行われるときには、代理人も立ち会い、必要に応じて意見を述べ、

調査報告書の内容を確認すべきであろう。

4　審査の実際

　以前は地方裁定が都道府県ごとになされていたので、実際の障害年金の裁定（特に精神・知的障害）について都道府県によるばらつき（件数の不均衡）があることが問題とされていたが、この点は裁定が一元化されたので一応解決された。

　しかし、精神障害については、制度による認定格差は残るものと思われる。精神ガイドライン施行前には、国民年金と厚生年金保険とで、同様の日常生活能力の評価の診断書に対する認定結果は大きく食い違っていた。第6回「精神・知的障害に係る障害年金の認定の地域差に関する専門家検討会」（2015年7月2日）の資料2（2012年度調査）によれば、「日常生活能力の程度」が(3)で「日常生活能力の判定」の平均が2.5～2.9（精神ガイドラインの「等級の目安」では「2級または3級」（前記第5章Ⅳ2(1)参照）と評価された診断書について、障害基礎年金2級となったのは87.3%であったのに対して、障害厚生年金で2級となったのはわずか1.4%（3級は88%）であった。精神ガイドライン施行により、この制度間の認定格差は残るのか否か、統一化されるとしても障害厚生年金にあわされることになるのか否かは今後検証しなければならない。共済組合についても、各共済組合による認定水準の格差は非常に大きい。このように精神ガイドライン施行後も、等級認定の格差は改善されるべき課題となろう。

　行手法6条は行政庁に対して標準処理期間を定めて公表することを求めている。最近は「障害年金請求書の受付控え」と題する書面が交付され、「審査結果ついては受付年月日から3カ月以内にお知らせするよう努めています。

　＊お客様に審査結果をお知らせするまでの所要日数を『サービススタンダード』として設定しております」等の記載がある。この期間を過ぎても連絡がない場合は、進捗を問い合わせる（障害年金審査状況確認ダイヤル03-5155-1933）等することになろう。

Ⅲ　年金支給裁定

1　裁定の概要

　年金受給権は、観念的には受給要件を満たせば発生するが、受給権者の請求に基づいて、裁定という行政処分の形でその存在・内容が確認され、これに基づいて現実に支給されることになる。したがって、受給要件が整っていても、これに気づかずに請求しないと、支給を受ける権利が消滅時効にかかる場合もある。

　なお、請求は一つの種類の年金しかできないわけではなく、主位的に認定日請求を、予備的に事後重症請求を行うことも可能であるから、それに対応した裁定がなされる。初めて2級（前記第2章Ⅳ参照）の請求がなされているが、前発傷病による障害だけで2級に該当する場合には、直ちに請求を却下すべきではなく、個々の傷病について年金の裁定の可否を検討すべきだとした裁決がある（平成23年2月28日裁決平成22年（厚）131号裁決集未登載。加茂紀久男『裁決例による社会保険法〔第2版〕』529頁）。

　裁定が行われたときは、年金受給権を証明する年金証書と、裁定が行われたことを通知する年金決定通知書が1枚の用紙にまとまって送付される。年金決定通知書には、年金額、支払開始年月、納付期間等の内訳などが記載されている。

2　裁定がなされる場合

(1)　等　級
　裁定にあたっては、障害の等級も決定される。障害等級は、疾病ごとではなく、障害ごとに障害認定基準に当てはめて決定される。

(2)　年金額、加算
　障害基礎年金は、1級と2級の額がそれぞれ決まっており（定額。国年法

33条)、日本年金機構 HP で当該年度の金額が確認できる。2017年度の場合、1級が97万4125円／年、2級が77万9300円／年である。受給権者によって生計が維持されている子がいる場合には、その分も加算される。

障害厚生年金については、障害等級1級または2級の場合には、上記障害基礎年金に報酬比例部分が加算され、また、配偶者加算もある。障害厚生年金3級については、基礎年金に3級がないので、報酬比例部分だけである。

(3) 支払開始時期との関係

年金給付の支給は、受給権の発生した日の属する月の翌月から始まるところ（国年法18条1項、厚年法36条1項）、基本的な形である本来請求および認定日請求の場合は、障害認定日に年金受給権が発生するので、障害認定日の翌月分から支給されることになる。事後重症請求の場合は請求日に年金受給権が発生するとされており、基準障害による請求の場合は、初めて1級または2級に該当した日に年金受給権が発生するが支給は遡及しないとされているので、これらの場合は請求の翌月から支給されることになる。

3 請求が認められない場合

(1) 不支給決定、却下、返戻

年金請求書を提出しても裁定されない場合として、書類の返戻、不支給決定、却下がある。

たとえば、添付書類に不足があったり、請求書や診断書等の書類の記載に不備があるために、当初提出された書類から初診日の確認ができないような場合は、書類が返戻されるという日本年金機構による慣行がある。

行手法7条は「申請に対する審査、応答」との表題で、「行政庁は、申請がその事務所に到達したときは遅滞なく当該申請の審査を開始しなければならず、かつ、申請書の記載事項に不備がないこと、申請書に必要な書類が添付されていること、申請をすることができる期間内にされたものであることその他の法令に定められた申請の形式上の要件に適合しない申請については、速やかに、申請をした者に対し相当の期間を定めて当該申請の補正を求め、

又は当該申請により求められた許認可等を拒否しなければならない」と定めている。

保険者に課せられているのは、申請を受けた遅滞なき審査の開始であり、書類に形式的な不備があれば速やかに補正を求めること、申請を認めるか否かの返答を速やかに決定することである。

保険者の行っている「返戻」実務は、ここにいう「補正」の求めということかもしれないが、行き過ぎた返戻は申請権の妨害である。

まず申請者、申請者代理人として押さえておくべきことは、仮に申請書が「返戻」されてきても、申請が受理（受付）されなかった扱いは原則として認めるべきでないことである。申請の時期によって、時効の問題や、受給できる年金額にも差が生じるという実益にも関連するからである。

年金請求書の提出時に窓口で交付される「年金請求書の受付（控え）」か、年金請求書が返戻された場合にはその表紙に押印された受付印等により、申請を受け付けた日付が確認できればその点問題はないが、申請した事実自体を保険者側が認めない扱いをする場合があるので注意が必要である。

そして、保険者側の指摘する補正の事由を検討し、理由があるならば、必要な補正・補充を行い、資料を揃え、補正書類を追加提出することになる。

返戻後再度提出しても初診日の確認ができない、一度請求したものを再度請求する（一事不再理）など、請求が不適法と保険者側が判断した場合却下される場合もある。

初診日が特定されても、その結果加入要件を満たさないなど、要件を欠く

用語解説

一事不再理の原則

たとえば、障害認定日請求に関して、一度、認定作業を行った内容と同じ内容で再度請求すると、重複請求であるとして、内容審査されずに却下されるのが原則である。

最初の請求時には提出できなかった、診断書やカルテなど、新たな資料を提出すれば、例外的に内容審査が行われる場合もある。

場合に不支給決定がなされる場合もある。

なお、返戻する措置がとられるケースの中には、黙示的に当該申請を棄却または却下する趣旨で、申請自体について再考を促す場合もある。このような場合には、当該返戻措置が申請を却下する処分としての性質を有するものとして、これに対する審査請求、再審査請求をすることも可能である（平成15年9月30日裁決『社会保険審査会裁決集〔平成15年〕』389頁、加茂・前掲『社会保険法』566頁）。

(2) 不支給決定や却下がなされた場合の対応

不支給決定や却下がなされた場合は、その理由を検討する。

基礎資料は十分と考えられるにもかかわらず審査結果に不服がある場合、資料、医師の意見書や第三者の証明などの資料を補足すれば認定可能性がある場合には、次に述べる審査請求をすることになる。

これに対し、不支給がやむを得ないと思われる場合は諦めることになるが、その場合であっても、障害程度が軽いことが理由である場合には、一定期間経過後に重くなったとして、再度、事後重症請求を行うことができる。なお、下記の行政争訟を行っている場合でも、並行して、再度の事後重症請求を行うことも可能である。

Ⅳ 審査請求

1 審査請求の申立て

年金支給裁定に不服がある場合、その裁定に対し、審査請求をすることができる（国年法101条、厚年法90条・91条）。

審査請求は、厚生労働大臣の処分（支給処分・不支給処分・却下処分）に対して行う。

当該審査請求は、この処分があったことを知った日の翌日から起算して3

カ月以内に行う（審査会法4条1項）。従来は、審査請求できる期間は60日であったが、法改正がなされ、2016年4月1日より3カ月に伸長した。

　審査請求は、当該管轄の社会保険審査官に対して、文書または口頭で行う。社会保険審査官は、各地方厚生局（支局も含む）に配置されているが、その処分に関する事務を処理した年金事務所でもその審査請求の受付を行っている（審査会法5条）。

　また、審査請求には、行審法第2章および第4章の適用は除外されているものの、第1章は除外されていないため、審査請求は処分の違法性にとどまらず、その不当性についても審査を請求することができる（国年法101条5項、厚年法91条の2、行審法1条）。

　なお、共済組合等が行った障害年金の障害の程度の審査に関する処分については、当該共済組合等にかかる共済各法の定める審査機関（国家公務員共済組合審査会等）に審査請求を行うことになる（国年法101条6項、厚年法90条2項）。

　また、国民年金を除く保険料の賦課、徴収、滞納処分および脱退一時金に関する審査請求は、社会保険審査会に対して行う（審査会法32条2項）。

　審査請求は、代理人によることも可能なため（審査会法5条）、弁護士が積極的に関与していくことも重要である。

用語解説

共済組合審査会

　共済組合の決定に対する、行政不服審査法による不服申立てを審査する機関である。
　国民年金および、厚生年金の決定に対する不服申立ては、審査請求と再審査請求の二審制であるが（ただし、従来は裁判を起こすためにこの2種類の不服審査手続を経る必要があったが（二重前置主義）、2016年4月から裁判を起こすためには審査請求だけを経れば足りるよう制度が変更された）、共済については、共済組合審査会による1審制である。

2　審査請求後の流れ

　審査請求を受理した社会保険審査官は、独立してその決定を行うことになる。

　審査請求を受理した社会保険審査官は、一定の場合を除いて、その決定をした保険者およびその他の利害関係人に対して、通知をしなければならない（審査会法9条1項）。

　また、審査官は審査請求人または上記通知を受けた保険者以外の利害関係人から申立てがあった場合には、口頭で意見陳述をする機会を与えなければならない（審査会法9条の3第1項）。

　審査期間については、審査請求日から60日以内とされているが、それを超えることもよくあることである。

　社会保険審査官は、審理に必要があると認める場合には、申立てまたは職権により、①審査請求人または参考人の出頭を求めて審問すること、または意見・報告を求めること、②文書その他の物件の所有者、所持者もしくは保管者に対し、その提出を命じ、またはその物件を留め置くこと、③鑑定人に鑑定させること、④事件に関係のある事業所またはその他の場所に立ち入って、事業主、従業員、その他の関係人に質問し、または帳簿、書類その他の物件を検査することができる（審査会法11条1項1号～4号）。

3　質問権の活用

　改正法の施行が2016年4月になされ、申立人が口頭意見陳述期日に、処分をした保険者に対して質問を発する権利を保障した（審査会法9条の3第4項）。

　これは同時期の行審法改正に対応するもので、質問を受けた処分庁等はその場で回答すべきことが原則とされ、即答が困難な場合に限り、後日の書面回答も許される（宇賀克也『行政不服審査法の逐条解説〔第2版〕』146頁等）。

　代理人としては処分庁に対して、処分の根拠等を質問するなど、積極的に

質問権を活用すべきである。

　なお、厚労省は上記法改正にもかかわらず、障害年金の行政不服審査手続の口頭意見陳述期日において、2016年度の１年間、１度も処分庁が出席しないという不適切な対応を続けた。

　この点を問題視した障害年金問題に取り組む専門家団体が厚労省および総務省に2017年３月１日、改善を申し入れた。

　この申入れをメディアが報道したこともあり、厚労省は2017年４月から、テレビ会議システムにより処分庁を口頭意見陳述期日に参加させることとし、近畿厚生局では処分庁職員が実際に参加するなど改善がなされつつある。

4　物件提出要求の申立権の行使

　これも2016年改正で新設された権利であり、審査会法11条１項２号により、審査請求人は処分に関する文書の提出を審査官が保険者等に命じるよう申し立てることできるようになった。

　命じるか否かは審査官の判断になるが代理人はこの規定も駆使することが期待される。

　また、今までは「閲覧」しか認められなかったが、審査会法11条の３の規定の改正により、処分庁が任意にまたは命令に応じて審査官に対して提出した関係文書の「謄写」申請（写しの交付要求）も可能となった。

　代理人としては申請をして関係資料の入手に努めるべきである。

5　審査請求の結果

　審査請求の受理を契機に、社会保険審査官による審査と原処分をした保険者による処分内容の見直しが行われる。その結果、保険者が自主的に処分内容を変更することがある。その場合は、審査請求を取り下げることになる。

　社会保険審査官がその決定書により、審査請求の内容を認めることになると、請求人または代理人に決定書が送付され、その数カ月後に日本年金機構にて訂正処理がなされる。

一方、審査請求人の主張を認めない場合は、棄却の決定をする。

社会保険審査官が審査請求日から60日以内に決定を出さない場合には、棄却したものとみなすことができる（国年法101条2項、厚年法90条3項）。

6　審査請求と取消訴訟の関係

審査請求と取消訴訟との関係については規定があり、審査請求を経た後でなければ、取消訴訟を提起することはできない（国年法101条の2、厚年法91条の3。ただし、共済組合が行う決定に対しては、それを知った日から6カ月以内は取消訴訟を行うことができる（行訴法8条2項1号））。

なお、2016年4月法改正前の処分の場合は、審査請求および再審査請求の二重の審査請求が前置されていた。しかし、同時期の行審法全般の改正により二重前置主義はすべての法律から廃止されたため、障害年金についても、審査請求さえ経れば提訴可能となり、再審査請求を申し立てるか否かは任意となった。

V　再審査請求

1　再審査請求の申立て

社会保険審査官による決定に不服がある場合、その決定書の謄本を受け取った日の翌日から、2カ月以内に東京都の厚生労働省内に設置された社会保険審査会宛てに再審査請求をすることができる（審査会法32条1項）。

なお、従来、障害年金の取消訴訟提起には再審査請求を経ることが必要であったため、そのように思い込んでいる専門家も少なくないが、2016年の法改正で再審査請求は任意になったことに注意が必要である。

また、社会保険審査官が審査請求日から60日以内に決定しない場合も、前述のとおり「棄却決定」とみなすことができるので、その結果を待たずに再

審査請求をすることができる（国年法101条２項、厚年法90条３項）。

なお、共済組合審査会の決定後は、再審査請求ではなく、訴訟を提起する。

2　再審査請求の審理

社会保険審査会の審理は、原則として公開で行われる。もっとも、審理に際し、当事者の申立て、参与の意見、関係書類などにより判断し裁決を行うためには、合議が開かれるが、これは非公開となっている。

審理にあたって、社会保険審査会が申立てまたは職権で、出頭を求めて審問をしたり、鑑定をしたりするなどについては審査請求と同じであるが、必要な調査を官公署や学校、その他の団体に嘱託することができる（審査会法40条１項１号～５号）。

なお、再審査請求手続と並行して取消訴訟等を提起することも可能であるが、提訴を知った審査会が審査の継続を中止する事実上の可能性はありうる。再審査請求が却下または棄却されたときは、裁決があったことを知った日から６カ月以内に裁判所に対して処分取消訴訟を提起できる（行訴法８条２項１号）。この場合、処分義務付け訴訟を併合して提起することもできる（同法３条６項・37条の３）。

Ⅵ　障害年金と2016年の改正行審法施行

2016年４月１日の改正行審法の施行に伴い、種々の法令が改正となった。前述した審査会法の改正もその一つである。

これらの改正による主な変更点は次の３点である。

① 審査請求期間について「処分があったことを知った日の翌日から60日以内」という規定から「処分があったことを知った日の翌日から３カ月以内」へと変更された。

② 口頭意見陳述および再審査請求の審理において、保険者およびその他

の利害関係人を招集して、(再)審査請求人に意見陳述させ、(再)審査請求人は保険者に対して質問をすることができるようになった。また既述のとおり、処分の関係資料の写しの交付も求めることができるようになった。

③　従前は、再審査請求を経なければ裁判所への取消訴訟の提訴はできなかったが、審査請求を経るだけで裁判所に取消訴訟を提起できるようになった。

Ⅶ　訴訟、仮の義務付け申立て等

1　年金給付をめぐる訴訟の概要

(1)　裁定請求を経ずに障害年金の直接給付訴訟ができないこと

　障害年金の受給権は、「その権利を有する者の請求に基づいて」厚生労働大臣等が「裁定する」こととなっている(国年法16条、厚年法33条)。すなわち、「裁定」という行政処分によってはじめて、具体的な障害年金受給権が発生するしくみである。

　そのため、障害等級に該当する障害の状態になり、いわゆる受給3要件(前記第2章Ⅲ参照)を客観的に満たしたとしても、直ちに障害年金給付を求める訴訟を提起することはできない。つまり、障害年金を受給するべく争う場合、年金受給についての裁定を求めたうえで、これに対する行政処分の不服申立てや行政訴訟(抗告訴訟)で争うほかないこととなる(この点に関し、最判平成7・11・7民集49巻9号2829頁が参考になる。同判例は、老齢年金の支給停止措置を受けた者が、直接、国を被告として未支給の老齢年金の支払いを求めた案件であるところ、年金給付を受ける「権利を行使するためには、社会保険庁長官に対する請求をし、同長官の支給の決定を受けることが必要であると解するのが相当である」と判示している。そのうえで、同判例は「同長官に対する支

給請求とこれに対する処分を経ないで訴訟上未支給年金を請求することはできないものといわなければならない」、「本件訴訟とは別に社会保険庁長官に対する支給請求をしたうえで、必要があればこれに対する処分を争うべき」である旨を判示している）。

(2) 考えられる行政訴訟等の類型

(A) 取消訴訟

もともと障害年金を受給していない者が訴訟において年金給付を求めていく場合、①「障害年金を支給しない旨の裁定」や、②「求めていた障害等級よりも低い程度の障害等級での障害年金を支給する旨の裁定」について取消訴訟を提起することになる。

また、③一旦障害年金を支給する旨の裁定があったものの、その後、新たな処分として、支給停止処分や減額改定処分等の裁定がなされた場合には、後からなされた処分について取消訴訟を提起することも想定される。この場合、従前から受給していた障害年金を確保すべく、後からなされた処分の執行停止の申立てをすべきかどうかも検討する必要がある。

(B) 義務付け訴訟

障害年金の不支給処分についての取消訴訟において原告勝訴の判決が確定すれば、通常、処分庁は判決理由中の判断を尊重して、年金支給の裁定を下すことになるので（行訴法33条参照）、基本的には取消訴訟を提起すれば、原告の障害年金を確保する手続としては足りるはずである。

しかし、前記(A)①②の場合のように、従前から障害年金を受給していなかったケースにおいて、たとえば、原処分の不支給理由を判決が否定したものの、処分庁があらためて別の理由で不支給とするおそれがある場合など、取消訴訟を提起しただけでは当事者の障害年金を確保することができない場合もあり得る。そのため、不支給の裁定等が取り消されるべきものであることを前提として、求める年金裁定の義務付け訴訟を提起することも検討すべきである。

(C) 仮の義務付けの申立て

義務付けの訴えに係る処分または裁決がされないことによって「償うこと

のできない損害を避けるため緊急の必要」があるような案件では、仮の義務付け（行訴法37条の5第1項）を求めることも検討すべきである。

(3) 各訴訟類型に共通する訴訟要件の検討

(A) 被告適格

障害年金受給権をめぐる訴訟の被告は国（処分行政庁は厚生労働大臣）となる（行訴法11条1項）。この点、障害厚生年金の給付等に係る裁定は日本年金機構が行っているので、かかる処分についての取消訴訟等の被告は行訴法11条2項により日本年金機構とすべきともいえそうである。しかし、日本年金機構は、厚生労働大臣から保険給付を受ける権利についての裁定を委託されている（厚年法100条の4第1項4号）にすぎない。したがって、行訴法11条2項は適用されず、障害厚生年金の場合であっても、被告は日本年金機構ではなく、国となる。なお、同条4項の規定に基づき、訴状には処分庁の記載が必要である。

(B) 管　轄

管轄裁判所は、次の複数のものが考えられるので、原告の便宜などを考え、適宜、選択をして訴訟提起することとなる。

(a) 東京地方裁判所

前記(A)のとおり、障害年金受給権をめぐる訴訟の被告は国となるので、その管轄は、東京地方裁判所にある（行訴法12条1項・38条1項）。

(b) 原告普通裁判籍所在地を管轄する高裁所在地の地方裁判所

被告が国であるため、「原告の普通裁判籍の所在地を管轄する高等裁判所の所在地を管轄する地方裁判所」（行訴法12条4項・38条1項）にも訴訟提起することができる。

(c) 処分に関して事案の処理にあたった下級行政機関所在地

行訴法上「取消訴訟は、当該処分又は裁決に関し事案の処理に当たった下級行政機関の所在地の裁判所にも提起することができる」（同法12条3項）とされている。この点について最判平成13・2・27判時1744号64頁は、「同項にいう『事案の処理に当たった下級行政機関』とは、当該処分等に関し事案

の処理そのものに実質的に関与した下級行政機関をいうものと解するのが相当である」と判示している。

　したがって、原告の訴訟追行の便宜などから、原告住所地最寄りの地方裁判所への訴訟提起を望む場合には、原告住所地近辺の年金事務所において実質的事案処理が行われたのではないかについて検討すべきである（この点、事例判例ともいえるものではあるが、上記最判平成13・2・27の事案では、結論において「A県知事は、社会保険庁長官の下級行政機関として上記各処分に関し事案の処理そのものに実質的に関与したと評価することができる」旨を判示し、「事案の処理に当たつた下級行政機関」（行訴法12条3項）に該当するものとしている。このような判断を基礎づける詳細な事実関係は、同裁判例や最判平成26・9・25判例23を参照されたい）。

　　　Ⓒ　出訴期間
　取消訴訟は、審査請求に対する裁決があったことを知った日から6カ月以内もしくは当該裁決の日から1年以内の出訴期間中に提起しなければならない（行訴法14条3項。同条項は、取消訴訟についてのものであるが、義務付け訴訟や仮の義務付け申立てについても、取消訴訟の提起を前提とする（行訴法37の3第3項2号・37条の5第1項参照）ことから、上記出訴期間内の提訴が必要となる）。

　障害年金に関しては、審査請求に対する決定または再審査請求に対する裁決を知った日がその起算日となる。

　この点は、通常の民事訴訟にはない制約であり、かかる期間を徒過すると、訴訟は却下されてしまうので、十分な注意をする必要がある。

2　取消訴訟

(1)　取消訴訟をめぐる不服申立前置主義

　行訴法上、審査請求ができる場合においても、処分の取消しの訴えを直ちに提起できる（同法8条1項本文）のが原則である（自由選択主義。〈図16〉参照）。

しかし、国年法・厚年法とも「被保険者の資格に関する処分又は給付に関する処分の取消しの訴えは、当該処分についての審査請求に対する社会保険審査官の決定を経た後でなければ、提起することができない」（国年法101条の2、厚年法91条の3）旨の規定を設け、いわゆる不服申立前置主義を採用している（行訴法8条1項ただし書）。したがって、少なくとも審査請求を経ない限りは、障害年金受給に関する訴訟を提起することができない（ただし、審査請求から3カ月を経過すれば裁決が出なくとも取消訴訟は提起できる（行訴法8条2項1号））。

なお、この点に関し、従前は、社会保険審査官に対する審査請求のみならず、社会保険審査会に対する再審査請求（国年法101条1項、厚年法90条1項）を経たうえでないと処分の取消しの訴えは提起できないものとされていたが、2014年行訴法改正により、審査請求に対する社会保険審査官の決定が得られた段階でも同訴えを提起できるようになった（詳細は前記Ⅵ参照）。

(2) 原処分主義

障害年金給付に関する裁定について争う場合、審査請求の決定取消しの訴えを提起しても、その訴訟類型では審査請求や決定手続に関する問題しか違

〈図16〉 不服申立手続と取消訴訟との関係

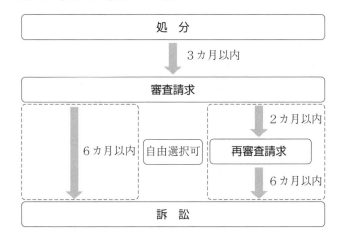

法理由とはできず、処分の違法を理由として取消しを求めることができない（行訴法10条2項。いわゆる原処分主義）。また仮に審査官の決定や審査会の裁決が取り消されたところで原処分（年金不支給処分等）は影響を受けないので、年金が受給できるようにはならない。

　すなわち、訴訟においては、「審査請求に対する社会保険審査官の決定」や「社会保険審査会の裁決」の取消しではなく、原処分たる厚生労働大臣の裁定等の取消しを求めていくことになる。

(3) 執行停止の申立て

　取消訴訟を提起しても、当該取消訴訟の対象となっている処分の効力は原則として維持され、処分の執行や手続の続行は妨げられない（行訴法25条1項）。

　したがって、従前から支給されている障害年金を削減するような新たな処分がなされたときは、当該処分の取消訴訟を提起しても、障害年金は削減されたままの状態が継続することになる。そのような場合、受給者の生活が破綻してしまう可能性もあるので、仮の救済方法として執行停止（処分の効力、処分の執行または手続の続行の全部または一部の停止。行訴法25条2項以下）を申し立てることも検討すべきである。

　執行停止申立ての要件は、以下のとおりである（行訴法25条2項・3項）。

① 処分の取消しの訴えの提起があったこと
② 処分、処分の執行または手続の続行により生ずる重大な損害を避けるため緊急の必要があること
③ 処分の効力の停止を求める場合は、「処分の執行又は手続の続行の停止によって目的を達することができる場合」でないこと
④ 「公共の福祉に重大な影響を及ぼすおそれがあるとき又は本案について理由がないとみえるとき」ではないこと

　なお、上記②の「重大な損害を生ずるか否か」を判断するにあたっては、損害回復の困難の程度、損害の性質および程度、処分の内容および性質をも勘案することとされている（行訴法25条3項）。また、これらの要件の立証は

疎明で足りる（同条5項）。

3　義務付け訴訟

(1)　申請型・非申請型義務付け訴訟

　行訴法の3条6項には、非申請型義務付け訴訟（同項1号）と申請型義務付け訴訟の抗告訴訟（同項2号）が定められている。

　年金不支給の裁決を不服とし、年金支給の裁決を求める義務付け訴訟は、年金支給の裁決という、行政庁に対して国年法または厚年法に基づく年金受給の裁決を求める申請を前提とする処分を義務付けることを求める訴訟である。したがって、「行政庁に対し一定の処分又は裁決を求める旨の法令に基づく申請又は審査請求がされた場合において、当該行政庁がその処分又は裁決をすべきであるにかかわらずこれがされないとき」になされる申請型義務付け訴訟（行訴法3条6項2号）に該当すると解される。

(2)　要件等

　義務付けの訴えの要件としては、一定の処分がされないことにより重大な損害を生ずるおそれがあり、かつ、その損害を避けるため他に適当な方法がないときに限り、提起することができ（行訴法37条の2第1項）、行政庁が一定の処分をすべき旨を命ずることを求めるにつき法律上の利益を有する者に限り、提起することができる（同条3項）。

　障害年金の裁定請求の取消しを求める申請者は、取消しを求めるだけでなく、本来は年金を支給する旨の裁定を求めている者であるから、行政庁が一定の処分をすべき旨を命ずることを求めるについて、法律上の利益を有する者である。

　さらに、自らの生活を維持するために稼働することができないからこそ、障害年金の受給を求めているわけであるから、受給ができない場合には、生活費にも事欠くこととなるという意味で、重大な損害を生ずるおそれがあり、かつ、その損害を回避する方法は、それこそ生活保護を受給できるだけの要件でもない限りはあり得ないというべきである。

したがって、障害年金の裁定請求をして、不支給の裁定を受けた申請者は、単にその処分の取消しを求めるだけでなく、さらに義務付け訴訟を提起することができると解される。

4　仮の義務付け

　上記の義務付け訴訟を提起したとしても、その審理には、通常、相当の期間がかかる。本来受けられるべき一部ないし全部の年金給付が支給されない原告にとってみれば、これでは、生計維持のための最低限の収入すら得られないこととなってしまう。場合によっては、本案判決を得るまでの間にその生活が破綻してしまう可能性すらある。そこで、仮の義務付けの申立てについても検討すべきである。

　仮の義務付けは、裁判所が申立てによって「仮に行政庁がその処分又は裁決をすべき旨を命ずること」を決定できるようにしたもので、その要件は以下のとおりである（行訴法37条の5第1項・3項）。

① 　義務付け訴訟の提起があること
② 　その義務付け訴訟にかかる処分または裁決がされないことにより生ずる償うことのできない損害を避けるため緊急の必要があること
③ 　「本案について理由があるとみえるとき」であること
④ 　「公共の福祉に重大な影響を及ぼすおそれがあるとき」でないこと

　これらの要件の立証は疎明で足りる（行訴法37条の5第4項・25条5項）。前記の執行停止制度と比べると、その要件は厳しくなっているものといえるが、障害年金不支給等によって原告の生活がおびやかされているようなケースでは積極的に活用すべきものと思われる。

Ⅷ 受給後の手続

1 再認定

　障害年金は、裁定日以後に診断書の提出が必要ない永久認定と、1年から5年のいずれかの時期に再度診断書を提出して再認定を受ける必要がある有期認定に分かれる。この場合の症状固定は、初診日から1年6カ月より前の障害認定日が認められるかどうかの症状固定よりは厳格に認定される。たとえば、人工関節置換などの人工物の挿入・造設や人工透析などの特別な治療の開始はその日（またはその日から一定期間経過した日）が障害認定日とされるが、そのような場合でも、ほとんどのケースで有期認定になり、永久認定とはならない。それだけ永久認定の場合の症状固定は厳格に判断されるということである。ただし、有期認定で何度か診断書を提出した後に、永久認定に切り替わることもある。永久認定への切替えは、ある程度の高齢（70歳近くなど）となると年齢的な要素も加味され、認められやすくなる。

　再認定の際には、障害状態確認届という診断書の提出が求められる（国年法施行規則36条の4、厚年法施行規則51条の4）。20歳前障害基礎年金の場合には一律7月で、その他は誕生月である。その月内の現症日（前記Ⅰ2⑹参照）の診断書を提出するよう求められる。障害状態確認届は、新規裁定請求時の診断書の用紙とほぼ同じ内容のものである。8種類の診断書様式（前記Ⅰ2⑹参照）のうち何が送付されるかについては、日本年金機構が再認定のために必要と判断した診断書様式のものが、1枚または複数枚送付されてくる。

> **用語解説**
>
> **永久認定**
> 　障害認定には、有期認定（1年～5年）と永久認定がある。障害の状態に一定の固定が認められ、再認定不要になるのが、永久認定である。いずれかは、認定医の判断をもとに処分庁が決定する。

ただ、日本年金機構から送付されてくる診断書様式だけでは、その傷病についての障害の程度を十分示すことができないと考えられる場合には、他の様式の診断書も添付して提出することが有効なときがある。この用紙は、新規裁定請求時の様式の診断書用紙で構わない。

障害状態確認届はその月末までが提出期限とされている。しかし、提出期限を守るよりも、その内容のほうが重要である。事実が正確に記載されているか、記載漏れはないかなどをよく確認したうえで、提出する必要がある。提出期限が遅れても、その月の日付の状態で診断書が作成されていて、その状態が現在の等級と同じと認定されれば、最悪、支給が一時保留（国年法73条、厚年法78条「一時差し止め」）となるだけで、後でまとめて支給されるので、全体でみれば支給額にマイナスはない。仮に、提出が半年遅れても、その更新時期で等級維持が認定されれば、差止めは解除され、更新時から遡って支給される。一方、たとえば、これまで２級だったのに３級と認定されれば、障害厚生年金の場合には支給額が減り、障害基礎年金の場合は支給停止になってしまう。なお、支給停止になったら、額改定請求に対する処分や職権による額改定処分の場合と異なり、障害状態が再度障害等級に該当すると判断される日付において新たな診断書を作成してもらい、支給再開の申請（支給停止事由消滅届の提出）ができるが、級落ち（１級から２級、２級から３級）となってしまったら、不服申立てをするか１年後の額改定請求を行う以外、元の等級の年金を受給する方法はない。

障害状態確認届の内容については、年金を受給している傷病と別の傷病についてのことが記載されていないかについても確認する。同一の部位に年金対象傷病とは別の傷病による障害の状態も含まれて記載されている場合には、年金受給の対象となっている傷病についてだけの診断書として作成できないかについて医師に確認し、それが難しい場合も主な障害の原因となっている傷病が年金対象傷病といえる場合はその旨を医師に記載してもらうことになる。傷病ごとの障害の切分けが難しい場合には、後発傷病での別途新規裁定請求も行わなければならない場合がある。

再認定の結果、障害の程度が変わらないと認定されれば、障害状態確認届を提出した約4カ月後に、次回診断書提出時期を通知するハガキが届く。次の再認定時期は、一定ではない。そのときが2年ぶりの提出であっても次回は1年後になったり、逆に5年後になったりする。

　なお、有期認定か永久認定か、有期の場合の次回再認定時期が何年後なのかについては、保険者はもちろん不服申立ての審査機関も、行政処分ではなく権利義務にかかわらない事実行為であるとして、原則として、これらについての不服申立てを却下しているが極めて疑問である。これらが行政争訟の対象とならないと、行政は恣意的に再認定の有無やその時期を決めることができてしまう。受給権者にとっても、診断書代がかかるだけでなく、それ自体が心理的にも大きな負担となることから、このような扱いは改善されるべきである。

2　再認定後の処分——支給停止、級落ち、額改定

　障害状態確認届を提出した結果、障害の程度が障害年金支給程度（障害基礎年金なら2級以上、障害厚生年金なら3級以上）よりも軽くなったと認定された場合には、支給が停止される（国年法36条2項、厚年法54条2項）。障害状態確認届提出月から4カ月目の月分（7月提出であれば11月分）から支給が停止される。

　障害の程度が軽くなったと認定されれば、1級が2級となったり、2級が3級となったりする（国年法34条1項、厚年法52条1項）。この場合には、支給停止の場合と同様に障害状態確認届提出月から4カ月目の月分（7月提出であれば11月分）から減額改定される。この場合に「障害の程度を診査」（国年法34条1項、厚年法52条1項）した日は、障害状態確認届提出月から3カ月目の初日（7月提出であれば10月1日）とされている。このため、7月提出で11月分から減額された場合には、翌年10月2日以降に額改定請求（後記4参照）ができる。

　障害の程度が重くなったと認定されれば、3級が2級となったり、2級が

1級となったりする（国年法34条1項、厚年法52条1項）。この場合には、障害状態確認届提出月の翌月分（7月提出であれば8月分）から増額改定される。この場合に「障害の程度を診査」（国年法34条1項、厚年法52条1項）した日は、障害状態確認届提出月の初日（7月提出であれば7月1日）とされている。このため8月支給分から3級から2級となった場合には、翌年の7月2日以降に、2級から1級への額改定請求（後記4参照）ができる。

3　支給停止事由消滅届

　障害年金が支給停止となっている場合には、支給停止事由消滅届を提出することで、支給する程度と認定されれば、支給が再開することになる。この場合には、支給停止事由が消滅した時点つまり障害の程度が障害年金支給程度（障害基礎年金なら2級以上、障害厚生年金なら3級以上）となった現症日の診断書を提出する。認められれば、その現症日の翌月分から、支給が再開される。そのため、たとえば、届出の提出日が1年後になっても、認められれば現症日の翌月分から遡及して支給される。

　なお、障害年金が失権したときには、支給停止事由消滅の届出はできない。失権するのは、併合（国年法31条2項、厚年法48条2項）により1度は2級以上となった二つの障害年金が一つの障害年金にまとめられた場合と死亡したときを除いて、障害年金3級非該当で65歳に到達したときか、3級非該当で3年経過したときかどちらか遅いときである（国年法35条、厚年法53条）。

4　額改定請求

　多くの場合で、障害年金の受給権を取得した日または「障害の程度の診査」を受けた日から1年を経過した日後に上位等級に認定すべきという額改定請求ができる（国年法34条2・3項、厚年法52条2・3項）。ただし、障害年金の受給権者の障害の程度が増進したことが明らかである、〔表18〕22項目の場合には、上記の1年を待たずに額改定請求ができる（国年法施行規則33条の2の2、厚年法施行規則47条の2の2）。

なお、65歳到達日の前日（誕生日の前々日）までに1度も2級と認定されたことがない場合には、それ以降、額改定請求はできない（厚年法52条7項）。

　額改定請求の場合に添付する診断書は、額改定請求日前1カ月以内のものとされている（国年法施行規則33条2項、厚年法施行規則47条2項。裁定請求と同時に行う額改定請求については、前記第2章Ⅴ3を参照）。

〔表18〕　**1年を経過しなくても額の改定を請求できる場合**（1986年4月以降に受給権が発生した場合）

　受給権を取得した日、または障害の程度の診査を受けた日のどちらか遅い日以降に、該当した場合に限ります。

※14の場合は、完全麻痺の範囲が広がった場合を含みます。

眼・聴覚・言語機能の障害	
1	両眼の視力の和が0.04以下のもの
2	両眼の視力の和が0.05以上0.08以下のもの
3	8等分した視標のそれぞれの方向につき測定した両眼の視野がそれぞれ5度以内のもの
4	両眼の視野がそれぞれ10度以内のもの、かつ、8等分した視標のそれぞれの方向につき測定した両眼の視野の合計がそれぞれ56度以下のもの
5	両耳の聴力レベルが100db以上のもの
6	両耳の聴力レベルが90db以上のもの
7	喉頭を全て摘出したもの
肢体の障害	
8	両上肢の全ての指を欠くもの
9	両下肢を足関節以上で欠くもの
10	両上肢の親指および人差し指または中指を欠くもの
11	一上肢の全ての指を欠くもの
12	両下肢の全ての指を欠くもの
13	一下肢を足関節以上で欠くもの
14	四肢または手指若しくは足指が完全麻痺したもの（脳血管障害または脊椎の器質的な障害によるものについては、当該状態が6月を超えて継続している場合に限る）
内部障害	
15	心臓を移植したものまたは人工心臓（補助人工心臓を含む）を装着したもの

16	心臓再周期医療機器（心不全を治療するための医療機器をいう）を装着したもの
17	人工透析を行うもの（3月を超えて継続して行っている場合に限る）
その他の障害	
18	6月を超えて継続して人工肛門を使用し、かつ、人工膀胱（ストーマの処置を行わないものに限る）を使用しているもの
19	人工肛門を使用し、かつ、尿路の変更処置行ったもの（人工肛門を使用した状態および尿路の変更を行った状態が6月を超えて継続している場合に限る）
20	人工肛門を使用し、かつ、排尿の機能に障害を残す状態（留置カテーテルの使用または自己導尿（カテーテルを用いて自ら排尿することをいう）を常に必要とする状態をいう）にあるもの（人工肛門を使用した状態および排尿の機能に障害を残す状態が6月を超えて継続している場合に限る）
21	脳死状態（脳幹を含む全脳の機能が不可逆的に停止するに至った状態をいう）または遷延性植物状態（意識障害により昏睡した状態にあることをいい、当該状態が3月を超えて継続している場合に限る）となったもの
22	人工呼吸器を装着したもの（1月を超えて常時装着している場合に限る）

第7章

障害年金実務における必読のQ&A

この章では障害年金でよく聞かれる質問・回答について解説しています。障害年金の分野に馴染みの少ない方の素朴な疑問にできるだけ平易に回答する趣旨で、この章は「です・ます」調にしています。

Chapter 7

I　納付要件

Q1　障害年金を受け取るためには、一定の保険料を納付していることが要件とされていますが、この要件を満たしているか否かについてはどのように確認すればよいでしょうか。

A

　障害年金を受け取るためには、三つの要件（加入要件、保険料納付要件、障害程度要件）を満たす必要があります（前記第2章Ⅲ）。このうちの保険料納付要件（前記第4章）について、保険加入期間において、保険料の納付状況（いつの分は納付し、いつの分は納付していないか、納付日や免除申請日はいつか、免除期間はいつからいつまでか）については、年金事務所で教えてもらえます。

　保険料納付要件を満たしているか否かについても年金事務所で教えてもらえます。しかし、第4章でみたように、保険料納付要件の計算方法は大変複雑ですので、年金事務所での計算に間違いがある可能性もあります。したがって、年金事務所で保険料納付要件を満たしていないといわれても諦めずに、保険料の納付状況についての資料をもらったうえで、自分で計算し直してみることが重要ですし、この分野に詳しい社会保険労務士等の専門家にチェックしてもらうことも重要です。

Q2　所得が低く保険料納付ができない場合、納付しなければ年金は受け取れませんか。

A

　保険料を納めることが、経済的に難しいときは、保険料の納付義務の全部または一部を免除する保険料免除・納付猶予制度があります。

　免除制度には①法定免除、②申請免除、③学生納付特例制度、④納付猶予

制度等があります。

保険料免除や納付猶予になった期間は、老齢年金の受給資格期間には算入されます。なお、この適格期間は25年でしたが、2017年8月1日から10年に短縮されました。

免除や猶予の認められる所得の基準等詳しくは日本年金機構HPにて説明されています。

(1) 保険料免除制度

所得が少ない場合に、申請書を提出し、承認されると保険料の納付が免除になります。免除される額は、全額、4分の3、半額、4分の1の4種類があります。

(2) 学生納付特例制度

学生については、申請により在学中の保険料の納付が猶予される「学生納付特例制度」が設けられています。本人の所得が一定（本年度の所得基準が118万円＋扶養親族等の数×38万円＋社会保険料控除等）以下の学生が対象となります。なお、家族の方の所得の多寡は問いません。

(3) 保険料納付猶予制度

20歳から50歳未満の方で、本人・配偶者の前年所得が一定額以下の場合に、本人の申請に基づき処分庁が承認し保険料納付義務が猶予される制度です。

なお、障害年金の受給要件を検討する際、初診日の前日までに申請を終えている免除期間および猶予期間は保険料納付済期間として扱われます。ただし、部分免除の場合に納付義務のある保険料部分に未納であればそれは未納期間となります。

また、2012年7月9日から、配偶者からの暴力を受けた者に対する国民年金保険料特例免除制度があります。

なお、老齢年金の年金額を計算するときは、保険料全額免除の場合は保険料を納めたときに比べて2分の1（2009年3月までの免除期間は3分の1）になります（全額免除は2分の1、一部免除についてはそれぞれ反映される割合が異なります）。ただし、学生の場合の学生納付特例や納付猶予になった期間

は年金額には反映しません。

　受給する老齢年金の金額を増やすには、保険料免除期間、納付猶予期間相当分の保険料を追納する必要があります。追納ができるのは追納が承認された月の前10年以内の免除等期間に限られています。

Ⅱ　診断書

 年金用診断書を書いてくれる医師はどうやって探すのですか。

A

　障害年金の請求手続を行うに際しては、直近（請求日前3カ月以内）の診断書が必須であり、認定日請求を行う場合には障害認定日から3カ月以内の診断書も添付資料として提出する必要があります（前記第6章Ⅰ）。

　このうち、直近の診断書については、現在診察を受けている医師に書いてもらうことになるでしょう。

　一方、障害認定日から3カ月以内の診断書については、障害認定日当時かかっていた医療機関が現存し、その医療機関に当時の主治医がいれば、その主治医に作成をお願いします。

　他方、障害認定日当時かかっていた医療機関は現存するが、当時の主治医がその医療機関にいない場合は、次の方法が考えられます。

① 　その医療機関にお願いしてその医療機関の別の医師に書いてもらう（原則）

② 　障害認定日前後（前1年～後6カ月程度）のカルテを開示請求で入手したうえで、当時の主治医がどこにいるのかを探して（その医療機関に聞いたり、インターネットで検索するなどの手段が考えられます）、当時のカルテをもとにその医師に書いてもらう

しかし、障害認定日当時かかっていた主治医、ないし医療機関に障害認定日から３カ月以内の診断書の作成を依頼したが、断られる場合もあり得ます。その場合は、次の手段として、現在診察を受けている医師に頼んで、当時のカルテ（後記Ｑ８参照）など、当時の症状がわかる資料をもとにして、診断書を作成してもらえないか相談することも考えられます。ただし、作成してもらえたとしても、このような形の診断書は稀であるため、カルテの添付が求められる場合があります。

Q4 年金用診断書を作成する医師と代理人とは面談したほうがよいですか。

A

　年金用の診断書は、障害年金を受給するための障害程度要件を満たすか否かを判定するための資料という明確な目的をもったものです。その目的のために、請求者の症状のどの部分が重要なのかといった点は、年金用の診断書を書き慣れていない医師には必ずしも自明とはいえないように思います。純粋な医学的見地からの診断書であれば、「症状」のみ記載すれば十分ともいえますが、年金用の診断書では「症状」のみの記載では足りません。たとえば、精神障害の年金用の診断書では「⑪現症時の日常生活活動能力及び労働能力」という欄があり、この欄の記載こそが最重要だといえますが、ここには単に「症状」を記載するだけでは不十分であり、障害年金を受給するに足りる障害があるのかという観点からの対象者の状態を書いてもらう必要があるのです。そこで、年金用の診断書を書き慣れていない医師に対しては、重要なポイントや観点を示して、そのような観点から診断書を書いてもらう必要があります。また、「日常生活能力の判定」の判定のポイントも同様です。その意味で、可能であれば、年金用診断書を作成する医師と代理人とは面談したほうがよいものといえます。

　ただ、その面談は、年金を受給するために症状等に関する事実を変えたり

誇張して書いてもらうものであってはならないことはいうまでもありません。請求者の現在の症状を前提として、年金請求にあたって書いてもらいたいポイントを説明することが目的の面談であることを忘れてはなりません。

Q5 「精神の障害用」年金診断書の日常生活能力の判定・程度の各項目の意味を教えてください。

A

　障害年金が受給できるか否かの考慮要素として、「日常生活がどの程度の制限を受けているか」が決定的な重要事項とされています。したがって年金診断書の日常生活能力の判定・程度の項目は極めて重要です。

　まず診断書には赤字で「単身で生活するとしたら可能かどうかで判断してください」と書かれていることに注意が必要です。「単身」ということは文字通り「一人」ということであり、もし現在家族と一緒に生活をしている環境であれば、常日頃身のまわりの世話をしてくれている家族がいなくなった環境での生活を想定して、本人の能力を判断するということです。現実には福祉的な支援者の援助のある生活をしている人の場合、そのような支援者が全く存在していない生活を想定して、各能力を判断しなくてはなりません。

　①適切な食事、②身辺の清潔保持、③金銭管理と買い物、④通院と服薬、⑤他人との意思伝達および対人関係、⑥身辺の安全保持および危機対応、⑦社会性といった、人としての基礎的な生活の各場面についてどの程度の行動が可能かという客観的で冷静な判断が求められます。

　①適切な食事に関してはQ6に詳論しています。②身辺の清潔保持について、歯磨きを例にとれば形だけの歯磨きができるかどうかではなく、虫歯ができない程度の歯磨きができるかどうか、介助者のやり直しが必要かどうか等の観点からの判断が必要です。

　③金銭管理と買い物については、必要な物と本人が所有しているお金とを比べ、また、先々の収支予定も考えて今買ったほうがよいか先延ばしするほ

うがよいかを本人の頭で考え、かつ、本人のみで買い物をすることができるかどうかの判断が必要となります。

　要するに外見上動作ができるかどうかではなく、その動作・行動の目的を理解したうえで、その目的に向かってどの程度のことができているかということに着目することが重要です。

　本人や家族は、否応なしに障害に慣れてしまっていることが多々あります。障害のない人と比べて、できないこと、不十分なことを、一歩離れた視点から、友人や親戚や支援者等の目から客観的に評価をしてもらうことが必要なこともあります。

　普段助言を受けずにできていることでも、家族という存在が近くにあるということだけで、できている場面があります。今は一人でできていても、家族と遠く離れて一人で生活する場合には、助言を受けずにはできないことがあるのではないか、といった視点も必要です。

　また、日常生活能力をみる際には、ある動作の一部だけ取り出すのではなく、一連の流れとして捉える必要があります。たとえば清潔保持の入浴の場面であれば、洗髪・洗体のみならず、浴槽へのお湯張り、湯沸かしから掃除、着替えの準備までの全体を通して評価する必要があります。

　現在すでに一人で生活している人については、実際に家族、友人、ホームヘルパー等の援助を受けているとしたら、その内容や頻度を正確に医師に伝える必要があります。具体的な援助を受けていない場合には、いかに援助が必要な状態であるか、部屋の写真や1週間の行動を起床から就寝まで図にして示すなどして、援助が必要な状態であることを積極的に医師に伝えることが肝要です。

Q6 2016年9月に公表された精神障害に係る医師向けの診断書記載要領（障害年金の診断書（精神の障害用）記載要領〜記載にあたって留意していただきたいポイント〜）について留意すべき点があれば教えてください。

A

ガイドライン実施と合わせ、診断書を作成する医師に向けて「記載要領」が作成されました（日本年金機構 HP に掲載されています）。

精神障害・知的障害・発達障害等の障害年金における認定において診断書の記載方法を国が詳しく説明すること自体は望ましいことです。同要領の冒頭では「適切な障害等級の決定にあたっては、……診断書の内容ができるかぎり詳細かつ具体的に記載されていることが大変重要になります」と注意喚起されており、誠にもっともです。

障害年金は「障害を負っていることで日常生活・社会生活あるいは労働に支障がある人が、健全な国民生活を送ることができる」ための所得保障です。そして診断書はこの目的に沿って作成されるべきものです。はたして、記載要領がこの趣旨に合致しているものであるかが重要です。

この観点からみると記載要領にはいくつかの問題があります。

(1) 遂行能力の捉え方

記載要領は、診断書の「日常生活能力の判定」各項目の判定にあたって留意すべきことを詳細に記載しています。

たとえば、「(1)適切な食事」の項目では「栄養のバランスを考え、適当量の食事を適時にとることができる」状態を「できる」としています。一方、診断書の注意書では「配膳などの準備も含めて適当量をバランスよく摂ることがほぼできるなど」とされています。「適切な食事」とは、材料購入からはじまり調理、調理された料理等を偏食なく適量摂取すること、片づける等の一連の行為全体を指すものだと考えられます。診断書の注意書からはかろうじてこの視点が読みとれます。

しかし、記載要領では栄養摂取面に評価が偏り、この視点が薄められています。医師によっては「咀嚼をすることができるかどうか」等を判断基準にしてしまうなど誤解を招く懸念があります。

「食事が摂れない」という事実は、もちろん日常生活に多大な影響を及ぼします。しかし、精神疾患を負う人にとっての「適切な食事の摂取」とは「栄養が摂取できているか」を質すことで評価できることではありません。

「献立を考え、食材を購入し、金銭をやり取りし、包丁や火を使い食器に盛り付け食べる。食後は汚れた食器を洗い片づける」という作業が過度な負担なくできるかどうかが問題です。この一連の流れを行うためには、食材の選定、金銭のやりとり、人ごみの中に一定時間滞留すること等が必須です。このような行動ができるかどうかが、精神疾患を負う方にとって「日常生活あるいは労働に支障がある」かどうかの判断基準となるべきです。健常な人であっても、毎日3食を調理する人は少ないかもしれません。レトルト食品や市販されている惣菜を利用したり、他人で賑わう場所で外食をすることもあるでしょう。しかしそれは「手抜き息抜き」であって、基本は自身で「食事」を用意しているはずです。

つまり、「適切な食事」の項目で質されるべきことは「食べることに伴う一連の手順が過度な負担なく遂行できるかどうか」です。記載要領にはこの視点が弱いといわざるを得ません。「日常生活の判定」項目は全部で7項目ですが、他の項目についても「機能的にできるかどうか」、「頑張ればできる」ではなく、「患者本人の実際の生活の中で、繰り返しその行為ができるかどうか」を判断基準として医師が記載できるよう適切に支援する必要があります。

(2) 支援の度合い

「日常生活能力の判定」の7項目は、それぞれ1（軽度）〜4（最重度）のレベルに区分されています。各レベルには該当する症状が記載されていますが、「経常的な援助」という文言が3（重度）のレベルで、「常に」「常時支援」「常時の援助」が4（最重度）のレベルで繰り返し記載されています。

つまり、一応「経常的＜常時」という図式を保険者は描いていますが、日本語の使い方として誤っています。

辞書をひくと一般に「経常」とは「常に一定の状態で続くこと・常に」と定義されています。「継続的に常に」と理解するのが日本語としては正しい理解です。

要するに日本語として「常時」と同義語にほかなりません。

そうすると、医師がこの記載要領を読んで、3（重度）の判定において、「継続的に常に援助が必要な状態」でないと3にならない（せいぜい2の中度）と理解（誤解）するのは無理からぬことになってしまいます。

しかし、（3　金銭管理と買い物）では、3「3～4日に一度（金銭を）手渡して」4「助言や指導をしてもできない若しくは行わない」と対比していることからすると、この要領を作成した国の意図としては、「週7日毎日の援助が不可欠の状態程度が4の最重度、3～4日に1度の援助程度が3の重度」等のイメージのようです。

そうであれば、「経常的」の用法は止めて、「断続的に」（切れたり続いたりすること）とか「しばしば」（たびたび）などの用語に変更すべきです。

当然のことながら、主治医は患者の生活をすべて把握しているわけではなく、日常生活の情報は本人あるいは家族・支援者等から得ることになります。

肢体障害等の外部障害であれば、毎回の支援が必要であり「支援の度合い」を判断しやすいといえます。しかし、精神疾患の障がいのある人に対する支援は、非常に捉えにくいものです。たとえば「身辺の清潔保持」に当たる「入浴」です。肢体障害等の外部障害であればシャンプーの介助から入浴後身体を拭くことが毎回必要となる場合があるでしょう。しかし、精神疾患の障がいがある人の場合、入浴そのものを拒否するケースも多いです。

家族からの「支援」を「命令」と受け取り、感情的に拒否し、通院前日にようやく入浴する方も少なくありません。こういった実情が主治医に適切に伝わらない場合、「経常的とまでは言えないから、2とする」と判断されてしまうおそれもあると思われます。

請求人の日常生活を詳細に聴き取り、項目ごとに整理したうえで主治医に情報提供することが必須です。

障害年金請求用の診断書は文字どおり「障害年金を受給するための資料」として作成するものであり、治療目的の診断書ではありません。障がいのある人が、社会保障制度の一環である障害年金を受給することで健全な国民生活を送れるようになること、それが、障害年金の本来の目的です。代理人として主治医に記載要領を手渡す場合は、請求人がこの権利をまっとうに行使できるように臨むことが大切です。

診断書（精神の障害用）記載要領については、日本年金機構HPからダウンロードできます。

「ICD-10」とは何でしょうか。

A

「ICD」とは、正式な名称を「International Statistical Classification of Diseases and Related Health Problems」、すなわち、「疾病及び関連保健問題の国際統計分類」といい、疾病、傷害および死因の統計を国際比較するために世界保健機関（WHO）が作成している統計分類です。ICDでは、症状等がアルファベットと数字を用いたコードで示されるために、各疾病等をICDコードで表現することで国際比較が容易になるわけです。

ICDは、これまで10回の改訂作業が行われました。「ICD-10」とは、本来は、ICDの10回目の改訂版のことを指します。しかし、ICDは、10回目の改訂版をベースとした改正作業（アップデート）が複数回行われ、わが国でもその改正作業に沿って使用する統計分類を改正してきています。そこで、単に「ICD-10」といったときは、「現在利用されている『ICD-10』の改正版」を指すことが多いものといえます。

従前は、ICDの10回目改訂版をベースとした2003年改正版である「ICD

-10(2003年度版)」に準拠した「疾病、傷害及び死因の統計分類」が厚生労働省によって作成され、統計法に基づく統計調査に使用されるほか、医学的分類として医療機関における診療録の管理等に活用されていました。さらに、最近、統計法28条１項の規定に基づき、同法２条９項に規定する統計基準として、平成27年２月13日総務省告示第35号をもって「疾病及び関連保健問題の国際統計分類ICD－10(2013年版)」に準拠する改正が行われました。

ICDのそもそもの目的は、疾病、傷害および死因の統計の国際比較を容易にすることにあります。しかし、症状等がアルファベットと数字を用いたコードで示すことで、症状等を客観的に表現されるため、「このコードに該当する場合は精神の障害に該当すると判断できる」といった利用法が可能になります。そこで、ICD－10が障害年金受給のための障害程度要件の判定に利用されているのです。

ICDの詳細については、厚労省HP「疾病、傷害及び死因の統計分類」内「ICDのＡＢＣ」を参照してください。

 カルテの開示請求はどのようにすればよいのでしょうか。

障害認定日から３カ月以内の診断書を作成する際の資料（前記Ｑ３参照）や診断書がない場合の代替の添付資料、その他補充資料として、カルテが必要となる場合があります。

カルテの開示請求は、一般には医療機関ごとに開示手続や費用について定めがあるので、その定めに従って開示請求をすることになります。

そのような定めを置いていない医療機関については、その医療機関に個別に開示の要請をすることになります。

仮に医療機関がカルテの開示に応じなかった場合は、厚労省医政局長通知「診療情報の提供等に関する指針の策定について」（平成15年９月12日。同22

年9月12日改正）あるいはこれをもとに日本医師会が会員に出している「診療情報の提供に関する指針〔第2版〕」（2002年）を示し、この指針で診療記録等の提供を医師が拒みうるとされている事由には当たらないことを説明して開示を求めることが考えられます。

さらに、個人情報保護法制に基づく開示請求（民間病院の場合は個人情報保護法28条、独立行政法人の場合は独立行政法人個人情報保護法12条、自治体病院の場合は該当する自治体の条例）を行うことが考えられます。民間病院については、任意代理人による開示請求が認められています（個人情報保護法32条3項、同施行令11条2号）。

判例上も医師は患者にカルテを開示する義務があるとされます（東京地判平成23・1・27判タ1367号212頁、福岡地判平成23・12・20WLJ2011WLJPCA12206003等）。

カルテは障害年金請求に不可欠の資料ですから、そのことを医療機関に説明し、必要に応じて法的な根拠を示しつつ、粘り強く開示を求めることになります。

Ⅲ 請求の仕方

 年金の請求書類の提出先（申請する窓口）はどこになりますか。

A

障害給付の年金請求書の提出先は、初診日に加入していた制度によって異なるのが建前ですが、いずれの障害年金でも日本年金機構の年金事務所に提出することが可能です。

初診日に国民年金の第1号被保険者だった場合は、住所地の市区町村の国民年金課に提出するのが原則ですが居住地近くの年金事務所に提出すること

もできます。初診日に国民年金第3号被保険者の場合は、年金事務所に提出します。

厚生年金の被保険者であった場合は、年金事務所に提出します。

Q10 年金の請求書類を提出したのですが、窓口が書類不備を理由に請求書を受理してくれません。どうしたらよいでしょうか。

A

請求書に記載漏れ等があったり、添付すべき書類（前記第6章参照）が添付されていない、期限が切れた書類が添付されているなどが理由で受理してもらえないのであれば、それらの記載漏れを補ったり、不足している書類を用意するなど、不備を補正して再度提出することが考えられます。

しかし、仮に不備な点の補正、補充が必要な場合でも、とにかくまずは申請書の受付をしたことは、窓口に認めさせるべきです。

時効が関係する事案では申請時期が重要ですし、事後重症請求でも、申請の月によって受給できる金額が変わる可能性があります。

本来、行政庁はどのように不備な書類であっても市民の申請権を尊重し、申請を受理する義務があるのです。

また、窓口担当者が「あなたの場合は年金支給決定がされる訳がない」などと決めつけて申請を受理しようとしない場合で、請求書を受理しない理由として書類不備を持ち出すケースもないとはいえません。

本来、「年金を受給できる要件を満たすか否か」を判断するのは裁定機関であって、窓口担当者ではありません。したがって、窓口担当者に「あなたの場合は年金支給決定がされる訳がない」などと決めつけられる筋合いはありません。しかし、実際には、窓口担当者が、自身の無知や、年金を請求しようとするのを断念させる目的で敢えてこのような対応をする場合もないとはいえません。

このような窓口の対応は違法であることは明らかです。東京高判平成22・

2・18判時2111号12頁（後記第9章判例19参照）において、受付担当職員が、受給資格のある者に対して受給資格がない旨の誤った教示をしたことについて不法行為の成立を肯定しています。

障害年金の裁定請求は行手法2条1項3号の定める「申請」であり、申請書を行政庁が受け付けないことは申請権の侵害です。同法7条が「行政庁は申請がその事務所に到達したとき」は「遅滞なく当該申請の審査を開始しなければならず」としています。

行手法は行政庁に原則として国民がなした申請を「受理する、しない」という権限や観念を認めていません（宇賀克也『行政手続3法の解説〔第2次改訂版〕』97頁参照）。申請が到達すれば、直ちに当該申請の審査を開始したうえで、申請書に不備があるなど当該申請が申請の形式上の要件に適合しない場合には補正を求める（審査を継続する）か、申請により求められた処分を拒否するかしなければならないという行政庁の応答義務を定めているのです（同法7条）。

したがって、質問のような対応をとられた場合は、不足する書類は何なのかの説明を書面でするよう求め、その書類を後に補正するので直ちに受理するよう強く求めるべきです。

Q11 年金請求にマイナンバーの記載は必要でしょうか。

A

原則として、個人番号（マイナンバー）記入欄に請求者本人のマイナンバーを記入することが必要となります。また、これに伴って、本人確認書類の提示も必要となります（ただし、住民票の提出があればマイナンバーの記載がなくとも受け付けられます）。本人確認書類の提示を求められる趣旨は、①提供されたマイナンバーが正しい番号であることを確認するとともに、②マイナンバーの提供を行う人が、マイナンバーの正しい持ち主であることを確認する

ことにあります。マイナンバーカードがある方の場合は、マイナンバーカードを提示すれば①②の双方を確認できるので、マイナンバーカードだけ提示すればよいことになります。マイナンバーカードがない方の場合は、①のための本人確認書類（マイナンバー通知カード、マイナンバーが記載された住民票等）と②の本人確認書類（運転免許証、パスポート、障害者手帳等）双方の提示が求められます。しかし、代理人による申請の場合、本人が携帯すべき大事な本人確認書類を借りることは本人の不利益にもなりますので、弁護士、社会保険労務士など専門資格を有する代理人による申請の場合は、柔軟に制度が運用されるべきです。

Ⅳ　請求の内容など

 特別支給の老齢厚生年金の障害者特例支給はどういう場合に支給されますか。

A

　現在、老齢厚生年金は、支給年齢が65歳に引き上げられる途上にあります。この65歳前に経過的に支給されている年金のことを特別支給の老齢厚生年金（特老厚）といいます。男子と第２号〜第４号厚生年金被保険者（前記第２章Ⅱ３参照）の女子は1961年４月１日生まれまで、第１号厚生年金被保険者の女子は1966年４月１日生まれまでの者がこの年金の支給対象者です。

　特老厚の障害者特例とは、通常、報酬比例部分だけが支給される者が、①厚生年金の被保険者ではないこと（退職している等）、②障害年金の３級以上の状態である（障害年金の受給権者に限らない）ことの二つの要件を満たせば、報酬比例部分に加えて、定額部分（65歳未満の対象配偶者がいれば特別加算を加えた加給年金：年額38万9800円（2017年度）も加算）もあわせて支給されるものです。障害厚生年金３級で、厚生年金加入期間が長めであれば、障害者

特例のほうが障害年金よりもかなり高くなることが多いです。障害厚生年金2級の場合も、初診日がかなり前の場合は、障害者特例の金額のほうが高くなることがあります。また、障害年金については、納付要件を満たさないなど受給権が得られない人も、障害者特例であれば、3級の程度であるというだけで支給されます。

　障害年金とこの障害者特例については、どちらかを選択受給することになります。選択にあたっては、以下を注意して、額面だけで比較しないようにします。障害者特例はあくまで老齢年金の特例なので、課税対象ですが、一方、第三者行為による最大3年間の支給停止や労災給付との支給調整はありません。障害者特例には厚生年金基金の加入期間がある人は基金からの支給がありますが、障害年金の受給の場合には基金からの支給が停止することもあります。これは基金の規約によりまちまちですので、基金に確認する必要があります。

　2014年4月までに3級の受給権が遡及して発生すれば、この障害者特例も同月までは遡及して支給されます。

　これまで1度も2級に認定されたことがない、3級で障害者特例受給中の人は、障害が悪化して、2級認定の可能性があると考えられるようになった場合には、65歳になる前に診断書を提出して、額改定請求（第6章Ⅷ4参照）をする必要があることに注意してください。障害者特例の場合は、障害年金は支給停止となっているため、有期認定の場合も障害状態確認届（第6章Ⅷ1参照）の提出を求められることがありません。つまり、日本年金機構から障害の程度の確認はなされないということです。そのため、自分から診断書を提出（額改定請求）し、2級の受給権を得ておかなければなりません。65歳を過ぎてしまうと、これまで1度も2級と認定されたことがない人には、額改定請求ができなくなります。

障害基礎年金と障害厚生年金との同時申請は可能でしょうか。

A

(1) 初診日が厚生年金に加入していた期間にある場合

初診日に厚生年金に加入していた者については、障害基礎年金（いわゆる1階部分）と障害厚生年金（いわゆる2階部分）の双方を受給する余地がありますが、この請求は両者を同時に請求し、同一の認定機関が障害の程度の認定を行います。請求書類も「年金請求書（国民年金・厚生年金保険障害給付）」の1枚の請求書を出せば両方請求したことになります。

(2) 初診日が厚生年金に加入していた期間にない可能性もある場合

一方、初診日と認定される可能性がある日が、①国民年金だけに加入していた日と②厚生年金にも加入していた日と2つある場合には別途検討が必要です。

この場合、②の日を初診日であるとして、前記(1)と同様に、「年金請求書（国民年金・厚生年金保険障害給付）」の1枚の請求書だけを出すことが考えられます。しかし、この場合だと、裁定手続において初診日が②の日ではないとして、不支給決定がなされると、不服申立てを行ってもその間一切障害年金が支給されないことになります。

そこで、②の日を初診日であるとした「年金請求書（国民年金・厚生年金保険障害給付）」による請求と、①の日を初診日であるとした「年金請求書（国民年金障害基礎年金）」による請求の二つを同時に行うことが考えられます。このような2本立ての請求を同時に行えば、前者の審査をまず行ってもらい、これに対する不支給決定が出たら、不服申立てをする一方で、後者の請求に対する審査を同時並行的に行ってもらえるので、前者の不服申立てに対する結果が出る前に、後者の請求に対して支給決定が出て、とりあえず障害基礎年金だけは確保するということが可能になるのです。

この(2)で述べた意味での同時申請は、従前は認めないというような運用を

していた年金事務所もありました。しかし、2015年11月に厚労省年金局事業管理課年金係は、この意味での同時請求を認める見解を明らかにしました。そして、2016年4月版の「厚生年金事務の手引き」においても、「年金請求書の受付・点検」(5頁)に「同時請求」の項目が設けられ、「障害厚生年金と同時請求している年金がある場合は、請求書名の下に『〇〇年金同時請求』と朱書して下さい。同時請求している年金が障害基礎年金の場合は、審査終了後、決定(入力)前に機構本部障害年金業務部障害年金第2グループまでご連絡ください」と明記されており、同時請求が可能であることが当然の前提とされています。

Q14 65歳を過ぎたら障害年金の請求はできませんか。

A

一般に、年金事務所の窓口でも65歳を過ぎたら、障害年金の請求ができません、と言われることが多いものです。しかし、確かにケースとしては多くはないですが、65歳を過ぎていても、障害年金の受給権が得られることがあります。

65歳以降でも請求できる場合は次のとおりです(老齢年金の繰上げをしている場合は前記第6章Ⅰ1(4)参照)。

① 初診日が65歳(誕生日の前日)前までにあり、障害認定日(初診日から1年半後の日またはその前の症状固定日)における障害の状態が年金支給程度である場合は、請求がいつになっても障害年金の受給権が発生します。障害認定日は65歳を過ぎても大丈夫です。なお、初診日において、厚生年金加入中であれば、障害厚生年金の対象となります。

② 前からの傷病と後発の傷病をあわせた障害の程度が、65歳前に、初めて2級または1級になった場合には、65歳以降も障害年金の請求ができます。この場合は、実際の支給は請求日の翌月からです。

③　65歳以降の初診日で受給権が発生するのは以下の場合で、かつ、障害認定日（初診日から１年半後の日またはその前の症状固定日）における障害の状態が年金支給程度である場合は、障害年金の受給権が発生します。

 ⓐ　初診日において国民年金の任意加入者であったとき　65歳以降の国民年金任意加入とは、65歳までの保険料納付・免除期間では、老齢基礎年金の受給資格期間（120月、2017年７月までは300月）に達していない70歳未満の人が受給資格期間に達するまで加入できるものです。

 ⓑ　初診日において国民年金第２号被保険者であったとき　老齢基礎年金の受給期間を満たさない厚生年金加入者

 ⓒ　初診日において厚生年金にだけ加入していた（国民年金第２号被保険者でない）場合　ただし、この場合は２級以上となっても障害厚生年金だけの支給です。

 なお、この③の場合には、納付要件について直近１年要件の適用はなく（国年改正法附則（昭和60年法律第34号）20条１項）、本来の３分の２要件を満たしていなければなりません。

④　1986年３月までに初診日があり、その初診日で旧法における国民年金の納付要件を満たし、かつ、1986年３月までに障害の程度が２級以上であると認定された場合には、65歳以降も国民年金の障害年金の受給権が発生します。ただ、この場合は、旧国年法に基づく障害年金となり、障害認定基準も旧法のものが適用されますので、受給可能性があるかどうかは旧国年法の障害認定基準を参照しなければなりません。

Q15　事後重症請求の年金を受けている人が障害認定日請求をすることは可能でしょうか。

A

事後重症請求手続（前記第２章Ⅴ参照）によって障害年金の受給権を得た後に、障害認定日請求（同章Ⅳ参照）をすることは可能です。

この請求を行う場合に提出が求められる書類としては次のものがあります（厚生年金事務の手引き10頁）。

① 年金請求書（障害給付の請求事由欄「１」が○で囲まれているもの）
② 障害認定日の診断書（直近の診断書は不要）
③ 加算対象者がいる場合は、生計維持を証明する資料
④ 年金証書（事後重症による請求分）の写し
⑤ 取下書
⑥ 前回請求時から今回請求までの病歴
⑦ 前回請求時に事後重症請求とした理由が矛盾している場合にはその理由を説明する文書

このうち、⑤の取下書とは、今回行う障害認定日請求によって障害年金の受給権が認められた場合には、従前の事後重症請求の障害年金受給権を取り下げるという「条件付き取下書」ですから、この障害認定日請求をしたことで、直ちに、すでに得ている事後重症請求の障害年金の受給権が消滅するものではありません。

ただし、条件付きとはいえ、あらかじめ個人の重要な社会保障の権利の取下げを求める運用は疑問であり、行政庁側が後日のトラブルを避けたい趣旨としても、「この点の説明〔認定日請求年金が支給されれば事後重症年金受給権は消滅する〕を受けて理解しました」という程度の書面にするべきです。

また、⑦についても、本来は障害認定日請求が可能である事案において窓口職員から、事後重症しか申請できないと言われたとか十分な説明がなされずによく理解できないまま事後重症請求して後日認定日請求が可能であると気づいた等の事例は少なくありません。また、「理由が矛盾」とは誰がどう評価するかによりますので、どの場合に提出が求められるのか、客観的指標がありません。本人救済の趣旨も含めて当該理由説明を求めているならば、「前回は事後重症請求とした理由」程度の表題とすべきでしょう。

以上を踏まえれば、少なくとも⑤と⑦は任意提出の扱いと理解すべきでしょう。

障害基礎年金を受給中ですが、同じ傷病について障害厚生年金への裁定替えを求めることはできますか。

可能です。これは、国民年金加入中に初診日があるとして障害基礎年金の裁定請求をして受給権を得た人が、よくよく治療歴や因果関係を検討し、新たな根拠資料を提出すること等により、初診日が厚生年金加入中にあるとして、同一傷病で障害厚生年金（および障害基礎年金）の請求をすることです（後記第9章判例21）。この結果、障害厚生年金（および障害基礎年金）の受給権が発生すれば、前に裁定された障害基礎年金の受給権は取り消されることになります。これを実務上、障害基礎年金から障害厚生年金の裁定替えと呼んでいます。

この場合、実務上、注意しなければならないことは次のとおりです。

① 後記第9章判例21でも判断の根拠となっていますが、裁定替えを求めるには、既裁定の障害年金の請求時には予想し得なかった状況の変化が必要となります。これは、当時は確認できなかった新たな資料が判明したり、行政の事務処理誤りが明確になったり、法令の運用等に変更があったりした場合等が考えられます。

② 障害基礎年金の裁定処分に瑕疵がある場合すなわち行政の信義則違反や行政の事務処理誤り等により障害基礎年金の裁定が行われた場合を除いて、障害厚生年金の裁定日が、障害基礎年金の裁定日とみなされることはありません。そのため、たとえば、障害厚生年金（および障害基礎年金）が事後重症請求である場合は、請求月までの障害基礎年金の返金が求められることになります。返金は通常、5年以内での分割も可能で、支給される毎回の障害厚生年金（および障害基礎年金）の一部を返納に充てることができます。また、返金対象は最大5年分です（会計法30条）。そのため、たとえば、障害基礎年金2級を5年以上受給していても、障害厚生年金（および障害基礎年金）2級の障害認定日が5年以上前である

場合には、逆に5年分の差額分が支給されることになります。

 障害年金の権利は何年か経過すると時効で消滅しますか。

障害年金の受給権の消滅時効は5年と規定されています（国年法102条1項、厚年法92条1項）。

しかし、行政の運用上この規定の適用は緩和されています。

(1) 消滅時効

消滅時効とは権利を行使しない期間が継続した場合に当該権利を消滅させる制度です。

(2) 一般の債権の消滅時効期間

一般の債権の消滅時効期間は10年間です（民法167条1項）。

(3) 公法上の債権の消滅時効期間

しかし上記(2)は、私人と私人の間の民事債権に関する規定です。障害年金は公法上の債権です。「公法」という一般法はありませんが、国に対する債権は会計法30条により5年間（地方公共団体に対する債権の時効期間も地方自治法236条1項により5年間）とされています。

しかし、会計法は「時効に関し他の法律に規定がないものは」としており、特に当該権利に関して消滅時効の規定があればそれが優先されます。

(4) 障害年金の時効期間の規定

そして、国年法102条は「1項　年金給付を受ける権利（当該権利に基づき支払期月ごとに又は一時金として支払うものとされる給付の支給を受ける権利を含む。第3項において同じ。）は、その支給事由が生じた日から5年を経過したときは、時効によって、消滅する」とします。

また、同条3項は「給付を受ける権利については、会計法31条の規定を適用しない」としています。厚年法92条1項にも同様の規定があります。

上記の法律により障害年金について適用が除外されることとなった会計法31条１項は「金銭の給付を目的とする国の権利の時効による消滅については、別段の規定がないときは、時効の援用を要せず、また、その利益を放棄することができないものとする。国に対する権利で、金銭の給付を目的とするものについても、また同様とする」としています。

　つまり、一般に公法上の債権・債務は特段「時効の援用」を経ることなく、時間の経過とともに自然と時効消滅するものと解されていましたが、法改正により、国による「時効援用」がなければ、時効消滅することはないこととされました。

　この法の改正の趣旨自体は、年金記録の不備等を契機としたものですが、何かしらの事情があって年金受給権を時効消滅させることが酷な事案については、仮に５年が経過していても、直ちに諦める必要がないといえます（後述）。

　なお、国年法上の死亡一時金に関しての消滅時効期間は２年間とされています（同法102条４項）。

(5) 障害年金受給権の時効の起算点はいつか

　一般の民事債権の時効の起算点は民法166条１項により「消滅時効は、権利を行使することができる時から進行する」とされ、「権利行使可能時点」から時効の進行が開始します。

　一般に権利者保護の観点から、近時の判例は、この権利行使可能時点を柔軟に解釈する傾向にあります。

　たとえば最判平成６・１・22民集48巻２号441頁は、じん肺による損害賠償請求の起算点について、「権利を行使することを現実に期待または要求することが出来る時期」とし、行政上の決定を受けてじん肺に罹患したことがわかったときを起算点としています。

　この点、障害基礎年金の時効期間の起算点については、「支給事由が生じた日から」（国年法102条）と明文で規定されているところから、「（後から見れば）支給事由が客観的に発生していた日」と解すると、時効消滅が早まっ

てしまうこともあり、行政運用上の一定の取扱いや司法や学説上もさまざまな解釈が示されています。

(6) 基本権と支分権

年金のように定期的に支給される権利は、当該支給期間ごと（実務上の支払月は偶数月）の給付に関する支分権と、その人が当該年金を受ける地位にあることが公的に確定される基本権に分けて考えることができます。

最判平成7・11・7民集49巻9号2829頁は訴訟承継に関する事案ですが、判決文の中で「同〔国民年金——筆者注〕法16条は、給付を受ける権利は、受給権者の請求に基づき社会保険庁長官が裁定するものとしているが、これは、画一公平な処理により無用の紛争を防止し、給付の法的確実性を担保するため、その権利の発生要件の存否や金額等につき同長官が公権的に確認するのが相当であるとの見地から、基本権たる受給権について、同長官による裁定を受けて初めて年金の支給が可能となる旨を明らかにしたものである」とし、他方、同法19条の未支給年金は「支分権たる請求権」として、取扱いを異にしています。

(7) 支分権の消滅時効の法規定

いわゆる消えた年金記録問題を契機に「年金時効特例法」（厚生年金保険の保険給付及び国民年金の給付に係る時効の特例等に関する法律（平成19年法律第111号））が2007年7月6日から施行されています。

この法の施行に伴い、国年法102条の消滅時効の対象に明文として、支分権も含まれるようになりました（それまで一般的には、同法の5年間の消滅時効の対象は基本権と考えられてきました）。

そのため、障害基礎年金の支分権の消滅時効の起算点は「支給事由が生じた日」となります。東京地判平成22・11・12賃社1541号16頁もこの旨判示しています。

ただし、この場合の「支給事由が生じた日」についても解釈上の争いがあり得ます。

まず、基本権に関して「支給事由が生じた日」は、障害基礎年金について

は、障害認定日（20歳前障害年金については原則として20歳到達日、事後重症については請求日）と考えることができます。

他方、基本権に関しても、権利行使可能時（民法166条1項）が時効起算点であり、裁定がなされたときまたは裁定が請求者に届いた時から時効が進行すると解する説が考えられます。基本権の裁定がなければ年金が支給されることはあり得ないこと、近時の判例も、民法166条1項の権利行使可能時を柔軟に解釈することにより請求者の権利を保護する傾向があることなどが根拠として考えられます。ただし、この説は、国年法102条1項が消滅時効起算点を「支給事由が生じた日」と明文で規定されていることの意味がなくなること、裁定請求をしなければ永遠に基本権が時効消滅しないという解釈は不合理であること等から解釈上の難点があることは否定できません（堀勝洋『年金保険法〔第3版〕』336頁）。

(8) 2007年改正前の支分権の時効に関する判例・学説状況

これは、「権利行使可能時」の解釈をめぐるものです。

まず、支払期の月ごとに時効起算の起算点が到来するという説があります（支払期ごと説）。

東京高判平成23・4・20裁判所HPがこの立場です。学説上も有力でした（岩村正明『社会保障法Ⅰ』109頁等）。大阪地判平成28・2・10判例集未登載とその結論を維持した大阪高判平成28・7・21LEX/DB25448489も、「裁定は確認行為であって、基本権は、法の定める要件の充足という客観的な事実に基づいて、上記要件を充足した時点において当然に発生し、支分権も、基本権が発生した（年金を支給すべき事由が生じた）月の翌月以降の各支払期の到来によって順次発生するものと解すべきである。

したがって、支分権については、各支払期の到来時が『権利を行使することができる時』であり、各支払期月の翌月の初日が消滅時効の起算点となると解すべきである」と判示し、裁定請求をしているかは時効進行に影響がないと判断しています。

次に、裁定が受給者に通知された時点説があります。

名古屋高判平成24・4・20判例集未登載は、基本権について裁定を受けない限り支分権を行使できない以上、裁定を受けるまでは支分権はいまだ具体化していないとして、裁定が受給権者に通知された時点を支分権の起算点としました。

この立場に立てば、いまだ裁定がない事案において、毎月発生する過去の年金は、支分権として、過去5年を超えて、何年間でも遡及して支払われる可能性があります。

この判例に対しては、嵩さやか「公的年金支分権の消滅時効の起算点」ジュリスト1467号102頁等、批判的な学説も有力です。

この学説は、上記判例の理論的な問題点および現在の行政実務が後述する「基本権の時効を援用せず、支分権については過去5年分の支給を認める」という請求者側に有利でもある一般的な行政の取扱いとの乖離等を指摘しています。

(9) 2007年法改正以降の支分権の消滅時効起算点に関する解釈

では、2007年の法改正以降、支分権の時効起算点はどう考えるべきでしょうか。なかなかの難問です。

確かに、支分権の時効起算点についても明文で「支給事由が生じた日」と規定されています。

しかし、たとえば、20歳前障害による障害基礎年金において、客観的には20歳時点に年金受給権の基本権が生じていた事案において、裁定が24歳11カ月であった場合、20歳の支給事由が生じた日から5年間で年金が時効消滅するならば、支分権は最後の2カ月分しか支給されないという酷な結論となり、不合理です。

そのため、純客観的に支給事由が存在していた日と考えるのではなく、民法166条1項の権利行使可能時として、支払日（具体的には偶数月の15日）を支分権の起算点と解するべきと考える有力説があります。

この考えはさらに、支分権についても、基本権の裁定がなければ年金を受給できない以上、「裁定が行われた後の」支払日と解するべきとします。

なぜならば、「裁定がないうちに年金の支分権の時効期間が進行を開始するとは考えられない」(加茂『裁決による社会保険法〔第2版〕』101頁) からです。この説は、裁定請求以前5年分の支給がなされていることは、基本権の時効を援用しないかわりの行政当局による運用上の一般措置であると解しています。

しかし、東京地判平成22・11・12賃社1541号16頁は、国年法上の受給権の支分権時効について「裁定前の年金の支給を受ける権利(支分権)については、受給権についての裁定請求をして行政庁の裁定を受けない限り、現実にその支給を受けることはできないが、そのような障害は受給権者において裁定請求をしさえすれば除くことができるものということができるから、たとえ受給権についての裁定請求がされず行政庁の裁定がされていないとしても、その消滅時効の進行を止めるものではないというべきである」として、裁定を受けていないことを支分権時効の進行を妨げる事由として認めませんでした。旧法適用事案とはいえ、最近の時効特例法も視野に入れた大阪高判平成28・7・21LEX/DB25448489もあり、最近の判例上は、裁定請求が行われたか否かとは関係なく、事後的客観的にみて支給事由が発生していたとされる時から時効は進行する考えが優勢でした。そうした状況下で最判平成29・10・17裁判所HPは障害厚生年金の支分権消滅時効の起算点に関し「裁定を受ける前であっても法定の支払期が到来した時」とし、裁定を受けているかは関係がないものと判示し、この論点に関して後者の立場に立つことを明らかにしました。

⑽ 過去5年分の支給に関する実務運用イメージ

上記したとおり、障害年金につき受給権発生事由が生じてから5年を経過してから裁定請求された事案であっても、国は、基本権の消滅時効を主張することなく、実際の請求時点から過去5年分の支分権相当部分の支払いを認めています。

認定日が5年以上前である事案で認定日請求を行った場合の実務上の支払運用イメージ例は次のようなものです。

① 認定日　2008年6月
② 裁定請求日　2017年3月
③ 時効にかかる月　認定日翌月分から2012年1月分まで
④ 時効起算日　2012年5月1日
⑤ 時効完成日　2017年4月30日

新法では、年金支払期月は偶数月となっています（国年法18条3項および厚年法36条3項）。この取扱いは、運用上の便宜的な取扱いであるため時効起算日は翌月の初日と考えるべきです。その結果、時効の完成は5年後の2017年4月30日となります。つまり、2017年4月30日までに請求を行えば時効にかからない2012年4月15日に支払われる年金については受領できます。

4月15日に支払われる年金は2月分と3月分であることから、実質的には2012年1月分以前が時効にかかるという解釈になります。また、裁定請求が2017年4月であったとしても同様の取扱いになります。

(11) 支分権に関する時効援用に関する通達

2007年の時効特例法施行前は、会計法の定める公法上の債権の一般原則により、時効援用を要せずして期間の経過により時効消滅するというのが行政の立場でした。

2007年の特例法により、記録漏れの訂正がなされたうえで裁定が行われた事案については、行政庁による時効援用がない限り時効消滅しないことになりました。

2012年9月7日厚労省は日本年金機構に対してこの点の通知を発しています（2007年管発0907第6号）。

この別紙で、国が時効を援用しないで5年以上遡って年金を支給する場合の「時効処理認定基準」（時効援用しない事務処理誤りに係る認定基準）8項目を定めています。

「1　受付時の書類管理誤り」、「4　入力誤り」など、多くは事務処理の杜撰により請求者に不利益が生じた事案などです。

本書を手に取る読者として注目しておくべきは2と7です。

2は「確認又は決定誤り」です。

この通知は日本年金機構HPで閲覧できますので、詳しくは各自で確認していただきたいのですが、「受給要件に係る事実関係の誤認、又は法令等の適用誤りに基づく誤った行政処分が行われた等の事実が確認できる場合」などの説明があります。

弁護士に持ち込まれる事案では、行政庁による事実誤認、法令解釈の誤り等を検討すべき事案が少なくないはずですので、事案を検討のうえ、これらの基準に該当することを理由として行政に対して個人救済を求めていくという活動のやり方も考えられます。

また、7は「説明誤り」で、窓口や電話等での制度の誤った説明や説明漏れがあった場合です。日本年金機構や市町村窓口での誤った説明、不適切な説明により本来受けられるべき年金が受けられない事案は少なくありませんので、この基準に該当することを理由に行政に救済を求めることも有力な折衝方法となります。

⑿ 確定判決により認められた年金受給権

民法174条の2第1項「確定判決によって確定した権利については、10年より短い時効期間の定めがあるものであっても、その時効期間は、10年とする」により、確定判決により認定された年金受給権の消滅時効期間は10年間とされます。

Ⅴ その他

 同じ原因による交通事故の損害賠償や他制度からの給付と障害年金などとの調整について教えてください。

障害年金給付と交通事故損害賠償金との併給調整は、交通事故損害賠償実

務でも問題になるため、多くの弁護士にはある程度おなじみの論点です（公益財団法人日弁連交通事故相談センター東京支部『民事交通事故訴訟 損害賠償額算定基準〔2017年版〕』（通称「赤い本」）245頁以下「損益相殺・損害の塡補等」参照）が、調整の対象となる損害の性質や、期間は限定されているので注意が必要です。交通事故等第三者による障害において、相手側から損害賠償を受けられるときは、事故発生日から最大で3年分の障害年金の支給が停止されます。

障害年金給付と労災給付については労働者災害補償保険法14条2項が「休業補償給付を受ける労働者が同一の事由について……障害厚生年金又は……障害基礎年金を受けることができるときは、当該労働者に支給する休業補償給付の額は、……」とし、「同法別表第1」の定める率より算出された額が給付されることになります。

雇用保険の基本手当は失業者に90日〜360日間支給されますが、求職の申込みをした後に、傷病のため就職できないときに、基本手当に代えて、傷病手当が支給されます。

障害年金受給者が雇用保険法上の失業に当たれば基本手当は受給できますし、その代替給付である傷病手当についても併給調整されることなく、受給できます。

労働災害ではない理由で療養のため労務に服することができない健康保険被保険者には1年6カ月を限度として傷病手当金が支給されることは知られています。

まず、障害厚生年金受給者が同一傷病により傷病手当金を受給しようとしても、障害厚生年金が優先され傷病手当金は支給停止されます。ただし、障害厚生年金額を360で除した額が傷病手当金の1日額より少ない場合は差額が支給されます。

初診日が国民年金加入中にある障害基礎年金と傷病手当金は同一傷病であっても調整されずに両者が支給されます。

厚生年金保険の障害手当金と傷病手当金との関係については、同一の傷病

に基づく場合は、年金保険による障害手当金が優先支給されます。

　障害厚生年金（および同一の支給事由により障害基礎年金）と傷病手当金の支給事由が別の傷病であれば、併給調整の対象でなく、両者が支給されます。

　障害年金の児童扶養手当の併給については、まさに堀木訴訟で争われた点ですが、現行の取扱いとしては、以下のとおりです。年金の受給者自身が児童扶養手当の受給者である（一人親などの）場合は、2014年11月以前は年金の子の加算が支給され児童扶養手当の支給はなく、2014年12月以降は子加算よりも児童扶養手当のほうが高い場合は、その差額が児童扶養手当として支給されます。障害年金受給者の配偶者に児童扶養手当が支給される場合は、2011年4月以降は子ごとに年金の子加算か児童扶養手当の高いほうを選択することになり、2014年12月以降は年金の子加算が支給され、子ごとに児童扶養手当のほうが高い場合は差額分の児童扶養手当が支給されます。

 覚せい剤利用者も障害年金が受給できますか。自殺（未遂）により障害を負った場合はどうですか。

A

1　全面的給付制限

　国年法69条は、「故意に障害又はその直接の原因となつた事故を生じさせた者の当該障害については、これを支給事由とする障害基礎年金は、支給しない」と定めています。厚年法73条も同様です。

　一般に、保険制度においては、故意に事故を起こした者には、保険金は給付されません。現行の障害年金はあくまでも保険制度なので、故意に障害を生じさせても障害年金は支給されません。火災保険金目当てで放火をした人に、火災保険が出ないのと同じことです。

　ここでいう「故意に障害又はその直接の原因となつた事故を生じさせ」るというのは、障害年金を得ることを目的に、意図的に障害状態を作り出すことをいうと考えられます。

覚せい剤が健康に悪影響を及ぼすことはわかりきったことではあるでしょうが、かといって、障害者となって障害年金を取得することを狙って覚せい剤を使うわけでもないでしょう。したがって、覚せい剤を使った結果、精神障害を生じたとしても、「故意に障害又はその直接の原因となつた事故を生じさせた」とはいえず、これらの条文を根拠とした給付制限にはかかりません。

　自殺を試みて未遂に終わったものの、結果として障害状態となった場合はどうでしょうか。この場合も、「故意に障害又はその直接の原因となつた事故を生じさせた」とはいえません。本人は自殺しようとしたのであって、障害者になって年金をもらおうと意図したわけではないからです。

2　部分的・任意的給付制限

　給付制限については、もう一つ別の規定があります。国年法70条は、「故意の犯罪行為若しくは重大な過失により、又は正当な理由がなくて療養に関する指示に従わないことにより、障害若しくはその原因となつた事故を生じさせ、又は障害の程度を増進させた者の当該障害については、これを支給事由とする給付は、その全部又は一部を行わないことができる」と定めています。厚年法73条の2も同様です。

　国年法69条、厚年法73条の給付制限が全面的なものであるのに対し、国年法70条、厚年法73条の2は、部分的かつ任意的な制限です。

　「正当な理由がなくて療養に関する指示に従わないことにより、障害を生じさせた者」が含まれていることからもわかるように、こちらの給付制限は、障害年金を得ることを意図したとまではいえないものの、社会通念に照らして障害年金を満額支給することがためらわれるようなケースを想定したものです。極端な不摂生をしておきながら障害年金を受給するということを放置すると、モラルハザードが起きるおそれがあるため、一部または全部の支給を制限することもできることにしたものと考えられます。

　覚せい剤の使用は故意の犯罪行為なので、これによって障害状態となった場合は、こちらの給付制限にかかる可能性があります。覚せい剤を使うようなことをしておきながら、障害年金を給付することは社会通念上許容でき

のかという問題意識です。

　もっとも、覚せい剤の使用の場合に障害年金を受給する余地が全くないというわけではありません。

　1964（昭和39）年4月22日の第46回国会衆議院社会労働委員会における質疑で、社会保険庁年金保険部福祉年金課長は、「麻薬あるいはアルコール、そういうことに基因する中毒性精神病は（障害年金の給付の）対象にいたします」と答弁しています。

　また、平成18年1月31日付平成16年（国）第139号障害基礎年金不支給裁定取消再審査請求事件でも、「暴力団員が若い女性をその支配下に置くために半ば強制的に覚せい剤依存の状態に陥らせることがままあることは広く知られた事実である」として、障害年金を不支給とした原処分を取り消しています。この裁決の論旨はわかりにくいのですが、この事案では国年法69条の故意があるとはいえず、かつ、国年法70条による給付制限の対象にもならないと判断したものと思われます。

3　裁量権の問題

　国年法70条、厚年法73条の2は任意的な支給制限規定ですから、故意の犯罪行為により障害を生じさせた等の場合であっても、すべて給付制限の対象となるわけではありません。どの程度の犯罪に対してどの程度の給付制限をかけるかについては、一定の裁量に委ねられるでしょうが、裁量権の範囲にもおのずと制約があると考えられます。

　つまり、覚せい剤の自己使用の後遺障害について、国年法69条、厚年法73条によって不支給裁定が行われた場合は法令の解釈に誤りがあり、国年法70条、厚年法73条の2によって不支給裁定が行われた場合は裁量権の逸脱の有無を問題とする余地があるということです。

　今のところ、この点に関する判例は見当たりませんが、薬物使用で障害を発生させた人は少なからず存在するはずであり、今後、給付制限のあり方について問題が顕在化する可能性は高いと思われます。

第8章

障害年金に関する裁決例

Chapter 8

I　厚労省からの裁決例の入手

　社会保険審査会による裁決は、行政機関による判断であり司法を拘束するものではないが、実務上の考えを知るうえで参考になる。以下、その入手方法について紹介する。

　国が公開または情報公開請求にて開示している裁決例は、平成19年版以降、すべての日付および一部の傷病名、検査数値、診断書内容、就労状況などがマスキングされていて、事案を把握することは困難な場合があるが、それでも、障害の程度認定等についての裁決の傾向を知るうえでは有用な場合がある。

　社会保険審査会がホームページで公表している裁決例として、障害厚生年金、障害基礎年金をあわせて50事例程度が掲載されている。

　社会保険審査会裁決集は、平成14年版までは書籍化され、市販されていた。平成15年版からは、市販はされていないが、社会保険審査官による決定の標準化を図るうえからも、同審査会事務局（審査調整室）で作成され、配布されている。厚労省に対する行政文書開示請求で入手するほか、行政文書情報販売店のホームページにて有料で入手できる。

　なお、平成3年版から最新版までは、国会図書館に所蔵されている。加除式のものは、1976（昭和51）年刊行のものから保存されている。また、同様に厚労省図書館（霞が関本省19階）にも所蔵されている。ここでは貸出不可でコピーのみ可能である。

　社会保険審査会の事務局である社会保険審査調整室（03-3595-2554）では、過去の裁決集の貸出をしている。貸出期間は1カ月である。

II　行政文書の開示請求による裁決書の入手

　個々の裁決に付されている事件番号がわかれば、行政文書の開示請求により、裁決書の写しを入手できる。ただし、前記Ⅰと同様、日付や診断書記載内容など多くの箇所がマスキングされている。この非開示について、不服申立て（審査請求）をしても、結果は、裁定請求日や裁定日等の日付が開示される程度で、初診日等受診状況にかかわる日付や診断にかかわる情報が開示されることはほぼなく、有益さに大きな違いはない。

III　書籍による裁決例の入手

以下の書籍にて、裁決例を確認できる。
① 　加茂紀久男『裁決例による社会保険法〔第2版〕』
② 　安部敬太＝坂田新悟＝吉野千賀編『障害年金　審査請求・再審査請求事例集』

第9章

障害年金に関する裁判例

Chapter 9

I　初診日

判例 1　「初診日」の定義を示した最高裁の基本判例

最判平成20・10・10判時2027号3頁・判タ1285号57頁・裁判所HP

この判例のここがポイント

① 最高裁が初めて「初診日」の定義を示した。
② 20歳前障害基礎年金において、統合失調症のような発症してから受診するまで時間がかかる疾病の場合、20歳前に「発症」していることが証明されれば、「受診」を厳格に問う必要がないという原審の判断（拡張解釈説）を最高裁が否定したこと。すなわち、医療機関の受診が初診日要件には必須であることを示した。

問題となった障害年金要件または主要論点

初診日

事案の概要

国年法上、大学生の加入が任意であった当時、21歳で統合失調症の診断を受けた原告が障害基礎年金の裁定請求をしたところ、初めて診断を受けた日に20歳を過ぎていたことを理由として、無拠出制年金は棄却され、21歳の初診日当時年金に加入していなかったことから、拠出制年金も棄却された。

判例の重要な部分

　国民年金法30条1項は、いわゆる拠出制の障害基礎年金支給要件として、障害の原因となった疾病又は負傷及びこれらに起因する疾病について初めて医師又は歯科医師（以下「医師等」という。）の診療を受けた日において被保険者であることなどを定めている。そして、同項は、疾病又は負傷及びこれらに起因する疾病について初めて医師等の診療を受けた日をもって

「初診日」という旨規定しており、20歳前障害基礎年金の支給要件を定めた同法30条の4にいう「その初診日において20歳未満であった者」とは、その疾病又は負傷及びこれらに起因する疾病について初めて医師等の診療を受けた日において20歳未満であった者をいうものであることは、その文理上明らかである。

上記のとおり、国民年金法は、発症日ではなく初診日を基準として障害基礎年金の支給要件を定めているのであるが、これは、国民年金事業を管掌する政府において個々の傷病につき発症日を的確に認定するに足りる資料を有しないことにかんがみ、医学的見地から裁定機関の認定判断の客観性を担保するとともに、その認定判断が画一的かつ公平なものとなるよう、当該傷病につき医師等の診療を受けた日をもって障害基礎年金の支給に係る規定の適用範囲を画することとしたものであると解される。

原審は、統合失調症について、発症から医師の診療を受けるに至るまでの期間が長期化しがちであるという特質があることなどを理由として、統合失調症を発症し医師の診療を必要とする状態に至った時点において20歳未満であったことが、医師の事後的診断等により医学的に確認できた者については、初診日要件を満たすものと解するのが相当であるとするのであるが、このような解釈は、前記各条項の文理に反するものであり、また、国民年金法が画一的かつ公平な判断のために当該傷病につき医師等の診療を受けた日をもって障害基礎年金の支給に係る規定の適用範囲を画することとした前記の立法趣旨に照らしても、採用することができない。

解説

この事件はいわゆる学生無年金訴訟の事件の一つである。同訴訟の主要テーマは、1985年改正前の国年法が学生を任意加入としていたことにより在学中の障害を理由とする年金が認められないことは憲法25条・14条等に反するとの主張であるが、この点は、最判平成19・9・28民集61巻6号2345頁が否定している。本事件で原告も同様の主張をしているが、本解説ではその点

は割愛する。

　本判決は、初診日の定義を最高裁が初めて示したもので年金実務上極めて重要である。

　そして、本件第1審の東京地判平成17・10・27裁判所HPおよび原審の東京高判平成18・11・29裁判所HPは、統合失調症の特性に鑑みて、初診日の「受診」を厳格に問わない、拡張解釈を認めて原告に20歳前障害基礎年金を認めていたが、最高裁は上記判旨により否定した。

　しかし、本判決の今井功裁判官の反対意見には傾聴すべき点がある。

　すなわち、同反対意見は、「拠出制年金についても、被保険者である者が疾病等により障害を負って稼得能力を失った場合にこれを保険事故として補償するのが保険制度の本来の在り方であると考えられるが、特に、20歳前障害基礎年金については、社会福祉原理に基づく給付という性格にかんがみ、20歳未満の者が疾病等により障害を負って稼得能力を失った場合に一定の給付をするのが制度本来の在り方であるということができ、これによれば、給付をするか否かの基準時としては、疾病についていえば、発病時を基準にして支給要件を定めるのが相当であると考えられる」。したがって、「統合失調症の特殊性からすれば、発病の時期と初めて医師の診療を受ける時期との間には、相当の時間の差があり、一般の疾病と同様に、初診日を基準として、受給要件を定めることには、医学的な根拠を欠くといわざるを得ず、初診日要件を厳格に遵守する結果、制度の趣旨に沿わない場合が生ずることは否定できない。特に社会福祉原理に基づく無拠出制の年金については、発病の時期が20歳前であることが事後的にではあっても医学的に確定できれば、支給要件を満たしたとすることには十分な合理性がある」としている。

　法制度の本質と統合失調症の障害特性を考慮した的確な論旨というべきである。とはいえ、最高裁判決の多数意見で否定されている以上、司法実務としては多数意見に依拠せざるを得ないが、この反対意見は示唆に富み、現行法の改正の方向性や解釈については参照されるべき意見である。

判例 2 20歳後の受診を「20歳前初診日」と判断した裁判例

仙台高判平成19・2・26判タ1248号130頁・裁判所HP

この判例のここがポイント

20歳前障害基礎年金受給要件である20歳前初診日要件について、あくまで20歳前に診療を受けていることが支給要件としながら、「20歳後の初診日」であっても、一定の要件が存在する場合に限って「20歳前初診日」と同一視できるとしたうえ、20歳前障害基礎年金の受給要件の充足を認めて社会保険庁長官の不支給処分を取り消した。

問題となった障害年金要件または主要論点

初診日

事案の概要

大学生活を過ごしていた時に統合失調症の診断を受けた第1審原告（受診当時20歳と1カ月半）が、受診から16年余り経過した後に20歳前障害基礎年金の裁定請求をしたが、20歳前に診察を受けていないことを理由に不支給処分を受けたため、社会保険庁長官に対し、20歳前に統合失調症を発症し初診日が20歳前にあったと解すべきであるとして、不支給処分の取消しを求めた。

判例の重要な部分

国年法において、「無拠出制である20歳前障害基礎年金の支給要件とされている『20歳前初診日』の解釈については、被保険者が20歳前に診療を受けていることが支給要件である……もっとも……、全ての事案において、『20歳前初診日』原則を機械的または形式的に解釈し、これに適合しない事案においては、支給要件を充足していないものとして、救済を一律的に排除するのも相当ではなく、『20歳後の初診日』であっても審査機関の判断の統一性、公平性の趣旨を没却しない場合には、『20歳前初診日』の要

件を具備したものと同一視すべきものと解するのが相当である。すなわち、①『20歳後の初診日』であっても、20歳時点に近接しており、『20歳後の初診日』における診断結果、診療資料等をもって、20歳前時点の発症であることが一義的に判断できる場合であること、②『20歳前の初診』を受け得なかったことについて、被保険者の心身の状況、家庭環境その他諸般の事情に照らし無理からぬ事情が存在すること、③国民年金制度に加入していながら、保険料の納付要件を欠くなどして拠出制障害基礎年金の支給要件を具備せず、無拠出制である20歳前障害基礎年金を逆選択するような、制度的混乱を招かない場合に限っては、『20歳後の初診日』であっても『20歳前初診日』と同一視して、支給要件を充足したものと解するのが相当である」。(下線筆者)

解説

　第1審原告の、20歳前の発症が明確になれば20歳前の受診がなくとも「20歳前初診日」要件を満たすと扱うべきという主張は排斥したものの（前記判例1参照）、①20歳から1カ月半と近接した時点で受診し、その前後の診断等の経緯（20歳前から胃腸科を受診し、精神科受診の2週間前には胃腸科の医師に精神科受診を勧められていて、20歳前で精神科を受診していれば統合失調症の診断を得られた可能性が高いこと等）を基礎として20歳前発症と判断されること（初診の精神科医からも20歳前の発症との意見が示されている）、②実家と遠距離にあるアパートで単身生活をしており家族も症状に気づくことが遅れたこと、③20歳後に国民年金に加入し掛け金を支払っていて逆選択の弊害がないことなどから、20歳後の受診を20歳前の受診と同様に扱い、「20歳前初診日」の要件を充足したものと判断された。

　統合失調症であることを自覚して受診するのは障害の特性からかなり難しく、精神障害に対する偏見が払拭されていない現代日本においては家族が気づいて受診させることも困難といわざるを得ず、20歳前初診日を実質的に解釈した点は評価しうる。しかし、上記①②③の要件が厳格にすぎないか、ま

た、統合失調症以外の障害を理由とする年金支給を求める際の普遍的先例となりうるかについて疑問も残るところである。さらに、判決は、「20歳前に統合失調症に起因すると推認される胃腸科系の症状を呈した際には、適時に胃腸科系医師に受診し」と事実認定していることから、この20歳前の胃腸科受診をもって、請求傷病に「起因する疾病」（国年法30条、厚年法47条）の受診日すなわち初診日であるとして「20歳前初診日」と認定する余地があったのではないかとの指摘もある（福岡地判平成17・4・22裁判所 HP 参照）。

なお、本判例は、2007年10月15日、最高裁が上告不受理決定をし確定している。また、本件は、いわゆる学生無年金訴訟の一つであり、第１審原告が大学生の当時、20歳に達しても大学生は強制加入対象から除外されていたことに関する論点もあるが、本解説ではこの点は割愛した。

判例3　初診日について、原因である疾病から生じる典型的な疾病であることは要せず、回顧的、総合的に判断してこれに起因すると認められれば足りると判断した事例

福岡地判平成17・11・1 WLJ2005WLJPCA11010005

この判例のここがポイント

帯状疱疹および急性上気道炎という、統合失調症の典型的な症状とはいえない疾病であっても、現在までの生活や症状経過全体を見て、回顧的、総合的に判断して、これらが統合失調症に起因する疾病に該当するとした。

問題となった障害年金要件または主要論点

初診日

事案の概要

原告は、20歳に達する前に帯状疱疹と診断を受けた皮膚科医院での受診日を初診日として障害基礎年金の裁定請求をしたところ、統合失調症と診断さ

れた日において保険料納付要件を満たしていないとして不支給処分決定が出され、これに対する審査請求も再審査請求も棄却された。

> 判例の重要な部分
>
> （「初診日」におけるその）疾病に起因する疾病とは、その原因である疾病から生じたものと認められることを要するが、その原因である疾病から生じる典型的な疾病であることは要求されていないと解すべきである。なぜならば、法30条の4が当該疾病の発症のみならず、当該疾病の「初診日」、すなわち、医師による診察を要件とした趣旨は、医師の診療行為という客観的な事実によって疾病の存在を確認するところにあると解されるから、当該患者の現在までの生活や症状経過全体を見て、回顧的、総合的に判断して、医師による診療を受けた疾病がその原因である疾病から生じたものと認められる以上、医師の診療行為によって疾病の存在を確認することができたということを妨げないからである。

解 説

この事件は、20歳に達してから統合失調症の診断を受けた原告が、20歳に達する前に帯状疱疹や急性上気道炎の診断を受けていたことを理由として、これらの診断日を初診日として主張したものである。

被告は、帯状疱疹は統合失調症とは医学的関連性がない、精神医学の専門医の間では帯状疱疹は統合失調症の初期症状として認められていない、また、話のしすぎで喉を痛めて内科を受診するなどということ自体が通常考え難いとして、統合失調症と診断された日が初診日であると主張した。

しかし、本判決は、統合失調症のように、前兆期には症状が明確でなく、実際は統合失調症に起因する疾病であるのに、統合失調症であると診断されないことが生じやすい疾病について、その疾病に起因する疾病を、原因である疾病から生じた典型的な疾病に限定することは、実際は統合失調症に起因する疾病であるのにこれを保護の対象にしないという不合理な結果を生じさせるとし、上記のとおり判示した。

そのうえで、帯状疱疹はストレスや全身状態が悪化することによって発症するものであることなどを総合すると、すでに統合失調症を発症していた原告が、統合失調症によって全身の抵抗力が低下したことが一因となり、大学受験の心労などとあいまって帯状疱疹に罹患したものと認め、また、急性上気道炎についても、当時一人暮らしをしていた原告が壁に向かって独り言を言っているのを目撃されており、他方で診療録には風邪に罹患していたことをうかがわせる記載（頭痛、発熱、鼻水等）はないことなどから、統合失調症による独り言の言い過ぎから発生したものと認めた。

統合失調症は、幻覚・妄想等典型的な症状が目立つ急性期に対して、その前段階となる前兆期は人によって症状が異なり、また、その現れ方に差があり、なんとなく変だと感じても医療機関の受診に至らない場合も多い。本判決は、そのような統合失調症の特性をよく理解し、丁寧に初診日について検討したものといえる。

判例 4 「社会的治癒」の意義を示した判例

東京地判平成19・4・12WLJ2007WLJPCA04128004

この判例のここがポイント

統合失調症の「社会的治癒」といえるかどうかの判断要素が示されている。

本件では、継続的に就労していたというだけでは、「社会的治癒」とはいえないとの判断がなされている。

問題となった障害年金要件または主要論点

社会的治癒

事案の概要

当初の発病日・初診日では、障害厚生年金の被保険者ではなく、障害基礎年金の保険料納付要件も満たしていなかった統合失調症の原告が、その後スーパーマーケットで就労するなどしていたため、その時点で社会的治癒が

あったかどうかが争点となった。原告は、障害基礎年金および障害厚生年金の不支給決定の取消しを求めており、社会的治癒が認められれば、支給の要件を満たす可能性がある事案であった。しかし、裁判所は、社会的治癒は認められないとして、原告の請求を棄却した。

（判例の重要な部分）

① 「社会的治癒」という概念は、たとえ医学的に治癒したとはいえない場合であっても、社会保険の趣旨目的に照らし治癒とみてよい場合があるとの観点から設けられたものであるから、医学的治癒よりもより緩やかに認めることができるものというべきである。その場合、一般的な社会生活を送ることができる状態にあるかという観点がまず問題となるが、他方で、先発傷病と後発傷病の同一性等、傷病の評価をする際の基準となるものであるから、医学的観点からの検討が重要であることもいうまでもない。したがって、社会的治癒の判断、すなわち、「医療を行う必要がなくなって社会復帰している」といえるか否かの判断は、一般的な社会生活、日常生活が送れるか否か、就労が可能か否か、就労している場合その状況は一般的な労働者と同等のものといえるか否かといった事情に加え、傷病の内容、病状、病歴、先発傷病の終診から後発傷病発症までの期間といった医学的事項も考慮し、総合的な見地から社会通念に従って行うべきである。（下線筆者）

② 次に、原告の社会生活についてみると、確かに、昭和55年12月から昭和62年3月に入院するまで、継続してスーパーマーケットに勤務していたことが認められ、しかも平日はほぼ終日勤務であったのであるから、原告は一応社会生活に適応していたかのようにみえなくはない。しかし、その一方で、証人Aの証言によっても、職場での具体的な状況や家庭での日常生活がいかなるものであったのかは明らかでない。前記認定のとおり、原告は、一定程度の家事を行っていたとは認められるものの、夫や子供たちも、原告に頼らずに家事を行える状態にあったのであり、原

告にかかっていた家事の負担がそれほど重いものであったとは考えられない。また、証人Aの証言及びカルテの記載（甲15、乙15）によれば、原告と夫は、金銭の管理を巡ってしばしば言い争うなど、必ずしも良好な関係になかったことが認められる。これに加えて、昭和62年3月に入院して同年5月に退院した後、原告が復職に強い意欲を示していたことを考えあわせれば、原告は、自宅外での就労にこだわるあまり、家事を含めた家庭生活をおろそかにしていたとの見方もできなくはない。これらの事情を総合的に評価すると、スーパーマーケットで継続的に勤務をしていたということのみをとらえて、原告が一般人と同様の社会生活を営むことができる状態にあったとみることはできないというべきである。

　以上によれば、次のとおり判断することができる。原告は、昭和55年3月に退院した後、同年12月から昭和58年11月18日までは寛解状態にあったものの、その期間は3年という比較的短期間にとどまることに加え、昭和58年11月18日以降病勢が増悪していることからすると、上記の寛解状態は効果的な薬物療法が継続していたためであるとの評価が可能である。したがって、医学的見地からの検討からしてすでに、社会的治癒を肯定するのは難しいといわざるを得ない。さらに、一般社会生活上の見地からしても、原告は、就労こそしていたものの、安定的な社会生活を継続的に営むことができる状況にあったとまではいい難い。そうすると、総合的に判断して、昭和55年3月から昭和62年3月までの間、原告が社会的治癒の状態に達したことはなかったというべきである。

解　説

　統合失調症の「社会的治癒」といえるかどうかの判断要素が示されており、社会的治癒の主張をするにあたっては、参考になる裁判例である。

　本件では、原告は、1980（昭和55）年3月に精神科病院を退院し、同年12月から1987（昭和62）年3月の間、スーパーマーケットで継続的にパート勤務をしており、平日はほぼ終日勤務であったが、それでも社会的治癒が認められなかった。

統合失調症の、社会的治癒の判断のハードルの高さを感じる事案である。社会的治癒の主張をする際は、就労だけでなく、それ以外の日常生活の状況や、病状、治療状況等の要素についても意識して主張することが必要ということになる。

判例 5　頭部骨折とてんかんとの因果関係を認めた裁判例

大阪地判平成26・5・23裁判所HP

この判例のここがポイント

頭部骨折とてんかんに因果関係があるとして、20歳前の初診日を認めた。

問題となった障害年金要件または主要論点

初診日、障害程度要件

事案の概要

2010（平成22）年1月に裁定請求を行い、主位的に①1964（昭和39）年12月1日を初診日としたうえで、20歳到達日を受給権発生日とする障害基礎年金の支給の裁定を、予備的に②裁定請求日を受給発生日とする障害基礎年金の支給の裁定を行ったが、いずれについても支給しない処分を受けたことから、各処分の取消しと義務付けを求めた。

判例の重要な部分

> てんかんの発症には、遺伝的素因、周産期異常、炎症、腫瘍、外傷、代謝異常等が関係するとされており、原告は遅くとも平成21年12月までに「左前頭部開放骨折後てんかん」と診断されているところ、原告は昭和39年に左前頭部開放性骨折の傷害を負っており、当該骨折は、その態様等に照らし、てんかんの原因となり得る外傷であるということができる。他方、原告については、前記認定のとおり、親族にてんかんを発症した者がなく、

てんかんに関係する遺伝的素因があるということはできないし、周産期等にも特段の異常はなく、他にてんかんの原因となり得る要素があったことをうかがわせる事情もないのであるから、原告のてんかん発症については、上記外傷以外の原因によっては説明が困難であるというべきである。<u>以上によれば、原告のてんかんは、受傷から相当長期間経過後に発症したことを考慮しても、昭和39年の左前頭部開放性骨折に起因するものと認めるのが相当である。</u>

そうであるところ、原告は、前記認定の通り、同年11月30日に福知山市内の外科医院において初めて左前頭部開放性骨折について医師の診療を受けているから、同日が原告のてんかんに係る初診日となるというべきである。

解　説

左前頭部開放性骨折後てんかんを理由として、国民年金の裁定請求を行ったところ、裁定請求より45年以上前に診断された左前頭部開放性骨折について、その因果関係を認定し、左前頭部開放性骨折について診断を受けた日を初診日とした裁判例。

なお、てんかんは、初診日より15年後に初めて発症し、以後断続的に発症していたが、20歳到達日には障害等級には該当しないとして事後請求が認められるにとどまった。

判例6　網膜色素変性症（遺伝性の疾患）の事後重症請求に関する「初診日」の意義

大阪地判平成26・7・31裁判所HP

この判例のここがポイント

① 厚生法47条の2第1項の「初診日」は、日常生活の支障や就労の支障の如何にかかわらず、その傷病につき初めて医師または歯科医師の診療

を受けた日をいうとした。

② この「初診日」の認定にあたっては、できるだけ客観性の高い資料によることが望ましいものの、それがない場合には、諸般の事情を総合的に判断して個別的に認定すべきであって、請求者本人や第三者の記憶に基づく陳述書のような資料であっても直ちにこれを認定資料から排斥すべきではないとした。

（問題となった障害年金要件または主要論点）

初診日の訂正資料

（事案の概要）

原告が、網膜色素変性症（遺伝性の疾患）により障害の状態にあるとして事後重症による障害厚生年金給付の裁定請求を行ったところ、初診日が厚生年金保険の被保険者であった間であることを確認できないとして却下処分がなされたため、その却下処分の取消しと障害厚生年金の支給を求めたもの。

判決は原告の主張を認めて却下処分を取り消したうえ、「厚生労働大臣は、原告に対し、2009（平成21）年12月を支給開始月とする障害等級1級の障害厚生年金を支給する旨の裁定をせよ」との義務付け判決を認容し、同判決は確定した。

（判例の重要な部分）

①「厚生年金保険法47条の2第1項は、事後重症を支給事由とする障害厚生年金につき、傷病の『初診日』において被保険者であることを要件として定めているところ、同法47条1項によれば、『初診日』とは、傷病につき初めて医師又は歯科医師の診療を受けた日と規定されている。

このように厚生年金保険法が『初診日』を基準として支給要件を定めている趣旨は、厚生年金保険を管掌する政府において個々の傷病につき発症日を的確に認定するに足りる資料を有しないことにかんがみ、医学的見地から裁定機関の認定判断の客観性を担保するとともに、その認定判断が画一的かつ公平なものとなるよう、当該傷病につき医師等の診療を受けた日

をもって障害厚生年金の支給に係る規定の適用範囲を画することとしたものであると解される（なお、国民年金に係る初診日につき、最高裁判所平成19年（行ヒ）第68号同20年10月10日第２小法廷判決・裁判集民事229号75頁参照）。

そうすると、厚生年金保険法47条の２第１項の『初診日』とは、傷病につき初めて医師又は歯科医師の診療を受けた日をいうものと解するのが相当である。

これに対し、被告は、遺伝性の疾患（先天性疾患）については、症状が日常生活や就労に支障を来すことなく進行することがあり、日常生活や就労に支障がない受診日を『初診日』とすると、被保険者として保険料を納付していた者の納付実績が反映されないことによる不合理が生じることから、その病態によって、日常生活や就労に支障を来して受診した時を『初診日』と解すべきであるとして、網膜色素変性症のほか、先天性心疾患のような遺伝性の疾患（先天性疾患）の『初診日』は、日常生活の支障や就労の支障が生じた後の診断日でなければならないと解すべきであると主張する。

しかしながら、このような解釈は、厚生年金保険法47条１項の文理に反するものであるし、また、画一的かつ公平な判断のために当該傷病につき医師等の診療を受けた日をもって障害厚生年金の支給に係る規定の適用範囲を画することとしたものであるという同法が『初診日』を基準として支給要件を定めている趣旨に照らしても、上記被告主張のような解釈は、かえって画一的かつ公平な判断にもとるものというべきであるから、被告の主張は採るを得ない」。

②「被告は、初診日の認定資料について、本件のように初診日から長期間を経て裁定を請求する場合であっても、身体障害者手帳やその作成時の診断書、交通事故証明書、労災の事故証明書、健康保険の給付記録などの資料を参考とすべきであり、請求者本人や第三者の記憶に基づく陳述といった資料で足りるとすることはできないと主張する。

確かに、障害厚生年金の支給要件を『初診日』において被保険者である

こととした前記厚生年金保険法の趣旨に照らすと、その認定判断を客観的かつ画一的に行うためには、可能な限り、客観性の高い資料等によって、初診日が特定されるべきものと解される。

　しかしながら、厚生年金保険法は、労働者の障害について保険給付を行い、労働者の生活の安定と福祉の向上に寄与することをその目的としているから（同法1条）、支給要件が認められる限りはその裁定をすることがむしろ公平に適うと解される。そして、同法は、本件のような事後重症に基づく給付の場合も「初診日」において被保険者であることを支給要件と定めているところ、疾病によっては、診療を受けてから、事後重症の要件を満たす程度の障害の状態に該当するまで相当期間の経過をたどることがあり得ることからすれば、障害の状態に該当した時点において客観性の高い資料等の保存期間等が経過していることも十分想定されるところである。また、事案によっては、震災被害等のために、被保険者が認定資料を保存し得ない場合があり得るところ、そのような場合において、客観性の高い資料等がないとの理由で支給要件の認定が否定されるとすることは同法の目的に反するものというべきである。加えて、前記……のとおり、同法33条、101条の委任を受けて定められた厚生年金保険法施行規則44条2項6号も、裁定請求にあたって、初診日を明らかにすることができる書類の添付を求めるのみであって、その種類等については特段の限定をしていない。

　以上によれば、厚生年金保険法47条の2第1項にいう『初診日』の認定に当たっては、できるだけ客観性の高い資料によることが望ましいものの、それがない場合には、その提出がない理由や初診日に関する申請者の供述内容、疾病についての受診の経過、疾病の性質などを総合的に判断して、個別的に認定すべきものであると解するのが相当であって、請求者本人や第三者の記憶に基づく陳述書のような資料であっても直ちにこれを認定資料から排斥すべきではない」。

解　説

　①について、本件は、厚年法上の「初診日」について、文理に従い、日常生活等への支障の有無を問わず、その傷病につき初めて医師等の診療を受けた日をいうと判示した。

　これは、いわゆる学生無年金訴訟（判旨で引用されている最判平成20・10・10判例１）で判示された「初診日」要件の趣旨が厚年法の場合にも当てはまるとしたうえ、その文理並びに認定判断の画一性および公平性確保の観点から、遺伝性の疾患（先天性の疾患）であっても「初診日」の認定に日常生活や就労への支障の有無という実質的事情は問わないとしている。上記最高裁判例の趣旨に沿った妥当な裁判例と考えられる。

　②について、本裁判例は、厚年法の目的を述べたうえ、診療録の保存期間や震災等請求者の関与できない事情で客観的資料が収集できない場合もあり得ることなどから、そのような場合には請求者本人等の陳述書を認定資料とすることもできるとすることが法の目的に適うと判示した。また、具体的に、請求者本人の供述や第三者の陳述書について慎重に吟味したうえでこの供述の合理性を認め、請求者本人（原告）の主張する初診日を認定した。

　確かに、客観的かつ画一的判断（判断の公平性）のためには客観性の高い資料が必要だとすることは合理的である。しかし、そのような資料がない場合に一律に初診日の認定ができないとすることは、逆に実質的公平を害する可能性がある。

　請求者本人や第三者の陳述書（その信用性・合理性については慎重な判断が必要だとしても、これら）を直ちに認定資料から排除すべきではないとする本裁判例の判示は、厚年法の目的、趣旨にも適う極めて妥当なものと考えられる。

判例 7　高血圧症と脳出血の相当因果関係を認めた裁判例

東京地判平成26・10・30判時2250号3頁・裁判所HP

この判例のここがポイント

高血圧症と脳出血の関連について、原告の症状や高血圧症以外の危険因子について詳細に検討したうえで、相当因果関係を認めた。

問題となった障害年金要件または主要論点

初診日

事案の概要

厚生年金保険の被保険者期間を有する原告が、初診日を2003（平成15）年1月20日とする高血圧症に起因する脳出血（2007（平成19）年12月9日発症および初診）により障害の状態にあるとして、事後重症による障害厚生年金保険障害給付の裁定の請求をしたところ、本件脳出血と本件高血圧症との間には相当因果関係がないとして、不支給処分を受けたため、その取消しを求めた。

判例の重要な部分

「前記認定事実によれば、脳出血は、高血圧性脳出血が最も多く、全体の70％を占めるところ、原告の血圧値は、川鉄千葉病院を受診していた平成15年1月20日から平成16年10月29日までの間、降圧剤の投与によって改善した時期もあったものの、全体としては高めであったことが認められ、特に治療中断前の最後の受診日である平成16年10月29日の近接時期には、Ⅰ度高血圧が続いており、投薬治療による血圧値のコントロールも難しい状況になっていたと認められる。平成18年10月5日の市の健康診断では、収縮期血圧が155、拡張期血圧が120で、疾病分類は高血圧症（疑いを含む。）であり、要医療との判定を受けており、血圧値の分類はⅢ度高血圧へと悪

化している。以上の事実に鑑みれば、本件高血圧症は、平成19年12月9日の本件脳出血発症時まで、悪化しこそすれ、改善することはなかったものと推認するのが合理的である。この点、C医師の回答書も、平成16年10月29日以降、平成19年12月9日の脳出血発症時まで、本件高血圧症が継続していたとしている。そして、脳動脈の硬化性変化を生じさせる危険因子には高血圧が挙げられるのであって、D准教授の意見書にあるとおり、本件高血圧症の継続が脳動脈の硬化性変化に寄与したことは疑いのない事実であるといえる」。

「脳動脈の硬化性変化を生じさせる危険因子には、高血圧以外にも、加齢、喫煙、過度の飲酒、肥満、糖代謝異常、脂質代謝異常、遺伝的素因などが挙げられるが、原告が高齢者とはいい難いことは上記のとおりである。また、本件脳出血を発症する1年ほど前の市の健康診断では、原告の肥満度は標準であり、脂質検査や血糖検査でも異常はみられない。なお、原告は、この頃、週3回程度、飲酒しており、完全に禁煙していたわけでもないが、これらの事情が上記危険因子の喫煙や過度の飲酒に該当するかは疑問であるし、本件高血圧症の状況にも照らせば、本件脳出血の発症において、本件高血圧症以上に決定的な危険因子となっていたとは考え難い」。

「高血圧性脳出血の前駆的症状として頭痛が挙げられるところ、原告は、かねてから頭痛があったが、本件高血圧症の初診日に近接した頃からその症状が悪化しており、高血圧性脳出血の前駆的症状を疑わせるものである」。

「以上の事実を総合すれば、本件脳出血は高血圧性脳出血であって、本件高血圧症と本件脳出血との間には相当因果関係があると認められるから、本件脳出血は本件高血圧症に起因する疾病であると認めることができる」。

解　説

この事件では、裁定請求時においては、高血圧症と脳出血との間には相当因果関係がなく、脳出血の初診日においては厚生年金保険の被保険者ではな

いなどとして、不支給処分がなされている。

　この点、高血圧症と脳出血または脳梗塞は、障害年金の認定においては、相当因果関係なしと取り扱われることが多いものとされており、その立証は容易ではない。

　本件では、高血圧症の脳出血発症時までの経過を詳細に検討し、その症状の程度と脳出血の発症との関連性を基礎づけるとともに、他の危険因子が本件高血圧症以上に決定的な危険因子となっていたとは考え難いとし、さらに前駆的症状の経過を検討したうえで、高血圧症と脳出血との相当因果関係を認定しており、具体的な検討手法、立証方法に関し参考となる。

判例8　特別障害給付金法2条の初診日の認定に関する裁判例

東京地判平成21・4・17判時2050号95頁

この判例のここがポイント

　特別障害給付金の請求に関する初診日の認定について、診療録や医師の証明等の直接の証拠が存在する場合に限るという画一的な処理をすることは相当ではなく、個別事情に応じて認定することが特定障害者に対する特別障害給付金法の趣旨および目的に適うとされた。

問題となった障害年金要件または主要論点

　特別障害給付金の初診日、立証資料

事案の概要

　両側感音難聴およびメニエール症候の傷病について、20歳以上の学生期間中であった1970（昭和45）年10月頃に初めて医師の診療を受けたとして、特別障害給付金法に基づき、特別障害給付金の支給を申請したところ、同申請において提出された初診日を証する資料は、すべて本人の申立てによる初診日が記載されているにすぎないものか、初診日についての記載がないか、信

用性に疑いのあるものであるから初診日を確定できないことを理由に不支給の処分となったことから、同処分の取消しを求めた。

(判例の重要な部分)

　特別障害給付金法「の対象となるのは、平成３年３月31日以前の特定の日に傷病に関する初診日がある者であるところ、同法が適用される平成17年４月以降の時点において、14年以上も前の……特定の日に、傷病に関する『初診日』があることを診療録やそれに基づく医師の証明により立証することは、診療録の保存期間が５年とされており（医師法24条２項）廃棄されている可能性が高いことを考慮すると、実際上極めて困難であることが予想されるのであり、診療録等により『初診日』を容易に知ることができる通常の障害基礎年金の場合とは、その前提となる状況を異にするものといわざるを得ない（こと）、同法の対象者は、必ずしも広範囲の多数者に及ぶ者ではないこと（から）、……申請の対象となった傷病に関する診療録等、その初診日を直接に証する医師作成の書面が存在しないことから直ちに『初診日』が確定できないと即断することは相当ではなく、診療録等が存在しない理由、申請者の初診日に関する供述の内容、傷病についての受診の経過、現に有する傷病ないし障害の内容などを総合的に判断して、個別的に判断すべきものと解される」。

(解　説)

　かつては、20歳以上の学生等は国民年金制度への強制加入となっていなかったことから、その期間に初診日がある傷病により障害を負ったとしても無年金であったところ、本件は、2004（平成16）年12月に公布された特別障害給付金法に基づき、このような無年金障害者に対して支給されることとなった特別障害給付金にかかる事案である。

　本判決は、原告が、特別障害給付金法制定以前から医師に対し、学生時代から右耳の聴力異常があった旨述べていることは自らの記憶に基づく自然なものと解すべきこと、8000Hz以上の高音域の聴力異常であるかは医師等の専

門的な検査を経なければ知悉できないこと、メニエール病の専門医である主治医が原告の初診日の主張は信用性が高いとしていること等、個別事情を考慮して初診日の認定をしており妥当と考えるが、通常の障害基礎年金の初診日の認定について当てはまるわけではないことには注意を要する。

Ⅱ　障害の程度の認定(1)

判例 9　診断書や症状に関する医師の回答書の内容を丁寧に吟味して知的障害の程度の認定を行った裁判例

大津地判平成22・1・19賃社1515号21頁

この判例のここがポイント

6人の知的障害のある者の障害基礎年金の不支給決定について、診断書や症状に関する回答書の内容を丁寧に吟味し、それぞれの不支給処分を取り消した。

問題となった障害年金要件または主要論点

障害程度要件

事案の概要

知的障害のある原告6名がそれぞれ、障害基礎年金の裁定請求をしたところ、社会保険庁長官が、原告らの障害の程度は国年法施行令の別表に定められた程度に達していないとして、障害基礎年金を支給しない旨の各処分をしたので、上記各処分の取消しを求めた。

判例の重要な部分——原告B

知的障害の性質上、20歳に達した日には自発的にできていた適切な食事

の摂取が、その後約3年しか経っていない本件再裁定請求2の時期には自発的にできなくなったり、前者の時期には援助があればできていた金銭管理と買物が、後者の時期にはできなくなるということは、それ自体通常考え難いことである上、原告Bの診断書1と診断書2における他の記載、さらには、原告Bの病状に関する回答書の記載を総合すれば、原告Bは、20歳に達した日にも、自ら調理したり、メニューを決めることが困難であるなど適切な食事の摂取が自発的にできなかったほか、金銭管理と買物についても、一人で銀行を利用することができず、計画性がなく浪費傾向があり、一桁ないし二桁の加減算でもしばしば間違えるなど、本件再裁定請求2の時期と基本的に変わりのない状況にあったことが認められ、原告Bの日常生活能力が、20歳に達した日から本件再裁定請求2が行われたころにかけて低下したと認めることは困難である。

被告は、原告Bについても、社会保険庁長官が本件裁定2を行ったのは、20歳に達した日よりも原告Bの社会生活への適応能力が低下し、これに伴い日常生活能力が低下したからである旨主張するが、被告は、20歳に達した日から本件再裁定請求2が行われたころにかけて、原告Bの日常生活能力が低下したといえる徴憑について、具体的な指摘をするなどして合理的な説明をしておらず、本件全証拠を精査しても、被告の上記主張を認めるに足りる証拠はない。

以上によれば、20歳に達した日における原告Bの障害の程度は、本件再裁定請求2が行われたころと基本的に変わりのない状況にあり、国年法施行令別表の2級16号に定められた程度に達していたと認められる。

解説

本件は、たとえば原告Bは、最初の裁定請求の約3年後に事後重症の再裁定請求を行い、2級と認められている。知的障害の性質上、障害の状態が著しく変化することは考えにくい。そこで、本件の裁定請求の診断書と事後重症の再裁定請求の診断書の日常生活能力の判定および日常生活能力の程度に

係る記載を見比べてみると、前者では、①適切な食事の摂取は、自発的にできるが援助が必要であるなどとなっているのに対し、後者では、①適切な食事の摂取は、自発的にはできないが援助があればできるなどと、ワンランク下がっている。その結果、事後重症請求は認められたものと思われる。

しかし、本判決では、診断書の記載だけでなく、3年で劇的に障害の状態が変化することがないという知的障害の性質をも踏まえて、医師の作成の社会保険審査官からの照会に関する原告Bの病状に関する回答書の内容を細かく吟味し、原告らの障害の程度を判断した。

障害の程度の認定において、日常生活能力の判定および能力の記載を機械的に当てはめるのではなく、障害特性を踏まえ、個々の具体的状況を丁寧に認定した妥当な裁判例と考えられる。

なお、等級認定の尺度については、原告は、障害基礎年金は障害者が障害を負っていることに伴って生じる不利益を経済的な側面から支援するものであり、「障害者」の稼得能力の程度に応じて支給されなければならないとし、国年法施行令別表2級16号は「独立して単身生活を営むに足りるだけの所得を安定して得られる労働能力を有しない程度のものをいう」と解すべきであると主張した。しかし、判決は「確かに、障害基礎年金は、障害者の所得保障を目的とするものであるが……国民年金が日常生活能力の制限に着目して障害等級を定めていることは明らかである。現に、国年令別表は…明確に日常生活の制限という文言を用いて規定しており、その文言にもかかわらず……『稼得能力が制約を受け、独立して単身生活を営むことが困難である程度のもの』などと、稼得能力に着目した読み方をすることは困難である」として退けている。

判例10 障害認定基準（2002年）の合理性を認め、不安恐慌性障害および回避性人格障害について判断した裁判例

大阪高判平成27・5・29裁判所HP・WLJ2015WLJPCA05299004
大阪地判平成26・10・30（第1審）裁判所HP・WLJ2014WLJPCA10309013

この判例のここがポイント

① 国年法施行令別表における「日常生活」について解釈し、障害認定基準（2002（平成14）年改正によるもの）の規定内容および運用は合理的かつ適正であるとした。

② 不安恐慌性障害および回避性人格障害は原則として認定の対象とならず、不安恐慌性障害が精神病の病態を示している場合のみ認定の対象となるとした。

問題となった障害年金要件または主要論点

障害程度要件

事案の概要

神経症の一つである不安恐慌性障害および人格障害の一つである回避性人格障害の診断を受けた原告が、事後重症による裁定請求をしたところ、請求のあった傷病については国年法施行令別表に定める程度に該当しないとして不支給処分がなされ、これに対する審査請求も再審査請求も棄却された。

判例の重要な部分

① 障害基礎年金の障害等級に関して各級の障害の状態を定める国民年金法施行令別表にいう「日常生活」とは、労働に従事すること等の、社会内における様々な他人との複雑な人間関係の中での社会的な活動よりも狭い範囲の活動、具体的には、食事や入浴、家事等、対人関係を伴わず、主に家庭内で行う活動や、買物や通院等、比較的単純な対人関係を伴う活動

をいうものと解されるところ、同施行令別表の規定内容に鑑みれば、精神の障害について、1級に該当すると認められるためには、その日常生活の用を弁ずることを不能ならしめる程度のものであることを、2級に該当すると認められるためには、その日常生活が著しい制限を受けるか、又は日常生活に著しい制限を加えることを必要とするようなものであることを、それぞれ要するものと解するのが相当であり、……「国民年金・厚生年金保険障害認定基準」（2002年3月15日庁保発第12号社会保険庁運営部長通知）が、精神の障害による障害の程度の認定に関し、……人格障害は原則として認定の対象とならず、また、神経症についても、原則として認定の対象とならないが、その臨床症状から判断して精神病の病態を示しているものについては、統合失調症又はそううつ病に準じて取り扱うものとしていること、さらに、上記認定基準の運用上、統合失調症型人格障害は統合失調症に準ずるものとして障害基礎年金の障害等級認定の対象となるが、統合失調症型以外の人格障害は認定の対象とならないとする扱いがされていることは、上記施行令別表の解釈に沿ったものであって、合理的かつ適正なものといえる。

② 国民年金法施行令別表に定める障害の程度の認定の取扱いについて定められた「国民年金・厚生年金保険障害認定基準」（2002年3月15日庁保発第12号社会保険庁運営部長通知）に照らせば、神経症である不安恐慌性障害と、統合失調症型人格障害ではない人格障害である回避性人格障害は、いずれも原則として認定の対象とはならず、不安恐慌性障害が精神病の病態を示している場合のみ、認定の対象となり、精神病の病態を示しているかは、「現実」と「非現実」、「自己」と「非自己」の区別ができるかや、自分が病気であるという認識（病識）の有無によって判断すべきであるところ、その処分時において、当該不安恐慌性障害の状態が精神病の病態を示していたとはいえず、上記施行令別表に規定する障害の程度に該当しないとしてされた障害基礎年金を支給しない旨の処分が違法であるとは認められない。

解　説

　この事件は、神経症および人格障害の一つである精神疾患について障害認定基準の該当性が争われたものであるが、高裁はほぼ原審の地裁の判断を踏襲したものであって、実質的に踏み込んで検討した様子が見受けられず、本判決も原審判決（以下、あわせて「裁判所」という）も、以下の点で問題が残るものである。

　すなわち、まず第1に、裁判所は、国年法施行令別表における「日常生活」の解釈について、社会的な活動よりも狭く解し、社会的活動能力や労働能力が著しい制限を受ける場合であっても、日常生活が著しい制限を受けていない場合は障害基礎年金を支給しないこととなっても法の趣旨に反しないとしている。

　しかし、これでは、人間関係が構築できないため仕事が全くできず所得が得られない場合であっても、家事や買い物ができれば、支給対象から除外されてしまう。日常生活能力と社会活動能力を峻別することは困難である。そもそも、国年法施行令別表に規定する「日常生活能力」が家庭内での温和な活動や単純な対人関係を伴う買い物や通院に限られるというのであれば、この「日常生活能力」を年金を支給するか否かの尺度とすることは、障害年金が障害による稼得能力減退に対する所得保障制度であるとする法の目的に反しているといえる。この点、控訴人は「『診断書（精神の障害用）』様式……においては、『2（日常生活能力の判定）』の項目（7）には『社会性－銀行での金銭の出し入れや公共施設等の利用が一人で可能。また、社会生活に必要な手続きが行えるなど。』との記載があり、……かかる記載からすれば『日常生活』の中に『社会生活』ないし『社会的活動』が包摂されているものである。……原審の判断は、日常生活のほかに社会的活動がある理解であり、診断書様式の内容と齟齬をきたしている」。「そもそも、日常生活と社会生活の線引き自体、あいまいであって峻別が困難である。控訴人は、例として、町内会活動や自営業の農家を挙げたが、それ以外にも、社会生活に必要な手続などの場合、住民票を取得するなどの行為は複雑な人間関係を必要としな

いが、社会生活に包含される概念である。さらに、『主婦』は一般企業内ではないが、地域、学校等の社会内における様々な他人との複雑な人間関係の中で社会活動をしている者であり、主婦の活動こそ、日常生活と社会的活動の区別が困難である。……よって、『日常生活』の中には『社会生活』ないし『社会的活動』と峻別困難な活動が含まれている以上、『日常生活』の支障の程度という基準は、支給対象者を適切に選別する基準として機能し得ず、基準として不合理なものといわざるを得ない。……法律により具体的な基準の設定が政令に委任されている場合、行政庁は適正手続の要請（憲法31条）に基づき、行政庁の恣意的判断を防止し、申請者が支給を認められるか否か、具体的に判断できる程度の明確な基準を定立する義務を負い、不合理又は不明確な基準は違法である」と主張している。

　第2に、裁判所は、「神経症である不安恐慌性障害と、統合失調症型人格障害ではない人格障害である回避性人格障害は、いずれも原則として認定の対象とはならず、不安恐慌性障害が精神病の病態を示している場合のみ、認定の対象とな」るとしている。

　しかし、そもそも、精神疾患の鑑別は容易ではなく、厳格な鑑定がなされる刑事事件や心神喪失者等医療観察法事件においてすら診断名が異なる場合があるのであるから、単純に診断名だけでこのように割り切るべきではない。また、本事例のように精神症状が多くみられるために複数の診断名が付けられるケースはよくあるが、これは一人の人についてそれだけ病的な側面が多いということであるから、一つひとつを切り離して個別に判断するのではなく、全症状を総合的に考慮して日常生活への支障の程度を検討すべきである。障害認定基準も、人格障害についてはあくまでも「原則として認定の対象とならない」としているにすぎず、例外がありうることを認めており、他方で人格障害（第3第1章第8節A(4)）と神経症（同(5)）について個別に取り上げているものの、同列にあげている統合失調症については、「発症時からの療養及び症状の経過を十分に考慮する」とし（同(2)ア）、気分（感情）障害については「症状の経過等を考慮し、それによる日常生活活動等の状態を十分

考慮する」こととし（同(2)イ）、また、「日常生活能力等の判定に当たっては、……社会的な適応性の程度によって判断するよう努める」（同(3)）ともしているのであり、人格障害や神経症についても、これらとの均衡を考えるならば、これらと同様に症状の経過を考慮等して判断すべきである。

さらに第3として、前記枠組みを前提に、本判決は「精神病の病態を示しているかは、『現実』と『非現実』、『自己』と『非自己』の区別ができるかや、自分が病気であるという認識（病識）の有無によって判断すべき」としている。

しかし、ここであげられている要素は、たとえば典型的な統合失調症ではこれがそのまま病状の重症度を示す場合がありうるとしても、他の疾患についてこれがそのまま当てはまるものではない。ここであげられている区別ができて病識がある者であっても、その疾患の重症性ゆえに動けず日常生活に支障を来している場合は十分あるのであって、本判決の精神疾患に対する理解には疑問がある。

判例11　生活保護における障害者加算と障害年金

神戸地判平成28・4・13賃社1663号64頁

この判例のここがポイント

生活保護における障害者加算の要件について、形式的審査だけではなく実質的に判断すべきと示した。

障害等級表の解釈につき、知的障害における「日常生活の著しい制限」の判定方法、および「就労」の評価方法について示した。

問題となった障害年金要件または主要論点

当該事例では直接問題となっていないが、障害年金の程度要件とほぼ重なる生活保護における障害者加算の要件が問題となった。

事案の概要

原告（X）は、障がいのある子（A）の母親であり、2人世帯で生活保護を受給して生活していた。その間、Aについては特別児童扶養手当を受給し、障害者加算を受けていた。

　2007年9月に、Aが20歳に達したことにより特別児童扶養手当の支給が打ち切られたが、福祉事務所長（Y）は、Aが20歳に達した後も障害基礎年金が支給されるであろうと判断し、障害者加算を継続して支給していた。

　しかし、Aの障害基礎年金は2008年1月18日付で不支給とされた。これを知ったYは、2009年8月1日付で、Aの障害者加算を削除して保護費を減額する保護変更決定を行い、さらに2010年7月12日付で、Xに対し、Aが20歳に達した日の翌月にあたる2007年10月から障害者加算を削除した2009年7月までの1年10ヵ月間に支給した障害者加算額を、生活保護法63条に基づき返還を求める決定を行った。

　その後Aが再度の年金裁定請求を行った結果、2012年11月15日付で、事後重症により同年6月から障害基礎年金2級を支給する旨の裁定を得た。この結果、Xに対する障害者加算は同年12月から復活した。

　そこでXは、Aの障害の程度は、20歳に達した後も1回目の年金裁定が不支給となった以降も実質的に変わりはないのであるから、加算削除は理由がなく、返還決定は違法であると主張してその取消しを求めた事案である。

（判例の重要な部分）

　「……本件支給期間におけるAの障害の状態が客観的にみて国年令別表2級相当であれば、同決定は違法というべきであるし、処理基準にとどまる局長通知をもって、障害の状態について、いわゆる法定証拠を定めたものと扱うことはできないから、本件支給期間におけるAの障害の状態の程度については、通常の事実上の争点と同様に、局長通知に拘束されることなく、端的に証拠によって判断すれば足りるものと解される。

　……本件の問題は、結局のところ、本件支給期間当時のAの障害の状態が、長期的にみた場合に、国年令別表2級相当の状態、すなわち、その日

常生活が著しい制限を受けるか又は日常生活に著しい制限を加えることを必要とする程度のもの（必ずしも他人の助けを借りる必要はないが、日常生活は極めて困難で、労働により収入を得ることができない程度のもの）に至っていたか否かという点に帰着するというべきである。

……改正後認定要領は、……知能指数のみに着眼することなく、日常生活の様々な場面における援助の必要度を勘案して総合的に判断することとするとともに、新たに、日常生活能力等の判定にあたっては、身体的機能及び精神的機能を考慮の上、社会的な適応性の程度によって判断するよう努めることとし、また、就労支援施設や小規模作業所などに参加する者に限らず、雇用契約により一般就労をしている者であっても、援助や配慮のもとで労働に従事していることから、労働に従事していることをもって、直ちに日常生活能力が向上したものと捉えず、現に労働に従事している者については、その療養状況を考慮するとともに、仕事の種類、内容、就労状況、仕事場で受けている援助の内容、他の従業員との意思疎通の状況等を十分確認した上で日常生活能力を判断すること……」。

解　説

本件は、障害年金の支給に関して争われたわけではないが、生活保護における障害者加算を判断するに際し、保護基準別表第1第2章2において国年法施行令別表の障害等級表が引用されているため、上記等級表の解釈が問題となることから、障害年金の支給に関しても大変参考になる裁判例である。

まず、本件の一つ目の論点は、生活保護における障害者加算が認められるための要件について、1964年4月1日社発第246号厚生省社会局長通知「生活保護法による保護の実施要領について」の第7-2-(2)において、「障害の程度の判定は、原則として身体障害者手帳、国民年金証書、特別児童扶養手当証書又は福祉手当認定通知書により行う」とされているため、上記状態にあることを示す形式的な資料を示せない限り、障害者加算を受けることができないのか否か、である。

この点については、形式的審査を原則とする上記局長通知は、「法定証拠を定めたものと扱うこともでき」ず、本件支給期間におけるAの障害の状態が客観的にみて国年法施行令別表2級相当であるか否かを判断すべきであり、「局長通知に拘束されることなく、端的に証拠によって判断すれば足りるものと解される」とした。すなわち、生活保護における障害者加算を計上するかどうかの判断は、世帯員が障害年金手帳を所持しているかどうかの形式的な判断ではなく、その障害の程度、内容に照らして障害者加算の要件を満たしているか否かを実質的に判断すべきであるとの見解を示した。

　次に、知的障害における国年法施行令別表の障害等級表に該当する状態にあるか、つまり「日常生活の著しい制限」があるか否か、の判定方法については、障害認定基準の認定要領に基づき行われるべきとした。そのうえで、知的障害につき「日常生活に支援を必要とする」状況にあることを判定するにあたっては、IQの数値だけを判断材料にするのではなく、本人の生活を総合的にみて評価する必要があること、日常生活の状況は、医師の診断書の記載内容だけで判断するのではなく、本人の日常生活を最もよく知っている家族からの聴取りにより得た事情も重要であること、継続的就労がされているだけで日常生活能力の向上であると評価するべきではなく、障害の改善は長期にわたる状態を見て判断すべきとした。

　そして、「就労」していることの評価については、就労支援施設や小規模作業所などに参加する者に限らず、雇用契約により一般就労している者であっても、援助や配慮のもとで労働に従事していることから、労働に従事していることをもって、直ちに日常生活能力が向上したものと捉えず、現に労働に従事している者については、その療養状況を考慮するとともに、仕事の種類や内容、就労状況や仕事場で受けている援助の内容などを十分確認したうえで日常生活能力を判断すべきとした。

　このような判断に基づき、本件では障害者加算削除期間においても国年法施行令別表2級相当の状態にあったとして、本件加算削除は違法であって、本件支給額の返還を求める返還決定は違法であるとした。

判例12 診断書の記載のみではなく前後の経過等を考慮すべきとした裁判例

東京地判平成20・10・22判時2095号38頁

この判例のここがポイント

① 診断書の記載のみに基づいて判断するのではなく、その前後の期間における自覚症状、他覚所見、検査成績、一般状態の推移のほか、その前後の期間における治療および病状の経過、具体的な日常生活状況等をも考慮して、総合的に判断する必要があるとしたこと。

② 2006（平成18）年2月時点の現症を基礎として障害等級2級が認定されている経過からも、その時点の障害の状態と優位な差を認め難い2003（平成15）年11月当時の障害の状態が2級に該当すると判断することは合理的に説明することができるとしたこと。

問題となった障害年金要件または主要論点

障害程度要件

事案の概要

外傷性肝損傷・胆道狭窄（閉塞）による障害につき障害等級2級の認定を受け、1999（平成11）年6月以降障害基礎年金の支給を受けていた原告は、2003（平成15）年11月、再認定のため提出を求められた診断書を提出しなかったために、同年金の支給が留保されていた。2006（平成18）年3月、原告が、障害の状態の再認定を受けるため2003（平成15）年11月29日現症および2006年2月27日現症各診断書を提出したところ、社会保険庁長官から、原告の障害の程度は2003年11月当時には障害等級2級に該当しなくなり、2006年2月当時には同等級に該当するとの認定に基づき、同年6月15日付で、2004（平成16）年3月から平成18年2月までの期間の障害基礎年金の支給を停止する処分を受けたため、支給停止期間においても、原告の障害の程度は障害等級2級に該当するものであり、これを同等級に該当しないとしてされ

た本件支給停止処分は違法であるとして、その取消しを求めた事案。

(判例の重要な部分)

「平成15年11月当時の障害の状態についての非該当認定における障害認定基準の解釈・適用の適否を判断するに当たっては、特に本件では処分時に近接した平成18年２月当時の障害の状態について障害等級２級に該当する旨の認定がされている以上、平成15年11月当時の現症を記載した診断書の記載のみに基づいて判断するのではなく、その前後の期間における自覚症状、他覚所見、検査成績、一般状態の推移のほか、その前後の期間における治療及び病状の経過、具体的な日常生活状況等をも考慮して、総合的に判断する必要があるというべきである。

このことは、肝疾患による障害については、個々の病態等による肝機能の低下の度合いは様々で、身体状態等に応じて全肝機能や肝予備能が変動するため、その検査成績や症状は常に変動しやすく、障害の程度の正確な判定のためには、相応の期間を通じて検査成績や症状を把握することが必要であり、こうした事情を踏まえ、障害認定基準においても、長期にわたり安静を必要とする病状が日常生活に与える影響の程度について、治療及び病状の経過、具体的な日常生活状況等をも考慮して総合的に認定すべきであると明記していることからも、裏付けられるものということができる」。

「原告の平成11年ころから平成18年ころまでの臨床所見（自覚症状及び他覚所見)、検査成績、一般状態、治療及び症状の経過、具体的な日常生活状況等については、……治療及び症状の経過、具体的な日常生活状況等に照らして日常生活活動能力及び労働能力に加わる制限が相当大きいことから、より重症度の高いものといえるので、障害認定基準の解釈・適用において、日常生活に著しい制限を受けるか又はその日常生活に著しい制限を加えることを必要とする程度の障害（障害等級２級）に該当するものと認めるのが相当であり、処分行政庁においてこれを上記程度の障害（障害等

級2級）に該当しなくなったと認定したことは適当ではないというべきである。

そして、上記の結論は、原告が、前示のとおり平成15年11月当時の障害の状態と有意な差異を認め難い平成18年2月の時点の現症を基礎として障害等級2級に該当する旨の認定を受けた経過に照らしても、合理的に説明することができるものということができる」。

解説

この事件は、障害程度要件に関連して、診断書の記載のみならず、その前後の期間における自覚症状、他覚所見、検査成績、一般状態の推移のほか、その前後の期間における治療および病状の経過、具体的な日常生活状況等をも考慮して、総合的に判断する必要があると判断し、当該要素を詳細に検討し、2級該当性を認定した点に意義がある。

裏を返せば、更新の時期の診断書について、特に肝疾患のように検査結果や症状が変動しやすい疾患に関しては、診断書の記載のみに頼らず、前後の検査結果や症状、一般状態等について変化がないのであれば、これを積極的に伝えることが必要になるであろう。

また、たとえば、長期間変化がないと思われる障害であるにもかかわらず、認定日請求が退けられ、事後重症が認められたケースについて、不服申立段階で「症状は何ら変わらないにもかかわらず判断に相違があることは不合理である」という主張はよくなされるところであるが、本件が、「原告が、…平成15年11月当時の障害の状態と有意な差異を認め難い平成18年2月の時点の現症を基礎として障害等級2級に該当する旨の認定を受けた経過に照らしても、〔平成15年当時の障害の状態について2級に相当すると判断したことは──筆者注記〕合理的に説明することができるものということができる」と判示し、将来時点の認定結果を2級該当性の一つの根拠としたことは、参考になるところである。

判例13 両下肢の股関節に人工関節置換術を受けた原告に、国年法施行令別表2級15号に該当する障害が認められ、障害基礎年金不支給処分が取り消された二つの事例

事件①：東京高判平成20・7・31判例集未登載（控訴審）
　　　　東京地判平成19・8・28判例集未登載（第1審）
事件②：東京高判平成20・6・25判例集未登載（控訴審）
　　　　東京地判平成19・8・31判時1999号68頁（第1審）

この判例のここがポイント

① 障害基礎年金および障害厚生年金の支給要件である障害の程度の具体的な認定は、特段の事情がない限り、処分行政庁の障害認定の実務の段階におけるにとどまらず、訴訟になった段階においても、障害認定基準に従って行うべきであるとした。

② 両下肢の股関節に人工関節置換術を受けた場合には、障害認定基準の下肢の機能障害には依拠すべき基準が書かれていないため「肢体の機能の障害」についての障害認定基準を類推適用すべきであるとした。

問題となった障害年金要件または主要論点
障害程度要件

事案の概要
　この2件は、いずれも両下肢に障害のある原告が、左右の股関節に人工関節置換術を受けた後、障害基礎年金の支給裁定を請求したところ、社会保険庁長官から、原告の障害の程度は障害基礎年金の支給対象となる程度に達していない（つまり障害等級2級以上ではない）ことを理由に、同年金を支給しない旨の処分をしたことについて、その取消しを求めた裁判である。

判例の重要な部分
（1）認定基準の合理性については、事件①も事件②も同様の判断

をしている。

(事件①第1審)

「認定基準は行政規則であり、法的拘束力はない。しかし、医学的知見を総合してまとめられたものであり、最新の知見も踏まえた改訂も行われているから、その内容は合理的なものであると認める。また、障害基礎年金及び障害厚生年金の給付の公平を確保するためには、一定の基準に従うことが必要である。これらの点を考慮すると、障害基礎年金及び障害厚生年金の支給要件である障害の程度の具体的な認定は、特段の事情がない限り、処分行政庁の障害認定の実務の段階におけるにとどまらず、訴訟になった段階においても、この基準に従って行うべきである。もっとも認定基準の解釈及び適用は国民年金法の委任により定められた同法施行令別表及び厚生年金保険法の委任により定められた同法施行令別表第1の趣旨に沿って行わなければならないものであることはいうまでもない」。

(2) 両下肢人工関節置換の場合の障害認定基準適用

(事件②控訴審)

「肢体の機能の障害に関する認定基準の定めによれば、施行令別表2級12号に該当する肢体の機能の障害は、原則として、『［上肢の障害］、［下肢の障害］及び［体幹・脊柱の機能の障害］に示した認定要領に基づいて認定を行うが、脳卒中等の脳の器質障害、脊髄損傷等の脊髄の器質障害、多発性関節リウマチ、進行性筋ジストロフィー等の多発性障害の場合には、関節個々の機能による認定によらず、関節可動域、筋力、日常生活動作等の身体機能を総合的に認定する。』とされている。これは、人体にはある部分に障害が生じても残った部分がそれを補って代償する余力があるものの障害が広範囲になれば、そのような代償機能を十分に発揮し難い状態になり、個々の障害の結果を併合しているだけでは障害全体の不自由度を正しく反映しないおそれがあるため、日常生活動作を総合的に考慮する必要があると考えるからである。

ところで、施行令別表2級15号は『前各号に掲げるもののほか、身体の機能の障害又は長期にわたる安静を必要とする症状が前各号と同程度以上と認められる状態であって、日常生活が著しい制限を受けるか、又は、日常生活に著しい制限を加えることを必要とする程度のもの』と規定されているのであるから、下肢の障害のため両下肢の3大関節のうち1関節にそれぞれ人工骨頭又は人工関節をそう入置換したものであっても、その身体の機能の障害が施行令別表2級の1～14号と同程度以上と認められる状態であって日常生活が著しい制限を受けるか、日常生活に著しい制限を加えることを必要とする程度のものであると認められる場合には、施行令別表2級15号に認定するのが相当であり、上記の場合には同号に該当すると認定することができないというのは不合理である。

　そして、上記の場合は、脳卒中等の脳の器質障害、脊髄損傷等の脊髄の器質障害、多発性関節リウマチ、進行性筋ジストロフィー等の多発性障害ではないが、両下肢に障害があるため、一方の下肢が他方の下肢を補って代償する余力に乏しいのであり、個々の障害の結果を単に併合して判断するだけでは障害全体の不自由度を正しく反映しないおそれがあり、日常生活動作を総合的に考慮する必要があると考えられる点において、上記の多発性障害と径庭はないものといえる」。

　「以上によれば、下肢の障害のため両下肢の3大関節のうち1関節にそれぞれ人工骨頭又は人工関節をそう入置換した場合、肢体の機能の障害に関する認定基準の定めを類推適用する余地があると解するのが相当であ」る。

解　説
(1)　当時の認定基準——人工関節置換術

　当時の障害認定基準では、下肢の障害について、人工骨頭または人工関節を挿入置換したものに関しては、原則として「一下肢の三大関節中一関節以上に人工骨頭又は人工関節をそう入置換したものや両下肢の三大関節中一関

節以上にそれぞれ人工骨頭又は人工関節をそう入置換したものは、3級と認定する」と定め、「ただし、そう入置換してもなお、一下肢については『一下肢の用を全く廃したもの』程度以上に該当するときは、さらに上位等級に認定する」と定めていた。

しかし「一下肢の用を全く廃した」＝「一下肢の機能に著しい障害を有するもの」（2級12号）という要件はかなり厳しく、障害認定基準でも「一下肢の三大関節中いずれか二関節以上の関節が全く用を廃したもの、即ち①不良肢位で強直しているもの、②関節の最大可動域が健側の多動可動域の2分の1以下に制限され、かつ筋力が半減以下のもの、③筋力が著減又は消失しているもののいずれかに該当する程度のもの」とされていた。そのため、原告のように日常生活動作に多くの制限がある場合でも、2級に該当しないと判断されたのである。

そもそも障害認定基準の「肢体の障害」の「第2　下肢の障害」では、両下肢の障害で2級に該当する場合の具体的記載が存在しなかった。一方、「肢体の障害」の「第4　肢体の機能の障害」では、「両下肢の機能に相当程度の障害を残すもの」が2級とされ、これに該当するのは「両下肢に関連する動作のほとんどが『非常に不自由な場合』」とされていたが、この「第4　肢体の機能の障害」は「脳卒中等の脳の器質障害、脊髄損傷等の脊髄の器質障害、多発性関節リウマチ、進行性筋ジストロフィー等の多発性障害の場合」に限って適用されていた。

すなわち当時の障害認定基準では、両下肢の一関節に人工骨頭または人工関節を挿入置換し、かつ、歩行などの動作に制限が大きい事例であっても原則として障害等級3級までしか認定されず、2級が認められる場合は非常に限定されていた。そのため初診日に国民年金にしか加入していないケースでは、障害基礎年金がほとんど受給できなかった。

(2)　両下肢の機能障害の場合

この点この二つの裁判例では、障害認定基準は、特段の事情がない限り、処分行政庁の障害認定の実務の段階にとどまらず、訴訟になった段階におい

ても、この基準に従って行うべきものであるとしながら、原告のように、両下肢の1関節にそれぞれ人工関節を挿入置換したものが2級に該当するか否かを検討するについては、障害認定基準の下肢の機能障害に関する部分の中には依拠すべき適切な基準がないとした。そこで、両下肢の障害の場合には一下肢だけに障害がある場合と違って、歩行などの動作において、健側が障害のある側を補うことができないため、多発性障害の場合に適用される「肢体の機能の障害」に関する基準を類推適用すべきとし、運動可動域のみではなく、筋力、運動の巧緻性、速度、耐久性及び日常生活動作の状態から総合的に判定し、「両下肢の機能に相当程度の障害を残すもの」と判断されたならば、国年法施行令別表2級15号に該当し、障害等級3級から上位等級に認定すべきとして、障害基礎年金の不支給決定を取り消した。

(3) 本判決の意義

本判決の後、2010年4月26日通知（年管管発0426第1号）により、人工骨頭または人工関節を挿入置換した場合、例外的に障害等級2級が認定される場合を広げ、両下肢の3大関節中1関節以上にそれぞれ人工骨頭または人工関節を挿入置換したものにつき、「両下肢の機能に相当程度の障害を残すもの」に該当するときは、さらに上位等級に認定すると変更された。人工関節は、変形性関節症や関節リウマチなどの疾患により悪くなった関節を置き換えるものだが、2014年において、人工膝関節の手術を受けた患者の数は8万3000人、人工股関節の手術を受けた患者の数は5万5800人であり、今後も増加が見込まれる。本判決により、人工関節置換術の患者に対し、障害等級3級ではなく、2級が認められる範囲が広がったことは、①厚生年金保険の被保険者期間に初診日がない場合でも、障害基礎年金を受給できるケースが増えること、②厚生年金保険の被保険者期間に初診日がある場合でも、2級では、障害厚生年金と障害基礎年金が両方受給できるため、その分年金額が増えることの二つの意味がある。

そして、これらの判決が、2012年の障害認定基準改正につながり、「人工骨頭又は人工関節をそう入置換した場合」に限らず両下肢に障害がある場合

に2級認定がなされる基準が新設された（2012年の認定基準改正の問題点については前記第5章Ⅱ2(1)(A)(b)参照）。

これらの裁判例は、障害認定基準は通知にすぎないため、裁判所の判断により類推適用や認定実務を超えた法令の運用や適用が可能であること、そして、その裁判所の判断が認定基準の改正にもつながっていくことがあるということを示している。

Ⅲ 障害の程度の認定(2)——診断書がない場合

判例14 国年法施行規則31条2項4号の「診断書」の意義

東京地判平成25・11・8判時2228号14頁

この判例のここがポイント

知的障害（精神遅滞）の障害の程度の認定にあたって、国年法施行規則31条2項4号で提出が求められている「診断書」は、必ずしも基準日時点に診療に関与した医師等が作成したものではないとの理由だけでその該当性が否定されるものではなく、他の医師等によって作成された診断書であったとしても、あわせてその診断書を補完する客観性と信用性を有するその他の資料を提出することによって、上記規則の「診断書」の提出があったと取り扱うことは可能とした。

問題となった障害年金要件または主要論点

障害程度要件、診断書の意義

事案の概要

原告が、20歳前に初診日のある精神遅滞により、主位的に障害認定日ま

は20歳に達した日を基準とする認定を、予備的に事後重症による認定を求める裁定請求をしたところ、予備的請求のみが認められたため、主位的請求での認定（主位的請求の（黙示的）却下処分の取消し）を求めた。

判例の重要な部分

「国民年金法施行規則の趣旨に照らすと、裁定請求者は、原則として、その障害の状態について、その当時、裁定請求者の診療に実際に関与した医師又は歯科医師が作成した診断書又は診療記録を提出することを求められることとなるが、上記規則の定めは、裁定機関の認定判断の客観性・公平性を担保する手段として上記の書類の提出を求めたものにすぎないことからすると、裁定請求者が提出した診断書又は診療記録が、障害の状態が問題とされる当時において裁定請求者の診療に実際に関与したことのない医師又は歯科医師により作成されたものである場合であっても、それが故に当該診断書等が上記規則にいう『診断書』に該当しないとして障害の判定を行わないとすることは相当ではなく、裁定請求者が当該診断書等に加えて提出した他の資料が一般的な客観性と信用性を有するものと評価することができ、かつ、それらが当該診断書等を補完するものとなり得ると認められるのであれば、当該診断書等とその他の資料の提出をもって、上記規則にいう『診断書』の提出があったものとして取り扱い、当該診断書等と裁定請求者が提出した他の資料とを総合的に判断して、当該診断書等の具体的な信用性を吟味した上、障害の状態が問題とされる当時における障害の程度の判定を行うべきものと解することが相当である」。

解説

本件は、障害基礎年金の申請に際して国年法施行規則上提出が求められている「診断書」について、同規則の趣旨からその意義を判示している。

仮に「初診日」に医師等の診断を受けていたとしても、それから1年6カ月以上先の障害認定日または20歳到達時点（基準日時点）で、必ずしも医療機関を受診しているとは限らない。

本裁判例は、このような者に対しても基準日時点からの障害年金受給を可能とする途を示した有意義な裁判例といえる。

ただし、判時2228号15頁の解説では、「このような判断に至った事情の一つとして、問題となった疾病が精神遅滞であり、時間が経過しても障害の基本特性等が変化しないという特色を有している点も考慮されたものと考えられる」とされている。とすると、障害の基本特性が変化しうると評価される疾病の場合は、本裁判例の判示が該当するとしても、(他の医師等が作成した)診断書による当時の状況の推測の信用性、他の資料の客観性および信用性がより慎重に吟味されることとなるとも考えられる。

判例15 障害の認定と診断書の関係について判断した裁判例

神戸地判平成23・1・12賃社1540号41頁

この判例のここがポイント

司法判断においては、医師の診断書がなくても、聴覚障害の程度を認定できるとし、医師の診断書がない時点における受給権の発生を認めた。

問題となった障害年金要件または主要論点

障害程度要件、診断書の意義

事案の概要

初診日は、6歳であった1953年4月頃であり、20歳前障害であることには争いがないところ、2007年5月24日、同月16日付の傷病名「両感音性難聴」、および、聴力レベル、最良語音明瞭度の数値の記載のある診断書を添付して、主位的に、国年法30条の4第1項に基づき、20歳に達した日である1967年3月24日を受給権発生日とする障害給付の裁定を求め、予備的に、同条2項に基づき、裁定請求日における障害についての障害給付を求めたところ、社会保険庁長官は、障害認定日の障害の程度が不明であるとして、同診断書作成

日の2007年5月を受給権発生日とする裁定を行い、1967年3月24日を受給権発生日とする請求を却下したため、これを不服として却下処分の取消しを求めた。

なお、判決においては、1986（昭和61）年3月31日以前に受給権を有する至った場合は、旧国年法が適用されるとされているところ、旧国年法別表2級に該当する障害が障害福祉年金の支給対象となったのは、1974年3月1日である。

(判例の重要な部分)

「年金の受給権が発生しているか否かを裁定する裁定機関は、障害福祉年金又は障害基礎年金の裁定において、その障害がいかなるもので、それが年金給付を支給すべき程度の障害に該当するかどうかを、客観的かつ公平に判断し、円滑に裁定しなければならない。聴覚障害者の等級認定に関し、デシベルという計測された数値が一義的な障害等級の認定基準として定められている以上、裁定機関が、聴力喪失（聴力レベル）及び最良語音明瞭度の測定値を記載する様式の診断書を採用し、それを提出させた上で、その診断書に基づいて裁定の判断を行っていることは合理的で」ある。

しかしながら、「司法判断の手法という観点から法の規定内容をあらためてみると、国民年金法（昭和60年改正前も同様）は、裁定請求において医師の診断書を提出することを要件としておらず、当該基準に該当するか否かを判断するにあたって、医師の診断書に寄るべきことを定めた法の規定はない」。

「したがって、聴力障害にかかる障害福祉年金又は障害基礎年金の裁定における障害の程度の司法判断は、必ず聴力の測定結果が記載された医師の診断書の記載によらなければならないということはなく、他に障害の程度を判断するための合理的資料が得られる場合には、それによって障害の程度を認定することもできるというべきである」。

(解　説)

障害のため情報弱者となり、障害基礎年金制度すら知らずに生活している人にとって、障害年金の裁定請求に備えてカルテや診断書類を確保しておくことは現実的ではないから、診断書以外の合理的な資料により障害の程度を認定することを認めた結論は妥当である。しかし、本判決が、司法判断と行政処分庁の判断を分け、「提出した診断書の記載内容に基づいて裁定の判断を行ったことは、処分行政庁の対応としては誤っていない」としていることは疑問が残る。

判例16　障害の状態の判断に診断書は必須でないとした裁判例

名古屋地判平成25・1・17賃社1584号38頁

この判例のここがポイント

障害認定日における障害の状態の判断の基礎資料として医師の診断書は必須でないとし、他の資料をもとに障害の程度を判断した。

問題となった障害年金要件または主要論点

障害程度要件、診断書の意義

事案の概要

2001（平成13）年2月19日にがんで死亡したAの妻である原告は、Aは障害基礎年金および障害厚生年金の受給権者であったが裁定請求することなく死亡したとして、2007（平成19）年9月5日、社会保険庁長官に対し、国年法および厚年法に基づき未支給の障害給付について裁定請求した。

これに対して、社会保険庁長官は、請求のあった傷病（胃疾患）について障害認定日現在の状態の診断書が提出されていないため認定することができないことなどを理由に本件裁定請求を却下したため、これを不服として却下処分の取消しを求めた。

判例の重要な部分

「認定した事実によると、〔1〕Aは、平成5年10月の時点で、進行性スキルス胃癌のステージ〈4〉で、手術をしなければ余命6か月から1年と診断され、〔2〕同月30日に手術を拒否して退院したものの、平成6年4月頃には、倦怠感や頭痛、吐き気、めまいがひどいため、まともに就労できずに、欠勤を繰り返していたものであり、〔3〕平成7年初め頃には、ほとんど出勤することができずに自宅で寝たり起きたりして過ごす状態となり、食後の激しい吐き気や胃の違和感、めまい、右腹部の痛み、便秘、頸部のリンパ腺の腫れ等に悩まされ、調子の良い時は独りで入浴することができたものの、起き上がって居間で体を拭いて済ませることのほうが多い状況であったというのであるから、障害認定日（平成7年4月25日）当時、Aは、著しい全身倦怠のため、軽度の症状があり、肉体労働は制限を受けるが、歩行、軽労働や座業はできる状態（障害認定基準の第3・第16節2⑷一般状態区分イ参照）にあったというべきである。

そうすると、Aの障害の程度は、身体の機能に、労働が著しい制限を受けるか、又は労働に著しい制限を加えることを必要とする程度の障害を残すもの（厚年令別表第一の12号）、すなわち障害等級3級に該当するというべきである。

これに対し、被告は、障害給付の裁定の請求においては、所定の事項を記載した請求書を提出するとともに、障害の状態に関する医師等の診断書を添付することとされているところ（国年規則31条2項四号、厚年規則44条2項四号）、本件裁定請求には、障害認定日（平成7年4月25日）以後3か月以内の診断書が添付されておらず、上記時点におけるAの障害の状態の程度を裏付ける客観的資料がないから、上記時点におけるAの障害の状態が障害等級表所定の程度であったか否かを認定することはできない旨主張する。

しかしながら、上記各規定は、裁定機関による裁定の客観性、公平性を確保するとともに、裁定手続の円滑、迅速化を図る趣旨に出たものと解されるのであって、国年法や厚年法等の関係法令を通覧してみても、障害給

付の裁定請求における判断の基礎資料を医師等の診断書に限定する趣旨の規定は見当たらない。そして、本件においては、原告作成に係る平成19年8月25日付け病歴・就労状況申立書、平成24年2月16日付け陳述書及び本件裁定請求書並びに原告本人尋問における原告の供述のほかに、D医師作成に係る平成8年10月7日付け診断書、平成18年1月7日付け受診状況等証明書及び同日付け国民年金・厚生年金保険・船員保険診断書、H医師作成に係る平成19年4月4日付け受診状況等証明書及び同月5日付け年金診断書、K医師作成に係る平成20年12月2日付け受診状況等証明書やA作成の日記等の証拠資料が存在し、これらによってAの病状や症状の推移等を認定することが可能である」。(下線筆者)

解 説

　国年法施行規則および厚年法施行規則は、障害年金の裁定請求にあたり、「障害の状態の程度に関する医師又は歯科医師の診断書」を「添えなければならない」と規定している。しかし、法律（国年法・厚年法）では診断書を必須とする規定はない。通常人に、初診日から1年半後の障害認定日に合わせて、将来の障害年金の裁定請求に備えて受診することを求めることは現実的ではないから（本件Aは、亡くなるまで裁定請求はしておらず、障害認定日当時は医療機関にかからず漢方による療養をしていた）、障害認定日における障害の状態に関する診断書がないというだけで裁定請求を却下すべきでなく、他の合理的な資料により障害の状態を認定することを認めたのは妥当である。障害認定基準第3第16節も、医学的所見を「参考にして」、具体的な日常生活状況等により総合的に認定するものとされている。

　同様の裁決例・判例はいくつかあるが、本件ではAは胃がんであり、障害者手帳もなく、障害の状態を客観化できる数値もない状況で、障害の状態を認定した点に特色がある。

　なお、本件は、A死亡後妻である原告が遺族年金の受給を検討する中で、未支給の障害給付について裁定請求したものである。遺族厚生年金は「障害

等級の1級又は2級に該当する障害の状態にある障害厚生年金の受給権者が、死亡したとき」には受給要件を満たす（厚年法58条1項3号）。仮に障害等級が3級とされたとしても、直接死因の傷病と障害厚生年金の傷病とが相当因果関係にあるときには死亡時に2級以上とみなすという扱いをしているため、いわゆる短期要件による遺族厚生年金の受給権が発生する（厚生年金事務の手引き94頁）。

判例17　障害認定日当時の診断書がなくとも障害認定は可能とした裁判例

東京地判平成19・9・5裁判所HP

この判例のここがポイント

　本件においては、初診日に争いはなかったが、症状固定日に争いがあり、判決は初診日より1年6カ月より後に症状固定に至ったと認定し、初診日より1年6カ月を経過した日が障害認定日とされた。障害認定日の障害の程度の認定資料としては、障害認定日以後3カ月以内の診断書が必要であるが、本件では、同診断書の提出がなくても、他の診断書により、障害の程度の認定は可能とした。

問題となった障害年金要件または主要論点

　障害程度要件、診断書の意義

事案の概要

　原告が、第3腰椎不安定症、頸椎骨軟骨症および胸椎々間板障害により障害の状態にあるとして、障害認定日以降の障害給付の裁定請求をしたところ、社会保険庁長官は、事後重症によるとして裁定請求日以降の障害給付の支給を認める旨の裁定をしたので、この判断に誤りがある旨主張して、この不支給処分の取消しを求めるとともに、不支給となった期間について障害等級2級の障害給付を支給する旨の処分の義務付けを求めた事案である。

III 障害の程度の認定(2)——診断書がない場合（判例17）

> **判例の重要な部分**
>
> 「平成8年診断書、平成9年診断書及び平成14年診断書の各記載を照合して検討すると、原告の平成10年1月31日の時点における障害の程度を推認することができるというべきであって、初診日から1年6月を経過した平成10年1月31日の時点以後3月以内の現症が記載された診断書が提出されていないこと自体は、原告の上記障害の程度を認定することに何ら妨げになるものではない……。
>
> 平成8年診断書、平成9年診断書及び平成14年診断書から認められる原告の症状について、子細に見れば、被告が指摘するように、疼痛の部位やその程度に差異があったり、日常生活動作について一部改善された項目があることが認められるものの、全体としてみれば、原告は、そのような事情を踏まえてもなお、平成8年診断書、平成9年診断書及び平成14年診断書のいずれにおいても、その脊柱支持機能及び運動機能が大きく失われており、原告の日常生活能力が全般にわたり不自由であり、また労働能力がない旨診断されているのであり、他に平成10年1月31日ころに原告がこのような状態ではなかったことを窺わせる具体的事情は認めがたいのであるから、被告が指摘する上記の各事情は、原告の本件各傷病の程度が、平成10年1月31日の時点でも、障害等級2級に該当する旨の上記推認の妨げとなるものではない」。

解説

障害認定日に障害等級に該当するか否かを明らかにするための資料として、「厚生年金保険及び船員保険の障害年金の廃疾認定日の変更等に伴う事務の取扱いについて」（1977年7月15日庁業発第844号）は、障害給付の裁定請求書に、初診日から1年6カ月を経過した日における廃疾の状態を明らかにする診断書を添付させるものとし、この診断書は、原則として、初診日から1年6カ月を経過した日以後3カ月以内の現症が記載されたものをいう旨定めている。

そのため、上記の診断書が添付できない場合は、障害認定日における障害の状態を判断するに足りる医学的根拠がないとして、裁定請求日における症状を判断して、事後重症による障害給付を支給する旨の裁定がされるのが実情である。

しかし、本件は、他の時点の診断書によって障害認定日以後3カ月以内の現症が推認できる場合には、障害認定日以後3カ月以内の現症が記載された診断書が提出されていないこと自体は、障害認定日における障害の程度を認定することに何ら妨げになるものではないと判示した。

本裁判例は、障害認定日を挟む3通の診断書の内容を慎重に吟味して、障害認定日以後3カ月以内の診断書がない場合でも、事後重症ではなく障害認定日からの障害年金受給を可能とする途を示した有意義な裁判例といえる。

Ⅳ　信義則違反

判例18　国による年金受給権の時効消滅の主張が信義則違反ゆえに許されないとした裁判例

東京地判平成17・11・29判例集未登載

この判例のここがポイント

① 社会保険事務所職員は、受給資格の有無、裁定請求の可否等について相談を受けた場合には、その権利を行使する機会を失わせることがないよう必要な教示を行う義務を負っている。

② 社会保険事務所職員が必要な教示を怠ったことに起因して裁定請求の機会を逸したから、国による時効消滅の主張は信義則に反し許されない。

問題となった障害年金要件または主要論点

消滅時効、信義則、教示義務

事案の概要

原告Xは、1987年4月頃、Y区役所年金係およびZ社会保険事務所を複数回訪れ、年金の受給資格の有無について相談をしたものの、「障害の原因となった交通事故時（1986年8月に事故、同年9月に症状固定）の直近に国民年金の未納付があったため、年金給付の対象にならない」との説明を受けた。そのため、原告は、その当時、障害年金の裁定請求をしなかったが、客観的に見れば、Xは障害基礎年金の受給要件を満たす状態にあった（国家公務員共済組合への加入期間を含めれば受給要件が満たされる状態にあった）。

Xは、2001年6月、障害認定日請求による障害基礎年金の裁定請求をした。社会保険庁は、Xが障害認定日（上記症状固定日たる1986年9月）に2級の障害等級に該当していたとして障害基礎年金を支給する旨の決定をしたものの、その支給は、消滅時効にかかっていない1996年4月分からのみとした。

Xは、国等に対して、国賠法に基づき、本来支払われるべき障害基礎年金に相当する金員の支払いを求めたのに対し、国は、時効消滅の主張をした。

判例の重要な部分

「国民年金法上の各種給付は、受給権者が請求を行い、被告行政庁が裁定を行って初めて権利が発生するものである一方、受給権者は、その支給事由が生じた日から5年を経過したときは、時効によってその権利が消滅するという重大な不利益を被りかねないことにかんがみると、……社会保険事務所……職員としては、受給権者から受給資格の有無、裁定請求の可否等について具体的な問い合わせや相談を受けた場合には、その権利を行使する機会を失わせることがないよう必要な教示を行う義務を負っているものと解するのが相当である。

これを本件についてみると、……被保険者期間や保険料納付済期間に変動が生じ、『3分の2要件』を具備する余地はないのかなどの点について、関係諸法令に通じ、専門知識を有する社会保険事務所の職員としては、わずかな注意を払えば疑問を抱いてしかるべき事柄であり、原告に対してこ

の点を確認したうえ、『年金加入期間確認通知書』の提出を求めるなどの行為に及ぶべきであったというべきである。

　そして、……本件にあっては、……同事務所の職員が上記のような確認行為に及んでいないことが推認されることになる。……

　そうすると、……Ｚ社会保険事務所の職員は必要な教示を怠ったものであり、そのことに起因して、原告が裁定請求する機会を逸したものと認められる本件においては、国民年金法及び会計法所定の消滅時効期間が経過したからといって、その責任を帰せられるべき被告らが、給付を受ける権利の時効消滅を主張することは、信義則に反して許されないものと解するのが相当である」。

（解　説）

　本事件は、障害年金の受給要件たる保険料納付要件のうち、いわゆる「3分の2要件」につき、社会保険事務所職員が必要な確認、教示を怠ったとして、国による時効消滅の主張が信義則違反で許されないとしたものである。

　原告Ｘは、複数回の転職をしていたため、同要件を満たすかどうかを確認するためには、一定程度の確認行為が必要であった。この点につき、本裁判例は、「複数回の転職を経た者に関する計算の方法は、平易さを欠いた面があって、関係諸法令に通じていない国民一般の立場からみれば、自身がその要件を満たしているか否かを確認するのに困難が伴う場合も少なくないものというべきである」旨を述べており、これを背景に、社会保険事務所職員に判示のとおりの教示義務を負わせた。

　また、本件では、国のほか社会保険庁を被告として、「消滅時効期間未経過部分のみの障害基礎年金を支給する旨の決定」についての取消訴訟も提起されていた。この点に関して、本裁判例は、「本件処分により障害基礎年金受給権を有する旨の裁定を受けていて、支給期月ごとに発生する年金受給権は、支給期月の到来によって当然に発生する」との前提に立ち、「本件処分の取消しを経ることなく、直接、被告国に対し、当該権利に係る給付金額の

支払を請求することができる」から、同訴えの部分については「訴えの利益がない」と判示し、これを却下している。

本裁判例は、「いかなる程度の教示義務違反があれば、信義則に反して時効消滅の主張ができなくなるのか」というところまで踏み込んだ規範を立てているとまでは言えないものの、少なくとも事例判例として参考になるものと思われる。

判例19 年金受給資格に関して誤った教示をしたことにつき国家賠償請求が認められた事例

東京高判平成22・2・18判時2111号12頁

この判例のここがポイント

市職員が「裁定請求意思を翻させたり、請求を断念させる結果を招いたり、そのように仕向ける窓口指導等をしてはならず、法令の定める手続に従って裁定を受ける機会を失わせてはならない」という職務上の法的注意義務を負っている旨を判示し、この注意義務違反を認定して国家賠償責任を認めた。

問題となった障害年金要件または主要論点

説明義務、信義則

事案の概要

原告（控訴人）Xは、客観的には、旧国年法57条1項の規定に基づき、20歳に達した日である1980年1月31日に障害福祉年金受給権を取得し、1986年4月に障害基礎年金受給権を取得していると判断される状態にあった。

Xは、1987年3月頃、Y市市民課において、「障害年金を受けられると聞いて申請をしたいのですが」と申し出た。Y市職員は、Xの障害者手帳を確認したのみで障害基礎年金の支給要件を満たさないとの誤った判断をし、「国民年金を納める前の発病で年金を納めてないから無理ですね。等級も3級だから無理です」、「まあXさんの場合、これ以上手足が不自由になるか、

車いすになるとかで障害が重くなれば申請できますが」との発言をしてXには受給権がないとの誤った断定的判断を示し、Xをして裁定請求を断念するに至らせた。

　Xが、2006年10月、障害基礎年金の裁定請求をしたところ、障害福祉年金給付受給権の取得日は1980年1月31日、障害基礎年金受給権の取得月は1986年4月とするものの、これら給付の支分権のうち、2001年7月までのものは時効消滅した旨の裁定がなされた。

　そのため、Xは、国およびY市に対し、国賠法に基づき、本来受給しうべき障害福祉年金および障害基礎年金相当額の支払いを求めた。

（判例の重要な部分）

　「……法令の定めによれば、控訴人から……申出を受けた本件職員としては、控訴人の申出が障害基礎年金の裁定請求の手続をしたいとの趣旨であることが明らかであるから、……控訴人に、……障害基礎年金裁定請求書を作成させ、……添付すべき書類等を提出させ、……裁定請求書等に受付印を押印後、……所要事項を記入する等所要の処理を行い、管轄社会保険事務所に進達するための部内処理手続をする必要があり、かつ、それをもって足りたものというべきである。そして、身体障害者福祉の理念からして障害基礎年金の受給権が極めて重要な権利であると認められること、……受給要件に関する法令の規定が複雑かつ難解であること、……裁定請求がなければ……給付が行われることはな……いこと及び本件職員が……豊富な障害基礎年金の支給要件等に関する情報を保有していることを併せて考慮すると、……本件職員としては、控訴人に対して、その窓口を閉ざすに等しい対応をしてはならないというべきであって、仮にも、控訴人に対し、自らの判断により、……裁定されることは困難であろうとか、あるいは、請求が却下されるであろうとか意見を述べ、教示するなどして、裁定請求の意思に影響を与えて請求意思を翻させたり、請求を断念させたりする結果を招いたり、そのように仕向ける窓口指導等をしてはならず、法

> 令の定める手続に従って裁定の審査を受ける機会を失わせてはならない職務上の注意義務を負うものというべきである。そして、この義務は、……本件職員が、障害基礎年金の裁定請求をしたい旨の申出をした控訴人に対して職務上負う法的義務であるということができる……。
> ……本件職員の上記行為は職務上の注意義務に違反したものであり、……不法行為が成立するというべきである」。

解説

　市町村や日本年金機構の窓口において、職員から誤った説明、不適切な説明がなされて、本来受給できるはずの障害年金の申請を諦めたという例は実務上少なくないといわれている（日本弁護士連合会行政訴訟センター編『改正行政不服審査法と不服申立実務』203頁等）。本判決はそのような実務の悪弊に警鐘を鳴らす判決といえよう。

　本件は、市職員に対して、「誤った窓口指導等によって裁定の機会を失わせてはならない」旨の職務上の法的注意義務を負わせ、その違反を捉えて国賠法上の責任を認定している。かかる解釈をする際、「身体障害者福祉の理念」として「障害者が社会生活及び地域社会の発展に参加し、社会経済の発展の結果である生活向上の平等の配分を受け、他の市民とともに同等の生活を享受する権利の実現を促進すべきことにあるというべきである」旨を述べ、この点を加味して上記注意義務の検討を行っている点が注目される。

　また、本件では、年金請求の裁定に関する取消訴訟の形式がとられておらず、国賠法による請求が認容されている。これは、当該裁定において、「20歳当時からの障害基礎年金等受給権が確認されているため、その処分の取消しを経ることなく、単に時効消滅したとされている支分権部分について、国賠法に基づき、国に対して請求できる」との考え方に基づいているものと思われる（かような取消訴訟を「訴えの利益がない」として却下した前記判例18も参照されたい）。

　なお、本件では、国およびＹ市が連帯して賠償責任を負う旨を判示してい

る。その判断過程として、本裁判例は、「国賠法上、機関委任事務に関し、地方公共団体の公務員の行為によって損害賠償義務が発生した場合、委任者たる国が損害賠償義務を負担するというべきである」旨をまず判示して、Y市職員の本件不法行為につき、国の責任を認定した。そのうえで、Y市が、本件不法行為を行った職員に給与等を支給していた点を指摘し、国賠法3条1項所定の「公務員の俸給、給与その他の費用を負担する者」に該当するものとして、Y市に国との連帯責任を負わせている。

V その他

判例20 「症状固定」の定義を示した裁判例

東京地判平成22・8・31WLJ2010WLJPCA08318004

この判例のここがポイント

障害等級3級についての、厚年法施行令別表第1の第14号「傷病が治らないで、身体の機能又は精神若しくは神経系統に、労働が制限を受けるか、又は労働に制限を加えることを必要とする程度の障害を有するものであつて、厚生労働大臣が定めるもの」は、症状固定の場合には、「傷病が治らないで」に該当しないため含まれないと判断し、症状固定の定義を示した。

問題となった障害年金要件または主要論点

症状固定

事案の概要

突発性大腿骨頭壊死症で、障害等級3級に該当するとして障害厚生年金の支給を受けていた原告が、社会保険庁長官が「上記障害の状態に該当しなくなったとして」行った年金の支給停止処分の取消しを求めた。

原告は、大腿骨頭回転骨切り術は実施されたが、その後、人工骨頭置換術

または人工股関節置換術は受けておらず、股関節の経過観察程度の受診であったことから、原告の治療経過に照らせば、症状固定の判断は妥当であるとして、原告の請求を棄却した。

判例の重要な部分

「本件において、被告は、平成18年12月15日にされた本件処分の適法性に関し、原告に係る本件傷病は上記の当時に厚年令別表第一の14号にいう『傷病が治らない』状態に該当しなくなっていたことを主張するところ、上記の『傷病が治らない』の意義については、法47条1項本文が同規定にいう『傷病が治った日』につき『その症状が固定し治療の効果が期待できない状態に至った日を含む』と定めていることにも照らし、2⑷で認定した新認定基準において医学的な知見を基礎に『傷病が治った状態』につき述べられているところを踏まえてこれを解するのが相当であると考えられ、本件においてこれと異なって考えるべき事情は格別見当たらない。

ところで、本件傷病に係る突発性大腿骨頭壊死症については、先に1で認定したところ及び弁論の全趣旨に照らし、その発生後の症状は長期間推移するのが通常であり、治療法として手術療法のうち若年者についての第一選択とされる大腿骨頭回転骨切り術が実施された場合に、その後の期間経過による加齢の状況や骨頭の圧潰による関節変形の進行の状況に応じて、手術療法の他の選択とされる人工骨頭置換術や人工股関節置換術の適応が生じることがあるとしても、患者が大腿骨頭回転骨切り術を受けたということをもって、直ちに、医学上の判断として、当該患者につき人工骨頭置換術や人工股関節置換術等の適応があるとされるものと認めるべき医学上の知見は見当たらず、大腿骨頭回転骨切り術実施後の症状やこれに対する医療上の措置の内容等は、患者ごとになお異なり得るものであると認めるのが相当である。

そして、大腿骨頭回転骨切り術の実施を受けた者に関する厚年令別表第一の14号の規定の適用については、上記のような突発性大腿骨頭壊死症の

特性のほか、同号の規定の趣旨は、同別表の他の号の規定の内容にも照らし、<u>傷病による障害の労働に及ぼす影響が比較的軽微であっても一般に被保険者が現に治療を要する状況にあることにより労働への制限等が生ずることを考慮して、『傷病が治らない』状態にある被保険者を保護しようとするところにあると解されること</u>、仮に突発性大腿骨頭壊死症にかかった被保険者が将来人工骨頭置換術又は人工股関節置換術の実施を受けた場合には原則として障害等級3級に該当する障害の状態にあるものとして取り扱われることとなること（2⑷イエ。なお、平成21年10月23日付け被告第4準備書面第5参照。）を踏まえ、具体的な症状やこれに対する<u>医療上の措置の内容等に応じ、たとえば、症状に相当の期間にわたり変化がみられず当該症状を積極的に改善するような治療が行われていないといった事情の存する場合には、『傷病が治らない』状態に該当しなくなったと判断することも、必ずしも否定されるものではないと解される</u>」。(下線筆者)

解　説

　厚年法施行令別表1の第14号で、「傷病が治らないで」との要件があるのは、治療中で労働の制限が生ずる者を保護しようという趣旨であるとして、通院しているものの、検査と経過観察が主である原告については、症状固定しているため、これに当たらないと判断している。

　通院しているだけでは足りず、症状を積極的に改善するような治療が行われていないと、症状固定と判断され得ることがわかる。

　厚年法施行令別表1の第14号で、障害等級3級の場合は、このように、症状の経過と治療内容によっては障害年金が打ち切られることもあるということになり、注意が必要である。

判例21 障害基礎年金受給権がある中でなされた障害厚生年金・障害基礎年金請求が、前者の受給に係る請求との関係で重複請求には当たらないと判断された裁判例

東京地判平成27・4・17裁判所 HP・LLI/DBL07030691

この判例のここがポイント

　障害基礎年金受給権がある中でなされた障害厚生年金・障害基礎年金請求が、前者の受給に係る請求との関係で、障害厚生年金部分の請求に関しては、障害基礎年金請求と障害厚生年金請求とは別制度に基づく請求なので、重複請求には当たらず適法である。

　障害基礎年金受給権がある中でなされた障害厚生年金・障害基礎年金請求が、前者の受給に係る請求との関係で、障害基礎年金部分の請求に関しては、請求人の初診日に係る主張を裏づける新たな資料で相応の価値があるものが提出されたという事情の下では、重複請求には当たらず適法である。

問題となった障害年金要件または主要論点

　重複請求の判断

判例の重要な部分

　「障害基礎年金と障害厚生年金は、障害厚生年金が障害基礎年金の上乗せ給付として位置づけられるなどその目的等において共通する部分があるものの、受給要件は各別に規定され（国年法30条ないし30条の4、厚年法47条ないし47条の3）、その裁定請求も各別に行うこととされ（国年法16条、厚年法33条）、障害厚生年金についてのみ3級の障害厚生年金を受給することができるなど（厚年法47条2項、同法施行令3条の8、別表第一）、<u>障害基礎年金の裁定請求と障害厚生年金の裁定請求とは、その請求権の発生根拠を異にする別個の請求であるというべきである。</u>

上記……事実によれば、本件においては、……平成15年裁定請求（注：当初の障害年金の受給権が認められた請求。以下同じ。）において、障害厚生年金の裁定請求はされておらず、障害厚生年金の裁定請求に対する判断もされていないものと認められるから、本件裁定請求のうち障害厚生年金の裁定請求は、平成15年裁定請求との関係で重複請求に当たるということはできない。

　障害基礎年金の裁定請求がされ、それを認める処分がされた後に、当該裁定請求の内容とは両立しない（より有利な）内容の処分を求めるために再度の裁定請求がされた場合については、それが申請権の濫用に当たるものとして許容されず、再度の裁定請求自体が不適法となる場合があり得るとしても、再度の裁定請求の手続において、当初の裁定請求の手続においては提出されなかった新たな資料が提出され、当該資料に相応の価値があることが認められるなど、証拠資料に関して事情の変更があるような場合においては、上記処分が受益処分であることに鑑みると、再度の裁定請求自体が直ちに不適法となるということはできず、行政庁は、再度の裁定請求の内容の当否について判断しなければならないと解されるところである。

　これを本件についてみるに、……認定事実……のような経緯と事情に照らすと、本件においては、もともとの原告の主張に沿い、かつ、先行する平成15年裁定請求に係る手続では提出されていなかった新たな資料で相応の価値があるものが、本件裁定請求に係る審査請求の手続中に提出されたという事情があるから、本件裁定請求のうち障害基礎年金の裁定請求が直ちに不適法であると解することは相当ではないというべきである。したがって、当該裁定請求が、平成15年裁定請求との関係において重複請求に当たり不適法であるということはできない」。（下線筆者）

事案の概要

　2002（平成14）年に「初診日を昭和45年6月頃とする障害厚生年金・障害基礎年金の事後重症請求」を行ったが、2003（平成15）年に、この請求を

「初診日を昭和36年頃とする障害基礎年金の事後重症請求」に差し替えて、障害基礎年金支給の裁定を得ていた。そのような中、2011（平成23）年に「初診日を昭和45年6月頃とする障害厚生年金・障害基礎年金の事後重症請求」を行ったことに対して、厚生労働大臣が、この請求が平成15年の請求との関係で重複請求であって不適法であるとして却下したので、その却下処分の取消しを求めて争われた事案である。

(解　説)

本判決は、障害基礎年金受給権がある中でなされた障害厚生年金・障害基礎年金請求が、前者の受給に係る請求との関係で結論としては、重複請求には当たらず適法であると判断した。

その判断枠組みは、「障害厚生年金に係る請求」と「障害基礎年金に係る請求」とに分けて判断がなされているものである。そして、「障害厚生年金に係る請求」に関しては、障害基礎年金と障害厚生年金とは別制度に基づく請求であり、前者の受給に係る請求では障害厚生年金に係る請求はなされていないので重複請求には当たらず適法であるとした。一方、「障害基礎年金に係る請求」に関しては、前者の受給に係る請求における「障害基礎年金に係る請求」と重複し、不適法となる余地があるものの、本件での具体的な事情の下では適法であると判断したものである。

判例22　年金受給権の相続について判断した判例

東京地判平成28・2・19WLJ2016WLJPCA02198025

(この判例のここがポイント)

年金受給権の有無が争われた場合に、その相続人が訴訟を承継すると判示した。

(問題となった障害年金要件または主要論点)

年金受給権の相続性

事案の概要

亡X_1が気管支拡張症および慢性閉塞性肺疾患により障害の状態にあるとして障害基礎年金の裁定請求をしたところ、障害認定日における障害の状態が判断できないとの理由で本件裁定請求を却下する処分を受けたため、取消訴訟を提起したものであるが、訴訟係属中に本人が死亡したため、相続人である妻が訴訟承継をした。

判例の重要な部分

> この点、障害基礎年金の不支給決定の取消しを求める訴訟の原告（受給権者）は、処分が取り消されて受給権があるとされた場合に、以後の受給権のほか、支給を受けられたはずの給付を受け得る地位を回復するという法律上の利益を有していたところ、法19条1項所定の遺族に該当する原告は、厚生労働大臣の支給決定を受けることを条件とするものの、受給権者の上記地位ないし利益が承継されたということができると解するのが相当である。（下線筆者）
>
> なお、判例は、国民年金の受給資格を有する者が国に対して、未支給年金の支払いを求める訴訟の係属中に死亡した場合には、当該訴訟は当然に終了し、法19条1項所定の者がこれを承継するものではないとしているが（平成3年（行ツ）第212号同7年11月7日第3小法廷判決・民集49巻9号2829頁）、この判例は、年金受給資格を有する原告が未支給年金の給付を求めた訴訟の係属中に死亡し、その養女が相続を理由に当該訴訟の承継を主張した事案において、法19条1項所定の遺族は、死亡した受給権者が有していた請求権を同項の規定に基づき承継的に取得するものと理解することができるが、自己が所定の遺族に当たるとしてその権利を行使するためには、別途支給の決定を受けることが必要であるなどとして上記判断を示したものであり、訴訟承継後に判決で給付請求が認容されることとなれば上記決定に係る処分行政庁のいわゆる第一次的判断権が害されることになるから、かかる事態が生じないよう訴訟承継を否定した趣旨のものと解される。

これに対し、本件は亡X_1の給付を受ける権利を否定した本件処分の取消しを求める訴訟の係属中に同人が死亡したものであって、亡X_1の受給資格の有無についてはすでに本件処分で処分行政庁の第一次的判断権が行使されている一方、仮に判決で当該処分が取り消されたとしても、原告が支給を受けるためにはさらに遺族としての支給決定を受ける必要がある以上、訴訟承継を認めることによって支給に係る処分行政庁の第一次的判断権を害する結果にはならないのであるから、本件は上記判例とは事案を異にするものというべきである。

解　説

　本裁判例は、老齢基礎年金の受給資格を有するものに対する未支給の年金については、相続の対象とならないことを明らかにした判例（最判平成7・11・7民集49巻9号2829頁。以下、本判例解説において「平成7年最判」という）に言及しつつも、事案を異にするとして、原告に訴訟承継を認めた事案である。

　この平成7年最判はやや特殊な類型の訴訟であることに留意が必要である。事案は、法律により、障害福祉年金と国民年金に基づく老齢年金の併給調整規定が憲法違反であるとして、すでに当該両年金に関して、処分庁から年金受給権に関する裁定を受けている原告が、支給停止された老齢年金について、未払い年金であると主張し、民事訴訟の給付訴訟（法律学上は行政訴訟法上の当事者訴訟としての給付訴訟）として、争われたものである。そして、訴訟係属中に原告が死亡し、原告の養女が相続を理由に訴訟承継を求めた事案である。

　この平成7年最判について、本判決は、「訴訟承継後に判決で給付訴訟が認容されれば処分行政庁の第一次判断権が害されるから、訴訟承継を否定した趣旨」という意味の理解を示している。

　そのうえで、本判決の事案は、すでに亡元原告の年金受給権を否定するという行政庁の行政処分が下されて第一次判断権は行使されており、判決の結

論がどうであれ、行政庁の第一次判断権が害されることはないので事案が異なるというのである。

まず確認しておくべき違いは、訴訟類型として、平成7年最判は、いわゆる行政庁の処分の効力の有効性を裁判所が判断するという抗告訴訟ではなく、行政庁の処分自体を前提にした、金銭支給の有効性を問う給付訴訟ということである。

他方、本判決の訴訟類型は、年金裁定却下の行政処分を取り消すことを目的とする抗告訴訟である。

そこが結論を異にした理由なのかについて考察すると、原告の年金受給権が認められるべきか否かという重要な裁定判断に関しては、平成7年最判の事案でも本判決の事案でも、すでに行使されており、判決の結論がいかにせよ、その次元において、行政庁の第一次判断権の侵害はないはずである。

では、国年法19条に基づく遺族適格性判断という第一次判断権の有無に違いがあるかというと、仮に平成7年最判事案において、原告側が勝訴したとしても、原告を訴訟承継した遺族は、あらためて同法19条の未支給年金請求を行い、行政庁は遺族適格性の第一次判断を下すことが可能なのである。本判決の事案は、判決が指摘するとおり、同様に遺族適格性判断を行政庁が行うことになるため、第一次判断権の侵害はない。遺族適格性判断に関して第一次判断権の侵害がないという意味では本質的な違いは見出せない。

では、平成7年最判の事案における「行政庁の第一次判断権」の対象は何であろうか。

考えられるのは国年法20条1項等の併給調整規定の解釈適用に関する行政庁の第一次判断権である。

もっとも平成7年最判の事案で原告が審理を求めた事項は、当該併給調整規定の存在自体が憲法に違反して違憲無効であるか否かであり、行政庁は法令に対する違憲判断権はないと考えられることから、この事案において、行政庁の第一次判断権を尊重する必要があるのか疑問なしともしない。

本判決と平成7年最判は矛盾しないと説明するためには、最判事案では、

行政庁による併給調整規定の適用判断の点に関する第一次判断権の尊重の必要性が認められ、東京地裁事案ではそのような必要性を見出せないという理由しかないように思える。ただし、平成7年最判の判決文には国年法19条の未支給年金が請求できる適格性判断についてしか言及されておらず、あくまで本書が理論的に検討したうえでの私見にすぎない。もっとも、平成7年最判の事案は、「養子」という地位に対する行政庁の判断が必要だったという理解もありうるが、本判決の「配偶者」の場合と結論を異にするという理屈も説得力に乏しいと思われる。本書の理解が正しいのかさらなる検討・研究が期待される。

ちなみに、国年法に基づく障害基礎年金の受給権について、一身専属性を認め、訴訟承継を認めなかった高等裁判所の裁判例がある（福岡高那覇支判平成24・6・21LEX/DB25481907）。この裁判例は、行政庁の第一次判断権がすでに行使済みであるという意味で、本判決と事案において本質的な違いはないと解される。平成24年裁判例の考え方をとると、訴訟承継が認められずに訴訟が打ち切りとなり、遺族に不利益となり、訴訟経済上も無駄が生じるため、このような見解は疑問と思われる。

判例23 日本年金機構の下部組織である事務センターが行訴法12条3項にいう「事案の処理に当たった下級行政機関」に該当しないとした原審の判断に違法があるとした裁判例

最判平成26・9・25民集68巻7号781頁

この判例のここがポイント

処分行政庁を補助して処分にかかわる事務を行った組織は、それが行政組織法上の行政機関ではなく、法令に基づき処分行政庁の監督の下で所定の事務を行う特殊法人等またはその下部組織であっても、法令に基づき当該特殊

法人等が委任または委託を受けた当該処分にかかわる事務につき処分行政庁を補助してこれを行う機関であるといえる場合において、当該処分に関し事案の処理そのものに実質的に関与したと評価することができるときは、行訴法12条3項にいう「事案の処理に当たった下級行政機関」に該当する。

国年法に基づき年金の給付を受ける権利の裁定に係る事務の委託を受けた日本年金機構の下部組織である事務センターが日本年金機構法等の定めに従って上記裁定に係る処分にかかわる事務を行った場合において、上記事務センターが当該処分に関し事案の処理そのものに実質的に関与したと評価することができるか否かについて審理判断することなく、上記事務センターが行訴法12条3項にいう「事案の処理に当たった下級行政機関」に該当しないとした原審の判断には、違法がある。

(問題となった障害年金要件または主要論点)

裁判管轄

(事案の概要)

厚生労働大臣が徳島県内に居住するXに対して国年法による障害基礎年金の裁定請求（以下、「本件裁定請求」という）を却下する旨の処分（以下、「本件処分」という）をした。そこで、Xが国を相手にその取消しを求める訴訟を提起した。本件裁定請求は徳島北年金事務所に提出され、同年金事務所から徳島事務センターに対してその裁定請求書は回付された。これを受けた徳島事務センターにおける審査を経て、日本年金機構の本部を経由してその結果の報告を受けた厚生労働大臣が、Xに対して本件裁定請求を却下する処分をなした。そこで、Xは、徳島事務センターが行訴法12条3項の「当該処分又は裁決に関し事案の処理に当たった下級行政機関」に当たるとして、徳島事務センターの所在地である徳島地方裁判所に提起した。これに対して、国は、同訴訟につき、徳島事務センターは「当該処分又は裁決に関し事案の処理に当たった下級行政機関」に当たらないので、同訴訟を徳島地方裁判所に提起するのは管轄違いであるとして、同条4項により、Xの普通裁判籍の所在地を管轄する高松高等裁判所の所在地である高松市を管轄する高松地方裁

判所に移送することを申し立てた。

第1審、原審は、いずれも徳島事務センターが行政機関ではないことのみを理由として、「当該処分又は裁決に関し事案の処理に当たった下級行政機関」に当たらないとして国の移送申立を認めていたのに対して、本決定は、行政機関でなくても、「当該処分又は裁決に関し事案の処理に当たった下級行政機関」に当たる場合がありうることを明示し、その実質的な判断を行うべきであるとして、審理を差し戻した。

判例の重要な部分

「(1) 行政事件訴訟法12条3項において、処分又は裁決（以下「処分等」という。）に関し『事案の処理に当たった下級行政機関』の所在地の裁判所にも当該処分等の取消訴訟の管轄を認めている趣旨は、当該下級行政機関の所在地の裁判所に管轄を認めることにつき、被告の訴訟追行上の対応に支障が生ずることはないと考えられ、他方で原告の出訴及び訴訟追行上の便宜は大きく、また、当該裁判所の管轄区域内に証拠資料や関係者も多く存在するのが通常であると考えられるから証拠調べの便宜にも資し、審理の円滑な遂行を期待することができることにあると解される。このような同項の趣旨からすれば、同項にいう『事案の処理に当たった下級行政機関』とは、当該処分等に関し事案の処理そのものに実質的に関与した下級行政機関をいうものと解される。

このような行政事件訴訟法12条3項の趣旨等に鑑みると、処分行政庁を補助して処分に関わる事務を行った組織は、それが行政組織法上の行政機関ではなく、法令に基づき処分行政庁の監督の下で所定の事務を行う特殊法人等又はその下部組織であっても、法令に基づき当該特殊法人等が委任又は委託を受けた当該処分に関わる事務につき処分行政庁を補助してこれを行う機関であるといえる場合において、当該処分に関し事案の処理そのものに実質的に関与したと評価することができるときは、同項にいう『事案の処理に当たった下級行政機関』に該当するものと解するのが相当であ

る。

　(2)　機構は、機構法に基づき、……政府が管掌する国民年金事業等に関し、国民年金法等に基づいて年金の給付を受ける権利の裁定に係る事務の委託を受けている。そして、……厚生労働大臣が年金の給付を受ける権利の裁定を行うに当たっては、上記の裁定に係る事務の委託を受けた機構の下部組織である事務センターが機構法等の定めに従って裁定請求の審査を行い、機構の本部を経由して同大臣にその結果が報告されるものであること等に照らせば、事務センターは、法令に基づき機構が委託を受けた上記の裁定に係る処分に関わる事務につき同大臣を補助してこれを行う機関であるということができる。

　したがって、機構の下部組織である事務センターは、<u>機構法等の定めに従って厚生労働大臣による年金の給付を受ける権利の裁定に係る処分に関わる事務を行った場合において、当該処分に関し事案の処理そのものに実質的に関与したと評価することができるのであれば</u>、行政事件訴訟法12条3項にいう『事案の処理に当たった下級行政機関』に該当するものと解される。

　(3)　そして、当該処分に関し事案の処理そのものに実質的に関与したと評価することができるか否かは、前記の行政事件訴訟法12条3項の趣旨に鑑み、当該処分の内容、性質に照らして、当該組織の関与の具体的態様、程度、当該処分に対する影響の度合い等を総合考慮して決すべきである。このような観点からすれば、<u>当該組織において自ら積極的に事案の調査を行い当該処分の成立に必要な資料を収集した上意見を付してこれを処分行政庁に送付ないし報告し、これに基づいて処分行政庁が最終的判断を行った上で当該処分をしたような場合など</u>は、当該組織の関与の具体的態様、程度等によっては、当該組織は当該処分に関し事案の処理そのものに実質的に関与したと評価することができるものというべきである」。(下線筆者)

解　説

本決定は、行訴法12条3項の「当該処分又は裁決に関し事案の処理に当たった下級行政機関」について、法令に基づき当該特殊法人等が委任または委託を受けた当該処分にかかわる事務につき処分行政庁を補助してこれを行う機関であるといえる場合において、当該処分に関し事案の処理そのものに実質的に関与したと評価することができるときには、行政組織法上の行政機関でなくても、これに当たると判示した。そして、障害年金の裁定請求の却下処分に関し、事務センターが実質的に関与したと評価できるならば「当該処分又は裁決に関し事案の処理にあたった下級行政機関」に該当するが、本決定の原審はその実質的な判断を行わないまま、単に行政機関でないことを理由に「当該処分又は裁決に関し事案の処理に当たった下級行政機関」に該当しないと判断したことが違法であるとしたのである。

実務に役立つ文献

① 高橋芳樹編『障害年金請求　援助・実践マニュアル　精神障害者の生活を支えるために』（中央法規、2013年）

② 加茂紀久男『裁決例による社会保険法〔第2版〕国民年金・厚生年金保険・健康保険』（民事法研究会、2011年）

③ 安部敬太＝田口英子『新訂版　詳解障害年金相談ハンドブック（日本法令、2016年）

④ 佐々木久美子『知ってほしい障害年金のはなし　もらえるはずなのに気づかずにいませんか？』（日本法令、2012年）

⑤ 井坂武史『精神障害をもつ人のためのわかりやすい障害年金入門　申請から更新まで』（COMHBO（地域精神保健福祉機構）、2015年）

⑥ 安部敬太＝坂田新悟＝吉野千賀『障害年金　審査請求・再審査請求事例集　70事例掲載』（日本法令、2016年）

⑦ 岩村正彦編『社会保障判例百選〔第5版〕』（有斐閣、2013年）

⑧ 堀勝洋『年金保険法〔第4版〕』（法律文化社、2013年）

⑨ 障害と人権全国弁護士ネット編『ケーススタディ障がいと人権　障がいのある仲間が法廷を熱くした』（生活書院、2009年）

⑩ 障害と人権全国弁護士ネット編『障がい者差別よ、さようなら！ケーススタディ障がいと人権〈2〉』（生活書院、2014年）

※　これらの文献は、本書の執筆に際しても参考にした。

資 料

【資料①】国民年金・厚生年金保険年金証書

I 厚生年金保険　年金決定通知書
1. 年金の種類と年金決定の根拠となった厚生年金保険法の条文　　厚生年金　厚生年金保険法　第　条の
2. 年金額の内訳

支払開始年月	基本となる年金額（円）	加給年金額 または加算額	繰上げ・繰下げによる減算・加算額	支給停止額（円）	年金額（円）
元号　年　月					
支給停止理由		支給停止期間	年　月〜　年　月まで		

3. 加入期間の内訳

加入期間	月数
①厚生年金保険の加入期間	月
②厚生年金保険の戦時加算期間	月
③船員保険の戦時加算期間	月
④沖縄農林期間	月
⑤沖縄免除期間	月
⑥離婚分割等により加入者とみなされた期間	月
⑦旧令共済組合期間	月

5. 平均標準報酬額等の内容

厚生年金保険の加入期間の種類	月数	平均標準報酬額 (平均標準報酬月額)
①平成15年3月1日までの期間	月	円
②平成15年4月以降の期間	月	円
③平成15年3月1日までの厚生年金基金期間	月	円
④平成15年4月以降の厚生年金基金期間	月	円
⑤昭和61年3月1日までの坑内員又は船員であった期間	月	円
⑥昭和61年4月〜平成3年3月の坑内員又は船員であった期間	月	円
⑦昭和61年3月1日までの坑内員であった厚生年金基金期間	月	円
⑧昭和61年4月〜平成3年3月の坑内員であった厚生年金基金期間	月	円

4. 加給年金額対象者等の内訳

加給年金額対象者	配偶者　（区分）　子　　人
遺族加算区分	

II 国民年金　年金決定通知書
1. 年金の種類と年金決定の根拠となった国民年金法の条文　　基礎年金　国民年金法　第　条の
2. 年金額の内訳

支払開始年月	基本となる年金額（円）	加算額（円）	繰上げ・繰下げによる減算・加算額	支給停止額（円）	年金額（円）
元号　年　月					
支給停止理由		支給停止期間　年　月〜　年　月まで		加算額対象者	人

3. 年金の計算の基礎となった保険料納付済期間等の内訳

国民年金の保険料納付済期間等	第1号期間 （国民年金加入期間）		第2号期間 （厚生年金・共済年金加入期間）	第3号期間 （厚生年金・共済加入者に扶養されていた配偶者の期間）
	納付	月　4分の1免除　月（　）	厚生年金保険　月	月
		半額免除　月（　）		
	（付加）	月　4分の3免除　月（　）	共済組合　月	
		全額免除　月（　）		

※ 国民年金の保険料納付済期間等の第1号期間における免除期間の（　）内の月数は平成21年4月以降の月数です。

※診断書の種類は、裏面をご覧ください。

III 障害基礎・障害厚生年金の障害状況

障害の等級	級　　号
診断書の種類	
次回診断書提出年月	年　月

　　　　　　　　　　年　月　日
　　　　　　　　　　　　　　　様
　　上記のとおり決定しましたので
　　通知します。
　　　　　　　　　　厚生労働大臣　　　見本

【資料②】施行令別表（国年法施行令別表、厚年法施行令別表１・別表２）

(1) 国民年金法施行令別表

（障害等級）
第４条の６　法第30条第２項に規定する障害等級の各級の障害の状態は、別表に定めるとおりとする。

別表（第４条の６関係）

障害の程度		障害の状態
１級	1	両眼の視力の和が0.04以下のもの
	2	両耳の聴力レベルが100デシベル以上のもの
	3	両上肢の機能に著しい障害を有するもの
	4	両上肢のすべての指を欠くもの
	5	両上肢のすべての指の機能に著しい障害を有するもの
	6	両下肢の機能に著しい障害を有するもの
	7	両下肢を足関節以上で欠くもの
	8	体幹の機能に座っていることができない程度又は立ちあがることができない程度の障害を有するもの
	9	前各号に掲げるもののほか、身体の機能の障害又は長期にわたる安静を必要とする病状が前各号と同程度以上と認められる状態であって、日常生活の用を弁ずることを不能ならしめる程度のもの
	10	精神の障害であって、前各号と同程度以上と認められる程度のもの
	11	身体の機能の障害若しくは病状又は精神の障害が重複する場合であって、その状態が前各号と同程度以上と認められる程度のもの
２級	1	両眼の視力の和が0.05以上0.08以下のもの
	2	両耳の聴力レベルが90デシベル以上のもの
	3	平衡機能に著しい障害を有するもの
	4	そしゃくの機能を欠くもの
	5	音声又は言語機能に著しい障害を有するもの
	6	両上肢のおや指及びひとさし指又は中指を欠くもの
	7	両上肢のおや指及びひとさし指又は中指の機能に著しい障害を有するもの
	8	一上肢の機能に著しい障害を有するもの
	9	一上肢のすべての指を欠くもの
	10	一上肢のすべての指の機能に著しい障害を有するもの
	11	両下肢のすべての指を欠くもの
	12	一下肢の機能に著しい障害を有するもの
	13	一下肢を足関節以上で欠くもの
	14	体幹の機能に歩くことができない程度の障害を有するもの
	15	前各号に掲げるもののほか、身体の機能の障害又は長期にわたる安静を必要とする病状が前各号と同程度以上と認められる状態であって、日常生活が著しい制限を受けるか、又は日常生活に著しい制限を加えることを必要とする程度のもの

	16	精神の障害であって、前各号と同程度以上と認められる程度のもの
	17	身体の機能の障害若しくは病状又は精神の障害が重複する場合であって、その状態が前各号と同程度以上と認められる程度のもの

備考　視力の測定は、万国式試視力表によるものとし、屈折異常があるものについては、矯正視力によって測定する。

(2) 厚生年金保険法施行令別表1

(障害等級)

第3条の8　法第47条第2項に規定する障害等級の各級の障害の状態は、1級及び2級についてはそれぞれ国民年金法施行令（昭和34年政令第184号）別表に定める1級及び2級の障害の状態とし、3級については別表第1に定めるとおりとする。

別表第1（第3条の8関係）

障害の程度		障害の状態
3級	1	両眼の視力が0.1以下に減じたもの
	2	両耳の聴力が、40センチメートル以上では通常の話声を解することができない程度に減じたもの
	3	そしゃく又は言語の機能に相当程度の障害を残すもの
	4	脊柱の機能に著しい障害を残すもの
	5	一上肢の3大関節のうち、2関節の用を廃したもの
	6	一下肢の3大関節のうち、2関節の用を廃したもの
	7	長管状骨に偽関節を残し、運動機能に著しい障害を残すもの
	8	一上肢のおや指及びひとさし指を失ったもの又はおや指若しくはひとさし指を併せ一上肢の3指以上を失ったもの
	9	おや指及びひとさし指を併せ一上肢の4指の用を廃したもの
	10	一下肢をリスフラン関節以上で失ったもの
	11	両下肢の10趾の用を廃したもの
	12	前各号に掲げるもののほか、身体の機能に、労働が著しい制限を受けるか、又は労働に著しい制限を加えることを必要とする程度の障害を残すもの
	13	精神又は神経系統に、労働が著しい制限を受けるか、又は労働に著しい制限を加えることを必要とする程度の障害を残すもの
	14	傷病が治らないで、身体の機能又は精神若しくは神経系統に、労働が制限を受けるか、又は労働に制限を加えることを必要とする程度の障害を有するものであって、厚生労働大臣が定めるもの

備考
1　視力の測定は、万国式試視力表によるものとし、屈折異常があるものについては、矯正視力によって測定する。
2　指を失ったものとは、おや指は指節間関節、その他の指は近位指節間関節以上を失ったものをいう。
3　指の用を廃したものとは、指の末節の半分以上を失い、又は中手指節関節若しくは近位指節間関節（おや指にあっては指節間関節）に著しい運動障害を残すものをいう。
4　趾の用を廃したものとは、第1趾は末節の半分以上、その他の趾は遠位趾節間関節以上を失ったもの又は中足趾節関節若しくは近位趾節間関節（第1趾にあっては趾節間関節）に著しい運動障害を残すものをいう。

資料② 施行令別表(国年法施行令別表、厚年法施行令別表1・別表2)

(3) 厚生年金保険法施行令別表2〔障害手当金〕
(法第55条第1項に規定する政令で定める程度の障害の状態)
第3条の9　法第55条第1項に規定する政令で定める程度の障害の状態は、別表第2に定めるとおりとする。

別表第2（第3条の9関係）

障害の程度		障　害　の　状　態
障害手当金	1	両眼の視力が0.6以下に減じたもの
	2	1眼の視力が0.1以下に減じたもの
	3	両眼のまぶたに著しい欠損を残すもの
	4	両眼による視野が2分の1以上欠損したもの又は両眼の視野が10度以内のもの
	5	両眼の調節機能及び輻輳機能に著しい障害を残すもの
	6	1耳の聴力が、耳殻に接しなければ大声による話を解することができない程度に減じたもの
	7	そしゃく又は言語の機能に障害を残すもの
	8	鼻を欠損し、その機能に著しい障害を残すもの
	9	脊柱の機能に障害を残すもの
	10	一上肢の3大関節のうち、1関節に著しい機能障害を残すもの
	11	一下肢の3大関節のうち、1関節に著しい機能障害を残すもの
	12	一下肢を3センチメートル以上短縮したもの
	13	長管状骨に著しい転位変形を残すもの
	14	一上肢の2指以上を失ったもの
	15	一上肢のひとさし指を失ったもの
	16	一上肢の3指以上の用を廃したもの
	17	ひとさし指を併せ一上肢の2指の用を廃したもの
	18	一上肢のおや指の用を廃したもの
	19	一下肢の第1趾又は他の4趾以上を失ったもの
	20	一下肢の5趾の用を廃したもの
	21	前各号に掲げるもののほか、身体の機能に、労働が制限を受けるか、又は労働に制限を加えることを必要とする程度の障害を残すもの
	22	精神又は神経系統に、労働が制限を受けるか、又は労働に制限を加えることを必要とする程度の障害を残すもの

備考
1　視力の測定は、万国式試視力表によるものとし、屈折異常があるものについては、矯正視力によって測定する。
2　指を失ったものとは、おや指は指節間関節、その他の指は近位指節間関節以上を失ったものをいう。
3　指の用を廃したものとは、指の末節の半分以上を失い、又は中手指節関節若しくは近位指節間関節（おや指にあっては指節間関節）に著しい運動障害を残すものをいう。
4　趾を失ったものとは、その全部を失ったものをいう。
5　趾の用を廃したものとは、第1趾を末節の半分以上、その他の趾は遠位趾節間関節以上を失ったもの又は中足趾節関節若しくは近位趾節間関節（第1趾にあっては趾節間関節）に著しい運動障害を残すものをいう。

【資料③】年金請求書（国民年金障害基礎年金）

資料③　年金請求書（国民年金障害基礎年金）

⑦ あなたは現在、公的年金制度等（表1参照）から年金を受けていますか。○で囲んでください。

1.受けている	2.受けていない	3.請 求 中	制度名（共済組合名等）	年金の種類

受けていると答えた方は下欄に必要事項を記入してください（年月日は支給を受けることになった年月日を記入してください）。

制度名（共済組合名等）	年金の種類	年　月　日	年金証書の年金コードまたは記号番号等
		． ．	
		． ．	
		． ．	

⑧年金コードまたは共済組合コード・年金種別

1						
2						
3						

⑨ 他 年 金 種 別

「年金の種類」とは、老齢または退職、障害、遺族をいいます。

※あなたの配偶者について、記入願います。

氏（フリガナ）　名	生 年 月 日	基 礎 年 金 番 号

㊳ 上・外　㊴ 初 診 年 月 日　㊵ 障 害 認 定 日　㊶ 傷病名コード　㊷ 診断書　㊸ 等 級　㊹有　㊺有 年　㊻三　㊼差引

| 上　外 | 元号　　年　　月　　日 | 元号　　年　　月　　日 | | | | | 元号　　年 | | |
| 1　2 | | | | | | | | | |

㊽ 受給権発生年月日　㊾停止事由　㊿ 停　止　期　間　㊶ 条　　　　文　　　失権事由　　失 権 年 月 日

| 元号　年　月　日 | | 元号　年　月　日　元号　年　月　日 | | | 元号　年　月　日 |

㊸ 共済コード　　共　済　記　録　1　　　　　　　　　　　　　　　　2

| | 元号　年　月　日　元号　年　月　日　要件　計算 | 元号　年　月　日　元号　年　月　日　要件　計算 |

3　　　　　　　　　　　　　　　　　　　　　　　　　　㊾　4

| 元号　年　月　日　元号　年　月　日　要件　計算 | 元号　年　月　日　元号　年　月　日　要件　計算 |

5　　　　　　　　　　　　　　　　　　　　　　　　　　　　6

| 元号　年　月　日　元号　年　月　日　要件　計算 | 元号　年　月　日　元号　年　月　日　要件　計算 |

㊿　7　　　　　　　　　　　　　　　　　　　　　　　　　　　8

| 元号　年　月　日　元号　年　月　日　要件　計算 | 元号　年　月　日　元号　年　月　日　要件　計算 |

9

| 元号　年　月　日　元号　年　月　日　要件　計算 |

㊱ 死亡保留　　　　㊲ 追加区分

㊳ 請求者の個人番号　　㊴ 時効区分　　送信

★市区町村からの連絡事項	未納保険料の納付	有　昭和・平成　　年　　月分から 無　昭和・平成　　年　　月分まで	差額保険料の未納分の納付	有　昭和・平成　　年　　月分から 無　昭和・平成　　年　　月分まで
	保険料の追納	有　昭和・平成　　年　　月分から 無　昭和・平成　　年　　月分まで	検認票の添付	有　・　無

309

資料③　年金請求書（国民年金障害基礎年金）

㋐ 次の年金制度の被保険者または組合員等となったことがあるときは、その番号を○で囲んでください。
1. 国民年金法　　　　　　　　　　2. 厚生年金保険法　　　　　　3. 船員保険法（昭和61年4月以後を除く）
4. 廃止前の農林漁業団体職員共済組合法　5. 国家公務員共済組合法　　6. 地方公務員等共済組合法
7. 私立学校教職員共済法　　8. 旧市町村職員共済組合法　　9. 地方公務員の退職年金に関する条例　　10. 恩給法

㋑ 履　　歴（公的年金制度加入経過）
※できるだけくわしく、正確に記入してください。
請求者の電話番号（　　）-（　　）-（　　）
勤務先の電話番号（　　）-（　　）-（　　）

	(1) 事業所（船舶所有者）の名称および船員であったときはその船舶名	(2) 事業所（船舶所有者）の所在地または国民年金加入時の住所	(3) 勤務期間または国民年金の加入期間	(4) 加入していた年金制度の種類	(5) 備考
最初			・・から ・・まで	1. 国民年金 2. 厚生年金保険 3. 厚生年金（船員）保険 4. 共済組合等	
2			・・から ・・まで	1. 国民年金 2. 厚生年金保険 3. 厚生年金（船員）保険 4. 共済組合等	
3			・・から ・・まで	1. 国民年金 2. 厚生年金保険 3. 厚生年金（船員）保険 4. 共済組合等	
4			・・から ・・まで	1. 国民年金 2. 厚生年金保険 3. 厚生年金（船員）保険 4. 共済組合等	
5			・・から ・・まで	1. 国民年金 2. 厚生年金保険 3. 厚生年金（船員）保険 4. 共済組合等	
6			・・から ・・まで	1. 国民年金 2. 厚生年金保険 3. 厚生年金（船員）保険 4. 共済組合等	
7			・・から ・・まで	1. 国民年金 2. 厚生年金保険 3. 厚生年金（船員）保険 4. 共済組合等	
8			・・から ・・まで	1. 国民年金 2. 厚生年金保険 3. 厚生年金（船員）保険 4. 共済組合等	
9			・・から ・・まで	1. 国民年金 2. 厚生年金保険 3. 厚生年金（船員）保険 4. 共済組合等	
10			・・から ・・まで	1. 国民年金 2. 厚生年金保険 3. 厚生年金（船員）保険 4. 共済組合等	
11			・・から ・・まで	1. 国民年金 2. 厚生年金保険 3. 厚生年金（船員）保険 4. 共済組合等	
12			・・から ・・まで	1. 国民年金 2. 厚生年金保険 3. 厚生年金（船員）保険 4. 共済組合等	

㋒ 個人で保険料を納める第四種被保険者、船員保険の年金任意継続被保険者となったことがありますか。　　1. はい　　2. いいえ

「はい」と答えた方は、保険料を納めた年金事務所の名称を記入してください。

その保険料を納めた期間を記入してください。　昭和/平成　年　月　日　から　昭和/平成　年　月　日

第四種被保険者（船員年金任意継続被保険者）の整理記号番号を記入してください。　（記号）　（番号）

㋓ 障害の原因は第三者の行為によりますか。　　1. はい　　2. いいえ

障害の原因が第三者の行為により発生したものであるときは、その者の氏名および住所を記入　　氏名　　住所

資料③　年金請求書（国民年金障害基礎年金）

ご注意
配偶者が受給している年金の加給年金額の対象となっている場合、あなたが障害基礎年金を受けられるようになったときは、受給している加給年金額は受けられなくなります。
この場合は、配偶者の方より、「老齢・障害給付加給年金額支給停止事由該当届」をお近くの年金事務所または街角の年金相談センターへ提出していただく必要があります。

※必ず記入してください。

障害の原因である傷病について記入してください。

(1) この請求は左の頁にある「障害給付の請求事由」の1から3までのいずれに該当しますか。該当する番号を○で囲んでください。
　1．障害認定日による請求　　2．事後重症による請求
　3．初めて障害等級の1級に該当し2級に該当したことによる請求

「2」を○で囲んだときは右欄の該当する理由の番号を○で囲んでください。
　1．初診日から1年6月目の状態で請求したが、不支給となった。
　2．初診日から1年6月目の症状は軽かったが、その後悪化して症状が重くなった。
　3．その他（理由　　　　　　　　　　）

(2) 過去に障害給付を受けたことがありますか。　1．はい　2．いいえ
「1．はい」を○で囲んだときは、その障害給付の名称と年金証書の基礎年金番号および年金コード等を記入してください。
名　称／基礎年金番号・年金コード等

(3)
傷病名	1．	2．	3．
傷病の発生した日	昭和/平成　年　月　日	昭和/平成　年　月　日	昭和/平成　年　月　日
初診日	昭和/平成　年　月　日	昭和/平成　年　月　日	昭和/平成　年　月　日
初診日において加入していた年金制度	1.国年 2.厚年 3.共済 4.未加入	1.国年 2.厚年 3.共済 4.未加入	1.国年 2.厚年 3.共済 4.未加入
現在傷病はなおっていますか。	1．はい　2．いいえ	1．はい　2．いいえ	1．はい　2．いいえ
なおっているときは、なおった日	昭和/平成　年　月　日	昭和/平成　年　月　日	昭和/平成　年　月　日
傷病の原因は業務上ですか。		1．はい　2．いいえ	

この傷病について右に示す制度から保険給付が受けられるときは、その番号を○で囲んでください。請求書のときも同様です。
　1．労働基準法　　　　2．労働者災害補償保険法
　3．船員保険法　　　　4．国家公務員災害補償法
　5．地方公務員災害補償法
　6．公立学校の学校医、学校歯科医および学校薬剤師の公務災害補償に関する法律

受けられるときは、その給付の種類の番号を○で囲み、支給の発生した日を記入してください。
　1．障害補償給付（障害給付）　　2．傷病補償給付（傷病年金）
　昭和／平成　年　月　日

(4) 国民年金に任意加入した期間について特別一時金を受けたことがありますか。　1．はい　2．いいえ

② 生計維持証明

右の者は請求者と生計を同じくしていたことを申し立てる。
　　　　　　　　　　　　（証明する。）
平成　年　月　日
請求者住所
（証明者）
　氏名　　　　　　　　　　　　　　印
（請求者との関係：　　　　　　　　）

	氏　名	続柄
		子

(注)
1．この申立は、民生委員、町内会長、事業主、年金委員、家主などの第三者（第三者には、民法上の三親等内の親族は含まれません。）の証明に代えることができます。
2．この申立（証明）には、世帯全員の住民票（コピー不可）を添えてください。
3．請求者が申立を行う際に自ら署名する場合は、請求者の押印は不要です。

収入関係

1. 請求者によって生計維持されていた方についてご記入してください。

		※確認印	※年金事務所の確認事項
(1) （名：　　　）について年収は、850万円未満(※)ですか。	はい・いいえ	（　）印	ア．健保等被扶養者
(2) （名：　　　）について年収は、850万円未満(※)ですか。	はい・いいえ	（　）印	イ．加算額または加給年金額対象者
(3) （名：　　　）について年収は、850万円未満(※)ですか。	はい・いいえ	（　）印	ウ．国民年金保険料免除世帯
			エ．義務教育終了前
2．上記1で「いいえ」と答えた方のうち、その方の収入がこの年金の受給権発生当時以降おおむね5年以内に850万円未満(※)となる見込みがありますか。	はい・いいえ		オ．高等学校等在学中
			カ．源泉徴収票・非課税証明等

(※) 平成6年11月8日までに受給権が発生している方は、「600万円未満」となります。

　　　　　　　　　　　　　　　　　　　　　　　　　平成　年　月　日提出

○現在、配偶者が市（区）役所または町村役場から児童扶養手当を受けている方へ
障害年金の子の加算と児童扶養手当の両方を受けることはできません。
同一の子を対象としたお客様への障害年金の子の加算と、配偶者へ支払われている児童扶養手当は、どちらか一方のみ受給が可能です。

資料③　年金請求書（国民年金障害基礎年金）

障害基礎年金の請求事由

1　障害認定日による請求
　　障害基礎年金は、病気またはケガによってはじめて医師の診療を受けた日（初診日）から1年6月目（その期間内になおったときにはその日）に一定の障害の状態にあることが必要です。（ただし、一定の資格期間は必要です。）
　　この場合、年金請求書に添付する診断書は、初診日から1年6月目の障害状態がわかるものが必要です。
　　なお、請求する日が、1年6月目より1年以上過ぎているときには、なおったことにより請求するときを除き、初診日から1年6月目の診断書と請求時点の診断書が必要となります。（ただし、決定を行う際に、他の時点の障害の状態がわかる診断書の提出を求めることがあります。）

2　事後重症による請求
　　1に該当しなかった方でもその後病状が悪化し、一定の障害の状態になったときには本人の請求により障害基礎年金が受けられます。ただし、請求は65歳前に行う必要がありますが、この場合、年金請求書に添付する診断書は、請求時における障害の状態がわかるものが必要です。
　　また、支給は請求した月の翌月分から行われます。

3　初めて障害等級の1級または2級に該当したことによる請求
　　65歳前に一つの障害と他の障害とを合わせて初めて2級以上の障害の状態になったときには障害基礎年金が受けられます。この場合、年金請求書に添付する診断書は、初めて2級以上となったときのそれぞれの障害の診断書が必要です。
　　なお、この事由による請求は今までに2級以上の障害基礎年金を受けたことがある方、または2級以上の障害の状態になったことがある方は、行うことができません。また、支給は請求した月の翌月分から行われます。

この請求書に添えなければならない書類等

1　年金手帳、基礎年金番号通知書または被保険者証（添えることができないときはその事由書）
2　あなたの生年月日について明らかにすることができる、戸籍の謄本（戸籍の全部事項証明書）、戸籍の抄本（戸籍の個人事項証明書）、戸籍の記載事項証明書（戸籍の一部事項証明書）、住民票※（コピー不可）、住民票の記載事項証明書のうち、いずれかの書類（⑭欄に個人番号（マイナンバー）を記入して頂いた方は添付を省略できます。）
3　⑦欄の加算額の対象者に該当する子がいるときは、次の書類等
　　加算額の対象者とは、あなたによって生計を維持されている18歳到達日以後の最初の3月31日までの間にある子（昭和52年4月1日以前に生まれた子については18歳未満の子）、または国民年金法施行令別表に定める1級または2級の障害の状態にある20歳未満の子をいいます。
　ア　子の生年月日および子とあなたの身分関係を明らかにすることのできる、戸籍の謄本（戸籍の全部事項証明書）、戸籍の抄本（戸籍の個人事項証明書）、戸籍の記載事項証明書（戸籍の一部事項証明書）のうち、いずれかの書類
　　　※⑭欄に住民票コードを記入して頂いた方は添付が省略できます。
　　　※戸籍の抄本または戸籍の記載事項証明書は、子とあなたのそれぞれの書類が必要となります。
　　　なお、項番2と合わせて1通の戸籍謄本でも結構です。
　　　※住民票ではこれらの書類に代えることはできません。
　イ　障害の状態にある子については、医師または歯科医師の診断書（この用紙は年金事務所または街角の年金相談センターにあります。
　ウ　障害の状態にある子の傷病が表2に示すものであるときは、レントゲンフィルム
4　⑨欄で「受けている」と答えた方で、「表1　公的年金制度等」のうち、
　　ケ、シに該当する方は、年金証書
　　ク、サに該当する方は、恩給証書
　　コに該当する方は、年金額決定（裁定）通知
　　スに該当する方は、年金証書または遺族給与金証書
　　セに該当する方は、年金証書・労災支給決定通知書（20歳前の傷病による障害基礎年金を請求される方のみ）
　　※コピーでも差し支えありません。
5　⑨欄の8～10までの番号を○で囲んだ方は、その制度の管掌機関から交付された年金加入期間確認通知書（共済用）
6　⑲欄に「1. はい」と答えた方は、第三者行為事故状況届（この用紙は、年金事務所または街角の年金相談センターにあります。）
7　障害基礎年金を受けるべき日の状態についての医師または歯科医師の診断書（この用紙は、年金事務所または街角の年金相談センターにあります。）
8　傷病が表2に示すものであるときは、障害基礎年金を受けるべき日に撮影したレントゲンフィルム（ないときはその近くの日のものでもかまいません。）
9　⑦欄の収入関係欄の1で「はい」と答えたときは、子についてそれぞれアからカまでのいずれかに該当することが確認できる書類。なお、年収850万円以上⑴の方は加算額の対象者になりますが、その収入がこの年金の給付権発生当時以降には得られない見込みがある場合は、源泉徴収票等とそのことを記載した書類を添えてください。
　⑴　平成6年11月8日までに受給権が発生している方は「600万円以上」となります。
10　病歴・就労状況等申立書（この書類は、年金事務所または街角の年金相談センターにあります。）

表1（公的年金制度等）
　ア. 国民年金法　　　イ. 厚生年金保険法　　　ウ. 船員保険法（昭和61年4月以後を除く）
　エ. 廃止前の農林漁業団体職員共済組合法　　オ. 国家公務員共済組合法（昭和61年4月前の長期給付に関する施行法を含む）
　カ. 地方公務員等共済組合法（昭和61年4月前の長期給付に関する施行法を含む）
　キ. 私立学校教職員共済法　　ク. 恩給法　　ケ. 地方公務員の退職年金に関する条例　　コ. 八幡共済組合
　サ. 改正前の執行官法附則第13号　　シ. 旧令による共済組合等からの年金受給者のための特別措置法
　ス. 戦傷病者戦没者遺族等援護法　　セ. 労働者災害補償保険法

表2（国民年金法施行規則別表）
　ア　呼吸器系結核　　　　　イ　肺化のう症　　　　　ウ　けい肺（これに類似するじん肺症を含む。）
　エ　その他認定又は診査に際し必要と認められるもの

（切り離して提出してください。）

資料③　年金請求書（国民年金障害基礎年金）

履歴欄の記入方法

履歴はあなたがはじめて公的年金制度（表3）に加入したときから古い順に記入してください。
事業所等などの名称変更や所在地の変更、転勤などがあったときは、そのことがわかるように、それぞれの事業所等毎に必要事項を記入してください。

〈記入例〉

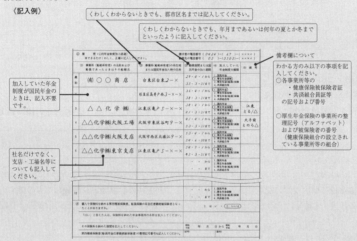

表3　公的年金制度：下の表に示す法律の年金制度をいいます。

　　ア．国民年金法　　　　　　　　　　イ．厚生年金保険法　　　　　　　　ウ．船員保険法（昭和61年4月以後を除く）
　　エ．廃止前の農林漁業団体職員共済組合法　　オ．国家公務員共済組合法　　　　カ．地方公務員等共済組合法
　　キ．私立学校教職員共済法　　　　　ク．旧市町村職員共済組合法　　　　ケ．地方公務員の退職年金に関する条例
　　コ．恩給法

―――――― 留意事項 ――――――
◎すでに年金事務所に加入期間の照会をして回答を受けたことがある方は、できるかぎり、その回答書のコピーをこの請求書に添えてください。
◎米軍等の施設関係に勤めていたことがある方は、(1)欄に部隊名、職名、職種をできるかぎり記入してください。
◎厚生年金の加給年金額対象者となっている方は「加給年金額支給停止事由該当届」を速やかに年金事務所に提出してください。
◎添付書類は、「コピー」、「コピー可」と記載されているもの以外は、原本を添付してください。
◎戸籍謄本、住民票等（年金請求等に用いることを目的として交付されたものを除きます。）の原本については、原本を提出したお客様から原本返却のお申出があった場合、職員がそのコピーをとらせていただいた上で、お返しいたします。
　（第三者証明、診断書等、原本返却できない書類もあります。）

【年金請求書の提出先】
この年金請求書は、市役所、区役所あるいは町村役場に提出してください。
ただし、国民年金の第3号被保険者期間中に初診日のある方は、お近くの年金事務所に提出してください。
年金請求書の提出は郵送していただいても結構です。（郵送の場合、添付書類が揃っていることをご確認ください。）
※年金請求書の受付は、上記の提出先にかかわらず全国どこの年金事務所および街角の年金相談センターでも承っております。

【資料④】受診状況等証明書

年金等の請求用

> 障害年金等の請求を行うとき、その障害の原因又は誘因となった傷病で初めて受診した医療機関の初診日を明らかにすることが必要です。そのために使用する証明書です。

受 診 状 況 等 証 明 書

①氏　　　　　　名　＿＿＿＿＿＿＿＿＿＿＿＿＿＿＿＿＿＿＿
②傷　　病　　名　＿＿＿＿＿＿＿＿＿＿＿＿＿＿＿＿＿＿＿
③発　病　年　月　日　　昭和・平成　　　　年　　　月　　　日
④傷病の原因又は誘因　＿＿＿＿＿＿＿＿＿＿＿＿＿＿＿＿＿
⑤発病から初診までの経過
　　前医からの紹介状はありますか。⇒　　有　　無　（有の場合はコピーの添付をお願いします。）
　　．．
　　．．
　　．．
　　．．

　　※診療録に前医受診の記載がある場合　　1　初診時の診療録より記載したものです。
　　　右の該当する番号に○印をつけてください　　2　昭和・平成　年　月　日の診療録より記載
　　　　　　　　　　　　　　　　　　　　　　　　　　　したものです。

⑥初　診　年　月　日　　昭和・平成　　　　年　　　月　　　日
⑦終　診　年　月　日　　昭和・平成　　　　年　　　月　　　日
⑧終診時の転帰　（治癒・転医・中止）
⑨初診から終診までの治療内容及び経過の概要
　．．．
　．．．
　．．．
　．．．

⑩次の該当する番号（1～4）に○印をつけてください。
　<u>複数に○をつける場合は、それぞれに基づく記載内容の範囲がわかるように余白に記載してください。</u>
　　　　　上記の記載は　1　診療録より記載したものです。
　　　　　　　　　　　　2　受診受付簿、入院記録より記載したものです。
　　　　　　　　　　　　3　その他（　　　　　　　　　　　　）より記載したものです。
　　　　　　　　　　　　4　昭和・平成　　年　　月　　日の本人の申し立てによるものです。

⑪平成　　年　　月　　日
　医療機関名　　　　　　　　　　　　　診療担当科名
　所　在　地　　　　　　　　　　　　　医師氏名　　　　　　　印

（提出先）日本年金機構　　　　　　　　　　　　　　　　　（裏面もご覧ください。）

資料④ 受診状況等証明書

　　　　　　　　　　　　　　　　　　　　　　　　　　　　年金等の請求用

記入する際のお願い
1　「②傷病名」の欄は、障害の原因又は誘因となった傷病について記入してください。
2　「③発病年月日」の欄は、傷病が発病したと考えられる年月日を記入してください。特定できない場合は、「不明」または「不詳」と記入してください。
3　「④傷病の原因又は誘因」の欄は、傷病の原因又は誘因が特定できない場合、「不明」または「不詳」と記入してください。
4　「⑤発病から初診までの経過」の欄は、発病から初診までの経過と併せて、診療録から前医を受診していたことが確認できる場合は、前医の医療機関名、受診期間、診療内容等も記入してください。
　　また、前医受診に関する記載をした場合は、いつの診療録から記載したものかを記入してください。
　　なお、前医からの紹介状が保管されている場合は、そのコピーの添付をお願いします。
5　「⑥初診年月日」、「⑦終診年月日」の欄は、「②傷病名」に複数の傷病を記載した場合、それぞれの傷病に番号を付記していただき、傷病ごとの初診年月日と終診年月日がわかるように記入してください。
6　「⑩」の欄は、複数の番号に〇印をつけた場合、どの部分がどの記載根拠によるものかわかるように余白に記入してください。
　　なお、「4昭和・平成　年　月　日の本人の申し立てによるものです。」のみに〇印を付けた場合は、初診日の証明となりませんので注意してください。
7　「⑪」の欄は、医師氏名の印鑑の押印もれがないようにお願いします。
8　この証明書に記載した内容を訂正する場合は、訂正箇所に医師の訂正印を押印してください。

資料⑤　受診状況等証明書が添付できない申立書

【資料⑤】受診状況等証明書が添付できない申立書

年金等の請求用

受診状況等証明書が添付できない申立書

傷　病　名　_____
医療機関名　_____
医療機関の所在地　_____
受　診　期　間　昭和・平成　　年　　月　　日　～　昭和・平成　　年　　月　　日

上記医療機関の受診状況等証明書が添付できない理由をどのように確認しましたか。
次の＜添付できない理由＞と＜確認方法＞の該当する□に✓をつけ、＜確認年月日＞に確認した日付を記入してください。
その他の□に✓をつけた場合は、具体的な添付できない理由や確認方法も記入してください。

＜添付できない理由＞　　　　　　　　　　＜確認年月日＞平成　　年　　月　　日
　□　カルテ等の診療録が残っていないため
　□　廃棄しているため
　□　その他　_____
＜確認方法＞　□　電話　□　訪問　□　その他（　　　　　　　　　　　　　　　）

上記医療機関の受診状況などが確認できる参考資料をお持ちですか。
お持ちの場合は、次の該当するものすべての□に✓をつけて、そのコピーを添付してください。
お持ちでない場合は、「添付できる参考資料は何もない」の□に✓をつけてください。

　□　身体障害者手帳・療育手帳・　　　　□　お薬手帳・糖尿病手帳・領収書・診察券
　　　精神障害者保健福祉手帳　　　　　　　　　（可能な限り診察日や診療科が分かるもの）
　□　身体障害者手帳等の申請時の診断書　□　小学校・中学校等の健康診断の記録や
　□　生命保険・損害保険・　　　　　　　　　　成績通知書
　　　労災保険の給付申請時の診断書　　　□　盲学校・ろう学校の在学証明・卒業証明
　□　事業所等の健康診断の記録　　　　　□　第三者証明
　□　母子健康手帳　　　　　　　　　　　□　その他（　　　　　　　　　　　　）
　□　健康保険の給付記録（レセプトも含む）□　添付できる参考資料は何もない

上記のとおり相違ないことを申し立てます。

　　平成　　年　　月　　日
　　　　　　　　住　所　_____
　　請　求　者　　　　　　　　　　　　　　　　　　※本人自らが署名する場合
　　　　　　　　氏　名　_____　印　　押印は不要です。
　　代筆者氏名　_____　請求者との続柄　_____
　（提出先）日本年金機構　　　　　　　　　　　　　　　　（裏面もご覧ください。）

資料⑤　受診状況等証明書が添付できない申立書

年金等の請求用

> 障害年金等の請求を行うとき、その障害の原因又は誘因となった傷病の初診日を明らかにすることが必要とされます。一番古い受診歴のある医療機関の「受診状況等証明書」が添付できない場合は、その旨の申立、及び、医療保険の給付にかかる記録などの初診日を確認できる書類を添付いただくことが必要です。この書類はそのために使用する申立書です。

記入する際のお願い

1 「傷病名」の欄は、医療機関で診断された病名（○○病、△△症など）を記入してください。
2 「医療機関名」の欄は、医療機関の名称（○○病院、△△クリニックなど）を記入してください。
3 「医療機関の所在地」の欄は、医療機関の所在地（○○市△△町1-1など）を記入してください。
4 「受診期間」の欄は、受診していた期間を記入してください。記憶があいまいな場合は、次の（例）のように記入しても構いません。
　　（例）平成5年4月頃－平成5年10月頃、昭和61年春頃～昭和62年夏頃　など
5 細線で囲まれた欄は、質問をお読みいただき、その枠内の該当する□に✓をつけてください。
6 申立書の下欄にある「平成　年　月　日」の欄は、この申立書を作成した日付を記入してください。
7 「住所」と「氏名」の欄は、請求する方の住所と氏名を記入してください。
8 この申立書を代筆した場合は、代筆した方の氏名を「代筆者氏名」に記入し、請求する方からみた続柄を「請求者との続柄」の欄に記入してください。

＜参考資料の確認先＞
　身体障害者手帳等の申請時の診断書
　　⇒　診断書等を提出した市区町村の障害福祉の窓口（障害福祉課、高齢障害福祉課など）
　生命保険・損害保険・労災保険の給付申請時の診断書
　　⇒　診断書等を提出した生命保険会社、損害保険会社、労働基準監督署
　事業所等の健康診断の記録
　　⇒　当時勤務していた事業所や健康診断を受けた医療機関
　健康保険の給付記録（レセプトも含む）
　　⇒　当時加入していた健康保険組合や全国健康保険協会（協会けんぽ）

＜参考資料のその他に該当する例＞
・交通事故証明
・インフォームド・コンセントによる医療情報サマリー（診療や治療経過を要約したもの）
・次の受診医療機関への紹介状
・電子カルテ等の記録（氏名・日付・傷病名・診療科等が印刷されたもの）
・交通事故や労災事故などのことが掲載されている新聞記事

【資料⑥】病歴・就労状況等申立書記入例

病歴状況	傷病名		統合失調症	
発病日	平成3年8月8日	初診日	平成3年8月15日	

記入する前にお読みください。
○ 次の欄には障害の原因となった病気やけがについて、発病したときから<u>現在まで</u>の経過を年月順に期間をあけずに記入し、左側の空欄に通番を記入してください。
○ 受診していた期間は、通院期間、受診回数、入院期間、治療経過、医師から指示された事項、転医・受診中止の理由、日常生活状況、就労状況などを記入してください。
○ 受診していなかった期間は、その理由、自覚症状の程度、日常生活状況、就労状況などについて具体的に記入してください。
○ 健康診断などで障害の原因となった病気やけがについて指摘されたことも記入してください。
○ 同一の医療機関を長期間受診していた場合、医療機関を長期間受診していなかった場合、その期間を3年から5年ごとに区切って記入してください。

1	□昭和・☑平成 3年8月15日から □昭和・☑平成 6年3月　日まで ☑ 受診した・□ 受診していない 医療機関名 　　○○○心のクリニック	発病したときの状態と発病から初診までの間の状況 （先天性疾患は出生時から初診まで） 　15歳で高校に入学し、高校1年の夏休みに、人が自分の悪口を言っているような感覚・幻聴に悩まされ、心療内科を受診して、薬物療法、心理カウンセリングを高校3年時まで受けた。不安神経症と聞かされていた。
2	□昭和・☑平成 6年5月　日から □昭和・☑平成 6年11月　日まで ☑ 受診した・□ 受診していない 医療機関名 　　○○大学付属医科大学精神科	左の期間の状況 　上京し、大学近くのアパートに転居して大学に入学したが馴染めず、大学付属病院の精神科を受診して統合失調症との診断を受けた。1年の11月に大学は退学した。
3	□昭和・☑平成 7年2月　日から □昭和・☑平成29年8月　日まで ☑ 受診した・□ 受診していない 医療機関名 　　○○クリニック精神科	左の期間の状況 　実家に戻り、引きこもり状態となる。近くの総合病院の精神科の往診を受けた。薬物治療を継続して受けている。
	□昭和・□平成　年　月　日から □昭和・□平成　年　月　日まで □ 受診した・□ 受診していない 医療機関名	左の期間の状況
	□昭和・□平成　年　月　日から □昭和・□平成　年　月　日まで □ 受診した・□ 受診していない 医療機関名	左の期間の状況

※裏面（署名欄）も記入してください。

資料⑥　病歴・就労状況等申立書記入例

就労・日常生活状況	1. 障害認定日（初診日から1年6月目または、それ以前に治った場合は治った日）頃と 2. 現在（請求日頃）の就労・日常生活状況等について該当する太枠内に記入してください。

1. 障害認定日（□昭和・☑平成 7 年 8 月 30 日）頃の状況を記入してください。

就労状況	就労していた場合	職種（仕事の内容）を記入してください。	無職
		通勤方法を記入してください。	通勤方法 通勤時間（片道）　　時間　　　分
		出勤日数を記入してください。	障害認定日の前月　　日　障害認定日の前々月　　日
		仕事中や仕事が終わった時の身体の調子について記入してください。	
	就労していなかった場合	仕事をしていなかった（休職していた）理由すべてにチェックをしてください。 なお、オを選んだ場合は、具体的な理由を（　）内に記入してください。	□ア　体力に自信がなかったから □イ　医師から働くことを止められていたから □ウ　働く意欲がなかったから □エ　働きたかったが適切な職場がなかったから ☑オ　その他（理由　自宅に引きこもり状態であった　）
日常生活状況		日常生活の制限について、該当する番号にチェックをしてください。 1→自発的にできた 2→自発的にできたが援助が必要だった 3→自発的にできないが援助があればできた 4→できなかった	着替え　□1・□2・☑3・□4　　洗面　□1・□2・□3・☑4 トイレ　□1・☑2・□3・□4　　入浴　□1・□2・□3・☑4 食事　　□1・☑2・□3・□4　　散歩　□1・□2・□3・☑4 炊事　　□1・□2・□3・☑4　　洗濯　□1・□2・□3・☑4 掃除　　□1・□2・□3・☑4　　買物　□1・□2・□3・☑4
		その他日常生活で不便に感じたことがありましたら記入してください。	幻聴のため、起きていられなかった。 他人から何かされそうで、カーテンを閉め切って、部屋にこもっていた。外出できなかった。

2. 現在（請求日頃）の状況を記入してください。

就労状況	就労している場合	職種（仕事の内容）を記入してください。	無職
		通勤方法を記入してください。	通勤方法 通勤時間（片道）　　時間　　　分
		出勤日数を記入してください。	請求日の前月　　日　請求日の前々月　　日
		仕事中や仕事が終わった時の身体の調子について記入してください。	
	就労していない場合	仕事をしていない（休職している）理由すべてにチェックをしてください。 なお、オを選んだ場合は、具体的な理由を（　）内に記入してください。	□ア　体力に自信がないから □イ　医師から働くことを止められているから □ウ　働く意欲がないから □エ　働きたいが適切な職場がないから ☑オ　その他（理由　障がいのある人の作業所に通所している。）
日常生活状況		日常生活の制限について、該当する番号にチェックをしてください。 1→自発的にできる 2→自発的にできたが援助が必要である 3→自発的にできないが援助があればできる 4→できない	着替え　□1・□2・☑3・□4　　洗面　□1・□2・☑3・□4 トイレ　□1・□2・☑3・□4　　入浴　□1・□2・☑3・□4 食事　　□1・☑2・□3・□4　　散歩　□1・□2・☑3・□4 炊事　　□1・□2・☑3・□4　　洗濯　□1・□2・☑3・□4 掃除　　□1・□2・☑3・□4　　買物　□1・□2・☑3・□4
		その他日常生活で不便に感じていることがありましたら記入してください。	自分の考えが知れ渡っている、自分が世界から、監視されていると感じている。知らない人からの悪口が聞こえるという。作業所での人間関係もうまくいかない。人と関わることで、幻聴や被害妄想が悪化し、作業所にいけない日も多い。

障害者手帳	障害者手帳の交付を受けていますか。	☑1　受けている　　□2　受けていない　　□3　申請中
	交付されている障害者手帳の交付年月日、等級、障害名を記入してください。 その他の手帳の場合、その名称（　）内に記入してください。 ※略字の意味 身→身体障害者手帳　　療→療育手帳 精→精神障害者保健福祉手帳　　他→その他の手帳	①　□身・☑精・□療・□他（　　　　　　　　　　　） 　　□昭和・☑平成 12 年 7 月 10 日（　　1級　　） 　　障害名（　　　　　　　　　　　　　　　　　　）
		②　□身・□精・□療・□他（　　　　　　　　　　　） 　　□昭和・□平成　年　月　日（　　　　級　　　） 　　障害名（　　　　　　　　　　　　　　　　　　）

上記のとおり相違ないことを申し立てます。　　　　　　　※請求者本人が署名する場合、押印は不要です。
平成 29 年 12 月 1 日　　　　　　　　　　　　　　　　請求者　現住所　○○県○○市○○町○丁目○番○号
作成者　氏　名　　弁護士　　○○○○　　㊞　　　　　　　　　氏　名　　　　　　甲野太郎
　　　　請求者からみた続柄（　　代理人　　）　　　　　　　　電話番号　　　　－　　　－

【資料⑦】障害認定基準（2017年12月1日改正）（抜粋）

第1　一般的事項
1　障害の状態
　障害基礎年金、障害厚生年金及び障害手当金が支給される「障害の状態」とは、身体又は精神に、国民年金法施行令（昭和34年政令第184号）別表（厚生年金保険法施行令（昭和29年政令第110号）第3条の8において厚生年金保険の1級及び2級の障害の状態とされる場合を含む。以下「国年令別表」という。）、厚生年金保険法施行令別表第1（以下「厚年令別表第1」という。）及び厚生年金保険法施行令別表第2（以下「厚年令別表第2」という。）に定める程度の障害の状態があり、かつ、その状態が長期にわたって存在する場合をいう。
2　傷病
　(1)「傷病」とは、疾病又は負傷及びこれらに起因する疾病を総称したものをいう。
　(2)「起因する疾病」とは、前の疾病又は負傷がなかったならば後の疾病が起こらなかったであろうというように、前の疾病又は負傷との間に相当因果関係があると認められる場合をいい、負傷は含まれないものである。
3　初診日
　「初診日」とは、障害の原因となった傷病につき、初めて医師又は歯科医師の診療を受けた日をいう。
4　障害認定日
　「障害認定日」とは、障害の程度の認定を行うべき日をいい、請求する傷病の初診日から起算して1年6月を経過した日又は1年6月以内にその傷病が治った場合においては、その治った日（その症状が固定し、治療の効果が期待できない状態に至った日を含む。）をいう。
5　傷病が治った場合
　「傷病が治った場合」とは、器質的欠損若しくは変形又は機能障害を残している場合は、医学的に傷病が治ったとき、又は、その症状が安定し、長期にわたってその疾病の固定性が認められ、医療効果が期待し得ない状態に至った場合をいう。
6　事後重症による年金
　「事後重症による年金」とは、傷病により障害の状態にあるものが、障害認定日において政令で定める障害等級に該当する程度の障害の状態に該当しなかった場合で、当該傷病による障害により65歳に達する日の前日までに、政令で定める障害等級に該当する程度の障害の状態に該当し、かつ、65歳に達する日の前日までに裁定請求のあった場合に支給する年金をいう。
7　基準傷病、基準障害、はじめて2級による年金
　(1)「基準傷病」とは、既に発している傷病による障害と、新たに発した傷病（既に発している傷病の初診日以後に初診日のある傷病に限る。）による障害を併合して、初めて、障害等級が1級又は2級に該当する程度の障害の状態

に至った場合における新たに発した当該傷病をいう。
(2) 「基準障害」とは、基準傷病による障害をいう。
(3) 「はじめて2級による年金」とは、既に基準傷病以外の傷病により障害の状態にあるものが、基準傷病に係る障害認定日以後65歳に達する日の前日までの間において、初めて、基準障害と他の障害とを併合して障害等級が1級又は2級に該当する程度の障害の状態に至った場合に支給される障害基礎年金及び障害厚生年金をいう。

第2 障害認定に当たっての基本的事項
1 障害の程度
　障害の程度を認定する場合の基準となるものは、国年令別表、厚年令別表第1及び厚年令別表第2に規定されているところであるが、その障害の状態の基本は、次のとおりである。
　(1)　1　級
　　　身体の機能の障害又は長期にわたる安静を必要とする病状が日常生活の用を弁ずることを不能ならしめる程度のものとする。この日常生活の用を弁ずることを不能ならしめる程度とは、他人の介助を受けなければほとんど自分の用を弁ずることができない程度のものである。
　　　例えば、身のまわりのことはかろうじてできるが、それ以上の活動はできないもの又は行ってはいけないもの、すなわち、病院内の生活でいえば、活動の範囲がおおむねベッド周辺に限られるものであり、家庭内の生活でいえば、活動の範囲がおおむね就床室内に限られるものである。
　(2)　2　級
　　　身体の機能の障害又は長期にわたる安静を必要とする病状が、日常生活が著しい制限を受けるか又は日常生活に著しい制限を加えることを必要とする程度のものとする。この日常生活が著しい制限を受けるか又は日常生活に著しい制限を加えることを必要とする程度とは、必ずしも他人の助けを借りる必要はないが、日常生活は極めて困難で、労働により収入を得ることができない程度のものである。
　　　例えば、家庭内の極めて温和な活動（軽食作り、下着程度の洗濯等）はできるが、それ以上の活動はできないもの又は行ってはいけないもの、すなわち、病院内の生活でいえば、活動の範囲がおおむね病棟内に限られるものであり、家庭内の生活でいえば、活動の範囲がおおむね家屋内に限られるものである。
　(3)　3　級
　　　労働が著しい制限を受けるか又は労働に著しい制限を加えることを必要とする程度のものとする。
　　　また、「傷病が治らないもの」にあっては、労働が制限を受けるか又は労働

資料⑦ 障害認定基準（2017年12月1日改正）（抜粋）

　に制限を加えることを必要とする程度のものとする。（「傷病が治らないもの」については、第3の第1章に定める障害手当金に該当する程度の障害の状態がある場合であっても3級に該当する。）
(4) 障害手当金
　「傷病が治ったもの」であって、労働が制限を受けるか又は労働に制限を加えることを必要とする程度のものとする。
2　認定の時期
　障害の程度の認定時期は、次のとおりとする。
(1) 障害認定日
(2) 「事後重症による年金」については、裁定請求書を受理した日（65歳に達する日の前日までに受付けたものに限る。）
(3) 「はじめて2級による年金」については、障害の程度が2級以上に該当した日（65歳に達する日の前日までに該当したものに限る。）
(4) 「障害手当金」については、初診日から起算して5年を経過する日までの間において傷病の治った日
3　認定の方法
(1) 障害の程度の認定は、診断書及びX線フィルム等添付資料により行う。
　　ただし、提出された診断書等のみでは認定が困難な場合又は傷病名と現症あるいは日常生活状況等との間に医学的知識を超えた不一致の点があり整合性を欠く場合には、再診断を求め又は療養の経過、日常生活状況等の調査、検診、その他所要の調査等を実施するなどして、具体的かつ客観的な情報を収集した上で、認定を行う。
　　また、原則として、本人の申立等及び記憶に基づく受診証明のみでは判断せず、必ず、その裏付けの資料を収集する。
(2) 障害の程度の認定は、第2の「障害の程度」に定めるところに加え、第3の第1章「障害等級認定基準」に定めるところにより行うものとする。
　　なお、同一人について、2以上の障害がある場合の障害の程度の認定は、第3の第1章「障害等級認定基準」に定めるところによるほか、第3の第2章「併合等認定基準」に定めるところにより行う。
　　ただし、第1章の第10節から第18節までの内科的疾患の併存している場合及び第1章各節の認定要領において特に定めている場合は、総合的に認定する。
(3) 「傷病が治らないもの」の障害の程度の認定に当たっては、障害の程度の認定時期以後おおむね1年以内に、その状態の変動が明らかに予測されるときは、その予測される状態を勘案して認定を行う。
(4) 「障害等級認定基準」及び「併合等認定基準」に明示されていない障害及び障害の程度については、その障害によって生じる障害の程度を医学的検査結果等に基づき判断し、最も近似している認定基準の障害の程度に相当するも

のを準用して行う。
(5) 「傷病が治らないもの」であって、3級の第14号と認定したものについては、経過観察を行い、症状が固定に達したものは、3級の第14号に該当しないものとする。

【資料⑧】併合参考表(障害認定基準(2017年12月1日改正))(抜粋)

第2章 併合等認定基準

第1節／基本的事項
　2つ以上の障害がある場合の障害の程度の認定は、次による。
1　併合（加重）認定
　　併合（加重）認定は、次に掲げる場合に行う。
(1)　障害認定日において、認定の対象となる障害が2つ以上ある場合（併合認定）
(2)　「はじめて2級」による障害基礎年金又は障害厚生年金を支給すべき事由が生じた場合（併合認定）
(3)　障害基礎年金受給権者及び障害厚生年金受給権者（障害等級が1級若しくは2級の場合に限る。）に対し、さらに障害基礎年金または障害厚生年金（障害等級が1級若しくは2級の場合に限る。）を支給すべき事由が生じた場合（加重認定）
(4)　併合認定の制限
　　同一部位に複数の障害が併存する場合、併合認定の結果が国年令別表、厚年令別表第1又は厚年令別表第2に明示されているものとの均衡を失する場合には、明示されている等級を超えることはできない。
2　総合認定
　　内科的疾患の併存している場合及び前章の認定要領において特に定めている場合は、総合的に認定する。
3　差引認定
(1)　障害認定の対象とならない障害（以下「前発障害」という。）と同一部位に新たな障害（以下「後発障害」という。）が加わった場合は、現在の障害の程度（複数の障害が混在している状態）から前発障害の障害の程度を差し引いて、後発障害の障害の程度を認定する。
(2)　同一部位とは、障害のある箇所が同一であるもの（上肢又は下肢については、それぞれ1側の上肢又は下肢）のほか、その箇所が同一でなくても眼又は耳のような相対性器官については、両側の器官をもって同一部位とする。
(3)　「はじめて2級による年金」に該当する場合には、適用しない。

第2節／併合（加重）認定
1　2つの障害が併存する場合
　　個々の障害について、併合判定参考表（別表1）における該当番号を求めた後、当該番号に基づき併合〔加重〕認定表（別表2）による併合番号を求め、障害の程度を認定する。
［認定例］
　　右手のおや指及びひとさし指を併せ一上肢の4指の用を廃し、両眼の視力が0.1になった場合
　　併合判定参考表によれば次のとおりである。

部　位	障　害　の　状　態	併合判定参考表
右手の障害	右手のおや指及びひとさし指を併せ一上肢の4指の用を廃したもの	7号—5
両眼の障害	両眼の視力の和が0.1以下に減じたもの	6号—1

　　併合（加重）認定表により、上位の障害6号と下位の障害7号の併合番号4号を求め、2級と認定する。
2　3つ以上の障害が併存する場合
　　併合判定参考表の「障害の状態」に該当する障害を対象とし、次により認定する。

資料⑧　併合参考表（障害認定基準（2017年12月1日改正））（抜粋）

(1) 併合判定参考表から各障害についての番号を求める。
(2) (1)により求めた番号の最下位及びその直近位について、併合（加重）認定表により、併合番号を求め、以下順次、その求めた併合番号と残りのうち最下位のものとの組合せにより、最終の併合番号を求め認定する。

［認定例］
　　左下肢を大腿部から切断し、両眼の視力が0.1になり、右上肢のひとさし指、なか指及び小指を近位指節間関節より切断し、さらに、左上肢のおや指を指節間関節より切断した場合
　　併合判定参考表によれば、次のとおりである。

部　位	障　害　の　状　態	併合判定参考表
左下肢の障害	一下肢を足関節以上で欠くもの	4号—6
両眼の障害	両眼の視力の和が0.1以下に減じたもの	6号—1
右手の障害	ひとさし指を併せ一上肢の3指を近位指節間関節以上で欠くもの	7号—4
左手の障害	一上肢のおや指を指節間関節以上で欠くもの	9号—8

　　併合（加重）認定表により、3位の障害7号と4位の障害9号の併合番号7号を求め、次に同表により、これと2位の障害6号との併合番号4号を求め、さらに同表により、これと1位の障害4号との併合番号1号を求め1級と認定する。

3　併合認定の特例
(1) 併合（加重）認定の対象となる障害の程度が、国年令別表、厚年令別表第1、厚年令別表第2に明示されている場合又は併合判定参考表に明示されている場合は、併合（加重）認定の結果にかかわらず、同令別表等により認定する。

［認定例1］
　　左下肢の5趾を失った後、さらに右下肢の5趾を失った場合
　　併合判定参考表によれば、次のとおりである。

部　位	障　害　の　状　態	併合判定参考表
左足ゆびの障害	一下肢の5趾を中足趾節関節以上で欠くもの	8号—11
右足ゆびの障害	一下肢の5趾を中足趾節関節以上で欠くもの	8号—11

　　併合（加重）認定表により併合すると、併合番号7号となり、障害等級は3級となるが、国年令別表の2級11号に「両下肢のすべての指を欠くもの」と明示されているので、併合認定の結果にかかわらず、2級と認定する。

［認定例2］
　　右上肢のおや指及びひとさし指と、左上肢の小指以外の4指の用を廃したものに、さらに右上肢のおや指及びひとさし指以外の3指と、左上肢の小指の用を廃した場合
　　併合判定参考表によれば、次のとおりである。

部　位	障　害　の　状　態	併合判定参考表
右手の障害	一上肢のおや指及びひとさし指の用を廃したもの	8号—9
左手の障害	おや指及びひとさし指を併せ一上肢の4指の用を廃したもの	7号—5
右手の障害	おや指及びひとさし指以外の一上肢の3指の用を廃したもの	10号—13
左手の障害	一上肢の小指の用を廃したもの	—

資料⑧　併合参考表（障害認定基準（2017年12月1日改正））（抜粋）

　　　すでにある障害について、併合（加重）認定表により併合し、併合番号7号となり、障害等級3級となっているものに、さらに、併合判定参考表の10号に該当する障害と併合判定参考表に明示されていない程度の障害が加わったものであるが併合判定参考表の2級3号—3の「両上肢のすべての指の用を廃したもの」に該当するので、併合認定の結果にかかわらず2級と認定する。
(2)　併合（加重）認定の結果が、国年令別表、厚年令別表第1又は厚年令別表第2に明示されているものとの均衡を失する場合
　　　同一部位に障害が併存する場合に生じることがあるが、国年令別表、厚年令別表第1又は厚年令別表第2に明示されているものとの均衡を失することのないよう認定する。
［認定例1］
　　　左手関節が用を廃し、左肘関節に著しい障害が併存する場合
　　　併合判定参考表によれば、次のとおりである。

部　　位	障　害　の　状　態	併合判定参考表
左手関節の障害	一上肢の3大関節のうち、1関節の用を廃したもの	8号—3
左肘関節の障害	一上肢の3大関節のうち、1関節に著しい機能障害を残すもの	10号—5

　　　併合（加重）認定表により併合すると、併合番号7号となり、障害等級は3級となるが、厚年令別表第1の3級5号に「一上肢の3大関節のうち、2関節の用を廃したもの」と明示されており、上肢の障害で3級となるための障害の程度は、原則として併合判定参考表8号以上の障害が併存している場合であるので、併合判定参考表の8号と9号との障害が併存している場合を除き、併合認定の結果にかかわらず、障害手当金と認定する。

［認定例2］
　　　左足関節が強直し、左下肢が4センチメートル短縮している場合
　　　併合判定参考表によれば、次のとおりである。

部　　位	障　害　の　状　態	併合判定参考表
左足関節の障害	一下肢の3大関節のうち、1関節の用を廃したもの	8号—4
左下肢の短縮障害	一下肢を3センチメートル以上短縮したもの	10号—7

　　　併合（加重）認定表により併合すると、併合番号7号となり、障害等級は3級となるが、厚年令別表第1の3級6号に「一下肢の3大関節のうち、2関節の用を廃したもの」と明示されており、下肢の障害で3級となるための障害の程度は、原則として併合判定参考表8号以上の障害が併存している場合であるので、併合判定参考表の8号と9号との障害が併存している場合を除き、併合判定の結果にかかわらず、障害手当金と認定する。

第3節／総合認定
　　　認定の対象となる内科的疾患が併存している場合については、併合（加重）認定の取扱いは行わず、総合的に判断して認定する。

第4節／差引認定
1　現在の障害の状態の活動能力減退率から前発障害の前発障害差引活動能力減退率を差し引いた残りの活動能力減退率（以下「差引残存率」という。）に応じて、差引結果認定表により認定する。
2　後発障害の障害の状態が、併合判定参考表に明示されている場合、その活動能力減退

資料⑧ 併合参考表(障害認定基準(2017年12月1日改正))(抜粋)

率が差引残存率より大であるときは、その明示されている後発障害の障害の状態の活動能力減退率により認定する。
3 「はじめて2級による年金」に該当する場合は、適用しない。
[認定例1]
　厚生年金保険に加入する前に、右手のおや指の指節間関節及び小指の近位指節間関節(PIP)より切断していた者が、厚生年金保険に加入後、事故により右手のひとさし指、なか指及びくすり指を近位指節間関節(PIP)より切断した場合
　併合判定参考表によれば、次のとおりである。

	障害の状態	併合判定参考表	活動能力減退率 前発障害差引 活動能力減退率
現在の障害	一上肢の5指を近位指節間関節(おや指にあっては指節間関節)以上で欠くもの	6号-7	67%
前発障害	一上肢のおや指を指節間関節で欠き、かつ、ひとさし指以外の1指を近位指節間関節以上で欠くもの	8号-8	18%
後発障害	ひとさし指を併せ一上肢の3指を近位指節間関節以上で欠くもの	7号-4	56%

　1により差引認定すると差引残存率は、67%-18%=49%となり、差引結果認定表により認定すれば、障害手当金該当となるが、後発障害のみの活動能力減退率は56%であり、差引残存率より大であるため後発障害の活動能力減退率により厚年令別表第1の3級と認定する。

[認定例2]
　先天性の脳性麻痺により、両下肢に機能障害がある者が、厚生年金保険に加入後、事故が原因の脊髄損傷により両下肢の機能を完全に廃した場合
　併合判定参考表によれば、次のとおりである。

	障害の状態	併合判定参考表	活動能力減退率 前発障害差引 活動能力減退率
現在の障害	両下肢の用を全く廃したもの	1号-6	134%
前発障害	身体の機能の障害又は長期にわたる安静を必要とする病状が、日常生活が著しい制限を受けるか、又は日常生活に著しい制限を加えることを必要とする程度のもの	4号-7	63%
後発障害	両下肢の用を全く廃したもの	1号-6	134%

　1により差引認定すると、差引残存率は134%-63%=71%となり、差引結果認定表により認定すれば、後発障害は2級となるが、後発障害の障害の状態は、前発障害の影響を受けることなく生じたものであると判断でき、その状態が併合判定参考表の1号6に明示されていることから、その活動能力減退率(134%)は差引残存率より大であるため、後発障害の活動能力減退率により国年令別表の1級と認定する。

資料⑧　併合参考表（障害認定基準（2017年12月1日改正））（抜粋）

別表1　併合判定参考表

障害の程度	番号	区分	障害の状態
1級	1	号	1　両眼が失明したもの
			2　両耳の平均純音聴力レベル値が100デシベル以上のもの
			3　両上肢を肘関節以上で欠くもの
			4　両上肢の用を全く廃したもの
			5　両下肢を膝関節以上で欠くもの
			6　両下肢の用を全く廃したもの
			7　体幹の機能に座っていることができない程度又は立ち上がることができない程度の障害を有するもの
			8　身体の機能の障害又は長期にわたる安静を必要とする病状が日常生活の用を弁ずることを不能ならしめる程度のもの
			9　精神の障害で日常生活の用を弁ずることを不能ならしめる程度のもの
			10　両眼の視力の和が0.04以下のもの
			11　両上肢のすべての指を基部から欠き、有効長が0のもの
			12　両上肢のすべての指の用を全く廃したもの
			13　両下肢を足関節以上で欠くもの
2級	2	号	1　両眼の視力の和が0.05以上0.08以下のもの
			2　平衡機能に著しい障害を有するもの
			3　そしゃくの機能を欠くもの
			4　音声又は言語の機能に著しい障害を有するもの
			5　両上肢のすべての指を近位指節間関節（おや指にあっては指節間関節）以上で欠くもの
			6　体幹の機能に歩くことができない程度の障害を有するもの
	3	号	1　両耳の平均純音聴力レベル値が90デシベル以上のもの
			2　両耳の平均純音聴力レベル値が80デシベル以上、かつ、最良語音明瞭度が30％以下のもの
			3　両上肢のすべての指の用を廃したもの
			4　両上肢のおや指及びひとさし指又は中指を基部から欠き、有効長が0のもの
			5　両上肢のおや指及びひとさし指又は中指の用を全く廃したもの
			6　両下肢をリスフラン関節以上で欠くもの
	4	号	1　一上肢のすべての指を基部から欠き、有効長が0のもの
			2　一上肢の用を全く廃したもの
			3　一上肢のすべての指の用を全く廃したもの
			4　両下肢の10趾を中足趾節関節以上で欠くもの
			5　一下肢の用を全く廃したもの
			6　一下肢を足関節以上で欠くもの

資料⑧　併合参考表（障害認定基準（2017年12月1日改正））（抜粋）

		7	身体の機能の障害又は長期にわたる安静を必要とする病状が、日常生活が著しい制限を受けるか、又は日常生活に著しい制限を加えることを必要とする程度のもの
		8	精神の障害で日常生活が著しい制限を受けるか、又は日常生活に著しい制限を加えることを必要とする程度のもの
3級	5号	1	両眼の視力がそれぞれ0.06以下のもの
		2	一眼の視力が0.02以下に減じ、かつ、他眼の視力が0.1以下に減じたもの
		3	両耳の平均純音聴力レベル値が80デシベル以上のもの
		4	両耳の平均純音聴力レベル値が50デシベル以上80デシベル未満で、かつ、最良語音明瞭度が30％以下のもの
	6号	1	両眼の視力が0.1以下に減じたもの
		2	そしゃく又は言語の機能に相当程度の障害を残すもの
		3	脊柱の機能に著しい障害を残すもの
		4	一上肢の3大関節のうち、2関節の用を廃したもの
		5	一下肢の3大関節のうち、2関節の用を廃したもの
		6	両上肢のおや指を基部から欠き、有効長が0のもの
		7	一上肢の5指又はおや指及びひとさし指を併せ一上肢の4指を近位指節間関節（おや指にあっては指節間関節）以上で欠くもの
		8	一上肢のすべての指の用を廃したもの
		9	一上肢のおや指及びひとさし指を基部から欠き、有効長が0のもの
	7号	1	両耳の平均純音聴力レベル値が70デシベル以上のもの
		2	両耳の平均純音聴力レベル値が50デシベル以上で、かつ、最良語音明瞭度が50％以下のもの
		3	長管状骨に偽関節を残し、運動機能に著しい障害を残すもの
		4	一上肢のおや指及びひとさし指を近位指節間関節（おや指にあっては指節間関節）以上で欠くもの、又はおや指若しくはひとさし指を併せ一上肢の3指を近位指節間関節（おや指にあっては指節間関節）以上で欠くもの
		5	おや指及びひとさし指を併せ一上肢の4指の用を廃したもの
		6	一下肢をリスフラン関節以上で欠くもの
		7	両下肢の10趾の用を廃したもの
		8	身体の機能に労働が著しい制限を受けるか、又は労働に著しい制限を加えることを必要とする程度の障害を残すもの
		9	精神又は神経系統に労働が著しい制限を受けるか、又は労働に著しい制限を加えることを必要とする程度の障害を残すもの
	8号	1	一眼の視力が0.02以下に減じたもの
		2	脊柱の機能に障害を残すもの
		3	一上肢の3大関節のうち、1関節の用を廃したもの
		4	一下肢の3大関節のうち、1関節の用を廃したもの
		5	一下肢が5センチメートル以上短縮したもの

資料⑧ 併合参考表（障害認定基準（2017年12月1日改正））（抜粋）

3級（治らないもの）	障害手当金（治ったもの）	8号	6	一上肢に偽関節を残すもの
			7	一下肢に偽関節を残すもの
			8	一上肢のおや指を指節間関節で欠き、かつ、ひとさし指以外の1指を近位指節間関節以上で欠くもの
			9	一上肢のおや指及びひとさし指の用を廃したもの
			10	おや指又はひとさし指を併せ一上肢の3指以上の用を廃したもの
			11	一下肢の5趾を中足趾節関節以上で欠くもの
			12	精神又は神経系統に労働が制限を受けるか、又は労働に制限を加えることを必要とする程度の障害を残すもの
		9号	1	両眼の視力が0.6以下に減じたもの
			2	一眼の視力が0.06以下に減じたもの
			3	両眼のまぶたに著しい欠損を残すもの
			4	両眼による視野が2分の1以上欠損したもの又は両眼の視野が10度以内のもの
			5	一耳の平均純音聴力レベル値が90デシベル以上のもの
			6	そしゃく及び言語の機能に障害を残すもの
			7	鼻を欠損し、その機能に著しい障害を残すもの
			8	一上肢のおや指を指節間関節以上で欠くもの
			9	一上肢のおや指の用を全く廃したもの
			10	ひとさし指を併せ一上肢の2指を近位指節間関節以上で欠くもの
			11	おや指及びひとさし指以外の一上肢の3指を近位指節間関節以上で欠くもの
			12	一上肢のおや指を併せ2指の用を廃したもの
			13	一下肢の第1趾を併せ2以上の趾を中足趾節関節以上で欠くもの
			14	一下肢の5趾の用を廃したもの
		10号	1	一眼の視力が0.1以下に減じたもの
			2	両眼の調整機能及び輻輳機能に著しい障害を残すもの
			3	一耳の平均純音聴力レベル値が80デシベル以上のもの
			4	そしゃく又は言語の機能に障害を残すもの
			5	一上肢の3大関節のうち、1関節に著しい機能障害を残すもの
			6	一下肢の3大関節のうち、1関節に著しい機能障害を残すもの
			7	一下肢を3センチメートル以上短縮したもの
			8	長管状骨に著しい転位変形を残すもの
			9	一上肢のひとさし指を近位指節間関節以上で欠くもの
			10	おや指及びひとさし指以外の一上肢の2指を近位指節間関節以上で欠くもの

資料⑧ 併合参考表（障害認定基準（2017年12月1日改正））（抜粋）

		11	一上肢のおや指の用を廃したもの
		12	ひとさし指を併せ一上肢の2指の用を廃したもの
		13	おや指及びひとさし指以外の一上肢の3指の用を廃したもの
		14	一下肢の第1趾又は他の4趾を中足趾節関節以上で欠くもの
		15	身体の機能に労働が制限を受けるか、又は労働に制限を加えることを必要とする程度の障害を残すもの
	11号	1	両眼の調節機能又は運動機能に著しい障害を残すもの
		2	両眼のまぶたに著しい運動障害を残すもの
		3	一眼のまぶたに著しい欠損を残すもの
		4	一耳の平均純音聴力レベル値が70デシベル以上のもの
		5	一上肢のなか指又はくすり指を近位指節間関節以上で欠くもの
		6	一上肢のひとさし指の用を廃したもの
		7	おや指及びひとさし指以外の一上肢の2指の用を廃したもの
		8	第1趾を併せ一下肢の2趾以上の用を廃したもの
	12号	1	一眼の調節機能に著しい障害を残すもの
		2	一眼のまぶたに著しい運動障害を残すもの
		3	一上肢の3大関節のうち、1関節に機能障害を残すもの
		4	一下肢の3大関節のうち、1関節に機能障害を残すもの
		5	長管状骨に奇形を残すもの
		6	一上肢のなか指又はくすり指の用を廃したもの
		7	一下肢の第1趾又は他の4趾の用を廃したもの
		8	一下肢の第2趾を中足趾節関節以上で欠くもの
		9	第2趾を併せ一下肢の2趾を中足趾節関節以上で欠くもの
		10	一下肢の第3趾以下の3趾を中足趾節関節以上で欠くもの
		11	局部に頑固な神経症状を残すもの
	13号	1	一眼の視力が0.6以下に減じたもの
		2	一眼の半盲症、視野狭窄又は視野変状を残すもの
		3	両眼のまぶたの一部に欠損を残すもの
		4	一上肢の小指を近位指節間関節以上で欠くもの
		5	一上肢のおや指の指骨の一部を欠くもの
		6	一上肢のひとさし指の指骨の一部を欠くもの
		7	一上肢のひとさし指の遠位指節間関節の屈伸が不能になったもの
		8	一下肢を1センチメートル以上短縮したもの
		9	一下肢の第3趾以下の1又は2趾を中足趾節関節以上で欠くもの
		10	一下肢の第2趾の用を廃したもの
		11	第2趾を併せ一下肢の2趾の用を廃したもの
		12	一下肢の第3趾以下の3趾の用を廃したもの

資料⑧ 併合参考表（障害認定基準（2017年12月1日改正））（抜粋）

別表2 併合（加重）認定表

		2 級			3 級			障害手当金					
		2号	3号	4号	5号	6号	7号	8号	9号	10号	11号	12号	13号
2級	2号	1	1	1	1	2	2	2	2	2	2	2	2
	3号	1	1	1	1	2	2	2	2	2	2	2	2
	4号	1	1	1	1	2	2	4	4	4	4	4	4
3級	5号	1	1	1	3	4	4	5	5	5	5	5	5
	6号	2	2	2	4	4	4	6	6	6	6	6	6
	7号	2	2	2	4	4	6	7	7	7	7	7	7
障害手当金	8号	2	2	4	5	6	7	7	7	7	8	8	8
	9号	2	2	4	5	6	7	7	7	8	9	9	9
	10号	2	2	4	5	6	7	7	8	9	10	10	10
	11号	2	2	4	5	6	7	8	9	10	10	10	10
	12号	2	2	4	5	6	7	8	9	10	10	11	12
	13号	2	2	4	5	6	7	8	9	10	10	12	12

注1　表頭及び表側の2号から13号までの数字は、併合判定参考表（別表1）の各番号を示す。

注2　表中の数字（1号から12号まで）は、併合番号を示し、障害の程度は、次の表のとおりである。

注3　次に掲げる障害をそれぞれ併合した場合及び次の障害と併合判定参考表の5号ないし7号の障害と併合した場合は、併合認定表の結果にかかわらず、次表の併合番号4号に該当するものとみなす。
　① 両上肢のおや指の用を全く廃したもの
　② 一上肢のおや指及び中指を基部から欠き、有効長が0のもの
　③ 一上肢のおや指及びひとさし指又は中指の用を全く廃したもの

併合番号	障害の程度
1号	国年令別表1級
2号	国年令別表2級
3号	
4号	
5号	厚年令別表第1　3級
6号	
7号	
8号	厚年令別表第2 障害手当金
9号	
10号	
11号	厚年令別表不該当
12号	

資料⑧　併合参考表（障害認定基準（2017年12月1日改正））（抜粋）

別表3　現在の活動能力減退率及び前発障害の活動能力減退率

併合判定参考表（別表1）		現在の活動能力減退率（％）	前発障害の活動能力減退率（％）
1号	区分1〜9	134	95
	区分10〜13	119	
2号		105	84
3号		92	74
4号		79	63
5号		73	44
6号		67	40
7号		56	34
8号		45	18
9号		35	14
10号		27	11
11号		20	8
12号		14	6
13号		9	4

別表4　差引結果認定表

差引残存率	後発障害の程度	
100％以上	国年令別表	1級　9号・11号
99％〜70％	国年令別表	2級　15号・17号
69％〜42％（治ったもの）	厚年令別表第1	3級　12号
69％〜24％（治らないもの）	厚年令別表第1	3級　14号
41％〜24％（治ったもの）	厚年令別表第2	21号

注1　差引結果認定表による後発障害の程度が、次の表の第1欄及び第2欄の区分に応じた、第3欄に掲げる後発障害の程度と異なる場合は、後発障害の程度は同表の第3欄に掲げる等級とする。

第1欄 （現在の障害の状態 併合判定参考表（別表1））	第2欄 （前発障害の状態 併合判定参考表（別表1））	第3欄 （後発障害の程度）	
1号	6号〜13号	国年令別表	1級9号・11号
2号〜4号	7号〜13号	国年令別表	2級15号・17号
5号〜7号	8号〜13号	厚年令別表第1	3級12号

注2　同一部位に複数の障害が併存する場合の併合（加重）認定は、併合（加重）認定表を準用して認定する。

【資料⑨】診断書（精神の障害用）

㊚精　国民年金 厚生年金保険　**診　断　書**（精神の障害用）　様式第120号の4

フリガナ 氏名		生年月日	昭和 平成　年　月　日生（　歳）	性別	男・女
住所	住所地の郵便番号 □□□－□□□□　都道府県　郡市区				

① 障害の原因となった傷病名	ICD－10コード（　　）	② 傷病の発生年月日	昭和 平成　年　月　日	診療録で確認 本人の申立て（　年　月　日）	本人の発病時の職業	
		③ ①のため初めて医師の診療を受けた日	昭和 平成　年　月　日	診療録で確認 本人の申立て（　年　月　日）	④既存障害	
⑥ 傷病が治った（症状が固定した状態を含む。）かどうか。	平成　年　月　日　確認 推定	症状のよくなる見込・・・　有・無・不明			⑤既往症	

「診療録で確認」または「本人の申立て」のどちらかを○で囲み、本人の申立ての場合は、それを聴取した年月日を記入してください。

⑦ 発病から現在までの病歴及び治療の経過、内容、就学・就労状況等、期間、その他参考となる事項

陳述者の氏名　　請求人との続柄　　聴取年月日　年　月　日

⑧ 診断書作成医療機関における初診時所見

初診年月日（昭和 平成　年　月　日）

⑨ これまでの発育・養育歴等（出生から発育の状況や教育歴及びこれまでの職歴をできるだけ詳しく記入してください。）

ア　発育・養育歴	イ　教育歴	ウ　職歴
	乳児期 不就学　・就学猶予 小学校（普通学級・特別支援学級・特別支援学校） 中学校（普通学級・特別支援学級・特別支援学校） 高　校（普通学級・特別支援学校） その他	

エ　治療歴（書ききれない場合は⑬「備考」欄に記入してください。）（※　同一医療機関の入院・外来は分けて記入してください。）

医療機関名	治療期間	入院・外来	病名	主な療法	転帰（軽快・悪化・不変）
	年　月～　年　月	入院・外来			
	年　月～　年　月	入院・外来			
	年　月～　年　月	入院・外来			
	年　月～　年　月	入院・外来			
	年　月～　年　月	入院・外来			

（お願い）臨床所見等は、診療録に基づいてわかる範囲で記入してください。

⑩　障　害　の　状　態　（平成　年　月　日　現症）

ア　現在の病状又は状態像（該当のローマ数字、英数字を○で囲んでください。）

前回の診断書の記載時との比較（前回の診断書を作成している場合は記入してください。）
1　変化なし　2　改善している　3　悪化している　4　不明

Ⅰ　抑うつ状態
1　思考・運動制止　2　刺激性、興奮　3　憂うつ気分
4　自殺企図　5　希死念慮
6　その他（　）

Ⅱ　そう状態
1　行為心迫　2　多弁・多動　3　気分（感情）の異常な高揚・刺激性
4　観念奔逸　5　易怒性・被刺激性亢進　6　誇大妄想
7　その他（　）

Ⅲ　幻覚妄想状態　等
1　幻覚　2　妄想　3　させられ体験　4　思考形式の障害
5　著しい奇異な行為　6　その他（　）

Ⅳ　精神運動興奮状態及び昏迷の状態
1　興奮　2　昏迷　3　拒絶・拒食　4　滅裂思考
5　衝動行為　6　自傷　7　無動・無反応
8　その他（　）

Ⅴ　統合失調症等残遺状態
1　自閉　2　感情の平板化　3　意欲の減退
4　その他（　）

Ⅵ　意識障害・てんかん
1　意識混濁　2　（夜間）せん妄　3　もうろう　4　錯乱
5　てんかん発作　6　不機嫌症　7　その他（　）
・てんかん発作の状態　※発作のタイプは記入上の注意参照
1　てんかん発作のタイプ　（A・B・C・D）
2　てんかん発作の頻度（年間　回、月平均　回、週平均　回　程度）

Ⅶ　知能障害等
1　知的障害　ア　軽度　イ　中等度　ウ　重度　エ　最重度
2　認知症　ア　軽度　イ　中等度　ウ　重度　エ　最重度
3　高次脳機能障害
ア　失行　イ　失認
ウ　記憶障害　エ　注意障害　オ　遂行機能障害　カ　社会的行動障害
4　学習障害　ア　読み　イ　書き　ウ　計算　エ　その他（　）
5　その他（　）

Ⅷ　発達障害関連症状
1　相互的な社会関係の質的障害　2　言語コミュニケーションの障害
3　限定した常同的で反復的な関心と行動　4　その他（　）

Ⅸ　人格変化
1　欠陥状態　2　無関心　3　無為
4　その他症状等（　）

Ⅹ　乱用、依存等（薬物等名：　）
1　乱用　2　依存

Ⅺ　その他［　］

イ　左記の状態について、その程度・症状・処方薬等を具体的に記載してください。

（お願い）太文字の欄は、記入漏れがないように記入してください。

本人の障害の程度及び状態に無関係な欄には記入する必要はありません。（無関係な欄は、斜線により抹消してください。）

(25.5)
1610 1018 028

資料⑨ 診断書（精神の障害用）

ウ 日常生活状況
1 家庭及び社会生活についての具体的な状況
　（ア）現在の生活環境（該当するもの一つを○で囲んでください。）
　　　入院 ・ 入所 ・ 在宅 ・ その他（　　　）
　　　（施設名　　　　　　）
　　　同居者の有無 ・ 有 ・ 無
　（イ）全般的状況（家族及び家族以外の者との対人関係についても具体的に記入してください。）
　　［　　　　　　　　　　　　　　　　　　　　　　　］

2 日常生活能力の判定（該当するものにチェックしてください。）
　（判断にあたっては、単身で生活するとしたら可能かどうかで判断してください。）

（1）適切な食事—配膳などの準備も含めて適当量をバランスよく摂ることがほぼできる等。
□できる　□自発的にできるが時には助言や指導を必要とする　□自発的かつ適正に行うことができないが助言や指導があればできる　□助言や指導をしてもできない若しくは行わない

（2）身辺の清潔保持—洗面、洗濯、入浴等の身体の衛生保持や衣服等の衛生保持ができる。また、自室の清掃や片付けができるなど。
□できる　□自発的にできるが時には助言や指導を必要とする　□自発的かつ適正に行うことができないが助言や指導があればできる　□助言や指導をしてもできない若しくは行わない

（3）金銭管理と買い物—金銭を独力で適切に管理し、やりくりがほぼできる。また、一人で買い物が可能であり、計画的な買い物がほぼできるなど。
□できる　□おおむねできるが時には助言や指導を必要とする　□助言や指導があればできる　□助言や指導をしてもできない若しくは行わない

（4）通院と服薬（要・不要）—規則的に通院や服薬を行い、病状等を主治医に伝えることができる。
□できる　□おおむねできるが時には助言や指導を必要とする　□助言や指導があればできる　□助言や指導をしてもできない若しくは行わない

（5）他人との意思伝達及び対人関係—他人の話を聞く、自分の意思を相手に伝える、集団的行動が行えるなど。
□できる　□おおむねできるが時には助言や指導を必要とする　□助言や指導があればできる　□助言や指導をしてもできない若しくは行わない

（6）身辺の安全保持及び危機対応—事故等の危険から身を守る能力がある、通常と異なる事態になった時に他人に援助を求めるなどを含め、適正に対応することができるなど。
□できる　□おおむねできるが時には助言や指導を必要とする　□助言や指導があればできる　□助言や指導をしてもできない若しくは行わない

（7）社会性—銀行での金銭の出し入れや公共施設等の利用が一人で可能。また、社会生活に必要な手続きが行えるなど。
□できる　□おおむねできるが時には助言や指導を必要とする　□助言や指導があればできる　□助言や指導をしてもできない若しくは行わない

3 日常生活能力の程度（該当するもの一つを○で囲んでください。）
※ 日常生活能力の程度を記載する際には、状態をもっとも適切に記載できる（精神障害）又は（知的障害）のどちらかを使用してください。

（精神障害）
（1）精神障害（病的体験・残遺症状・認知障害・性格変化等）を認めるが、社会生活は普通にできる。
（2）精神障害を認め、家庭内での日常生活は普通にできるが、社会生活には、援助が必要である。
（たとえば、日常的な家事をこなすことはできるが、状況や手順が変化したりすると援助を必要とする。社会的行為や人際交流は正しいが、自発的な行動に困難がある。金銭管理は可能である場合など。）
（3）精神障害を認め、家庭内での単純な日常生活はできるが、時に応じて援助が必要である。
（たとえば、習慣化した外出はできるが、家事をこなすために、助言や指導を必要とする。社会的な対人交流は乏しく、自発的な行動に困難がある。金銭管理ができない場合など。）
（4）精神障害を認め、日常生活における身のまわりのことも、多くの援助が必要である。
（たとえば、著しく適正を欠く行動が見られたり、自発的な発言が少なく、あっても発言内容が不適当であったり不明瞭であったりする。金銭管理ができない場合など。）
（5）精神障害を認め、身のまわりのこともほとんどできないため、常時の援助が必要である。
（たとえば、家庭内の生活でも、食事やまわりのことを自発的にすることができない。また、在宅の場合に通院等の外出には、付添いが必要な場合など。）

（知的障害）
（1）知的障害を認めるが、社会生活は普通にできる。
（2）知的障害を認め、家庭内での日常生活は普通にできるが、社会生活には、援助が必要である。
（たとえば、簡単な文字や数字の理解ができ、会話による意思の疎通が可能であるが、抽象的なことは難しい。身辺生活も一人でできる程度）
（3）知的障害を認め、家庭内での単純な日常生活はできるが、時に応じて援助が必要である。
（たとえば、ごく簡単な文字や数字は理解でき、助言などがあれば作業は可能である。具体的指示があれば理解ができ、身辺生活についてもおおむね一人でできる程度）
（4）知的障害を認め、日常生活における身のまわりのことも、多くの援助が必要である。
（たとえば、簡単な文字や数字は理解できず、保護的であれば単純作業は可能である。衣類を選択していることは言葉等の指示を理解し、身辺生活についても助けが必要な程度）
（5）知的障害を認め、身のまわりのこともほとんどできないため、常時の援助が必要である。
（たとえば、文字や数字の理解がほとんどなく、簡単な子払いもできない。言葉による意思の疎通が困難であり、身辺生活の処理も他人の助けが必要な程度）

エ 現症時の就労状況
○勤務先　・一般企業　・就労支援施設　・その他（　　　）
○雇用体系　・障害者雇用　・一般雇用　・自営　・その他（　　　）
○勤続年数（　年　月）　○仕事の頻度（週に・月に（　）日）
○ひと月の給与（　　　　円程度）
○仕事の内容
○仕事場での援助の状況や意思疎通の状況

オ 身体所見（神経学的な所見を含む。）

カ 臨床検査（心理テスト・認知検査。知的障害の場合は、知能指数、精神年齢を含む。）

キ 福祉サービスの利用状況（障害者自立支援法に規定する自立訓練、共同生活援助、共同生活介護、在宅介護、その他障害福祉サービス等）

⑪ 現症時の日常生活活動能力及び労働能力
（必ず記入してください。）

⑫ 予　後
（必ず記入してください。）

⑬ 備　考

上記のとおり、診断します。　　平成　　年　　月　　日
病院又は診療所の名称　　　　　診療担当科名
所　在　地　　　　　　　　　医師氏名　　　　　　　印

資料⑨　診断書（精神の障害用）

＜年金請求用＞診断書（精神の障害用）記入上の注意

1　この診断書は、傷病の性質上、原則、精神保健指定医又は精神科を標ぼうする医師に記入していただくことになっています。ただし、てんかん、知的障害、発達障害、認知障害、高次脳機能障害など診療科が多岐に分かれている疾患について、小児科、脳神経外科、神経内科、リハビリテーション科、老年科などを専門とする医師が主治医となっている場合、これらの科の医師であっても、精神・神経障害の診断又は治療に従事している医師であれば記入可能です。

2　この診断書は、国民年金又は厚生年金保険の障害給付を受けようとする人が、その年金請求書に必ず添えなければならない書類の一つで、初診日から1年6月を経過した日（その期間内に治ったときは、その日）において、国民年金法施行令別表又は厚生年金保険法施行令別表（以下「施行令別表」という。）に該当する程度の障害の状態にあるかどうか、又は、初診日から1年6月を経過した日において、施行令別表に該当する程度の障害の状態でなかった者が、65歳に到達する日の前日までの間において、施行令別表に該当する程度の障害の状態に至ったかどうかを証明するものです。

　　［また、この診断書は、国民年金又は厚生年金保険の年金給付の加算額の対象者となろうとする人等についても、障害の状態が施行令別表に該当する程度にあるかどうかを証明するものです。］

3　③の欄は、この診断書を作成するための診断日ではなく、本人が障害の原因となった傷病について初めて医師の診療を受けた日を記入してください。前に他の医師が診察している場合は、本人の申立てによって記入してください。

4　「障害の状態」の欄は、次のことに留意して記入してください。
　(1)　本人の障害の程度及び状態に無関係な欄には記入する必要がありません。（無関係な欄は、斜線により抹消してください。）
　　　なお、該当欄に記入しきれない場合は、別に紙片をはりつけてそれに記入してください。
　(2)　現在の病状又は状態像の「前回の診断書の記載時との比較」については、前回の診断書を作成している場合は記入してください。
　(3)　知能障害の場合は、知能指数（又は精神年齢）と検査日を⑩の欄の「カ　臨床検査」欄に必ず記入してください。
　(4)　てんかんの発作回数は、過去2年間の状態あるいは、おおむね今後2年間に予想される状態を記入してください。
　　　また、てんかんの発作の欄は、下記の発作のタイプを参考にしてA～Dを○で囲んでください。
　　　　A：意識障害を呈し、状況にそぐわない行為を示す発作
　　　　B：意識障害の有無を問わず、転倒する発作
　　　　C：意識を失い、行為が途絶するが、倒れない発作
　　　　D：意識障害はないが、随意運動が失われる発作

5　「①障害の原因となった傷病名」欄に神経症圏（ICD-10コードが「F4」）の傷病名を記入した場合で、「統合失調症、統合失調症型障害及び妄想性障害」または「気分（感情）障害」の病態を示しているときは、「⑬備考」欄にその旨と、示している病態のICD-10コードを記入してください。

6　高次脳機能障害による失語障害があるときは、「言語機能の障害用」の診断書が必要になります。

【資料⑩】日本年金機構「国民年金障害年金受付・点検事務の手引き〔第4版〕」（2015年）27頁～29頁

○ 旧法障害年金の納付要件（初診が昭和61年4月前の障害者認定日請求・06年金）

初診日	障害認定日	納付条件をみる時点	納付要件	参考
S36. 4. 1 〜 S39. 7. 31	傷病が治った日（症状が固定した日）	初診日の前日	A要件	※納付要件は国民期間のみで厚年・共済は含まない
S39. 8. 1 〜 S41. 11. 30	初診日から起算して3年を経過した日（3年以内に症状が確定した日）			※納付要件は国年期間のみで厚年・共済は含まない
S41. 12. 1 〜 S49. 7. 31			B要件	※納付要件は国年期間のみで厚年・共済は含まない
S49. 8. 1 〜 S51. 1. 31	初診日から起算して1年6月を経過した日又は3年を経過した日（1年6月又は3年以内に症状が固定した日）	障害認定日の前日	B要件	受発はS52. 8. 1（初診日から起算して1年6月で受発する場合）※納付要件は国年期間のみで厚年・共済は含まない
S51. 2. 1 〜 S51. 9. 30			B要件	※納付要件は国年期間のみで厚年・共済は含まない
S51. 10. 1 〜 S59. 9. 30	初診日から起算して1年6月を経過した日（1年6月以内に症状が固定した日）	初診日の前日	C要件	※C要件の③のみ、納付要件に厚年・共済を含む
S59. 10. 1 〜 S61. 3. 31			C要件又は新法要件	※C要件の③と新法要件には厚年・共済を含む

※ 昭和39年8月1日前に初診日のある傷病は注意（昭和39年改正法附則第2条参照）
※ 昭和41年12月1日前に初診日がある傷病は注意（昭和41年改正法附則第3条参照）

資料⑩　日本年金機構「国民年金障害年金受付・点検事務の手引き〔第4版〕」(2015年) 27頁～29頁

○　障害基金年金の納付要件（初診が昭和61年4月前の事後重症請求・53年金）

初診日	障害認定日	納付要件をみる時点	納付要件	参考
S36. 4. 1 〜 S49. 7. 31	初診日から起算して3年を経過した日（3年以内に症状が確定した日）	障害認定日の前日	B要件	措置令31条 ※納付要件は国年期間のみで厚年・共済は含まない
S49. 8. 1 〜 S51. 9. 30		障害認定日の前日又は初診日の前日	B要件 C要件	措置令31条 ※C要件の③のみ納付要件に厚年・共済を含む
S51. 10. 1 〜 S59. 9. 30	初診日から起算して1年6月を経過した日（1年6月以内に症状が固定した日）	初診日の前日	C要件	措置令31条 ※C要件の③のみ、納付要件に厚年・共済を含む
S59. 10. 1 〜 S61. 3. 31			C要件又は新法要件	措置令29条 ※C要件の③と新法要件には厚年・共済を含む

〈A要件〉
①　初診日の属する月の前月までの被保険者期間に係る保険料納付済期間が15年以上であるか、又はその保険料納付済期間が5年以上であり、かつ、その被保険者期間のうち保険料免除期間を除いたものの3分の2以上を占めること
②　初診日の属する月前における直近の基準月（1、4、7、10月）の前月まで引き続き3年間被保険者であり、かつ、その期間のすべてが保険料納付済期間又は保険料免除期間で満たされていること
③　初診日の属する月前における直近の基準月（1、4、7、10月）の前月まで引き続き1年間被保険者であり、かつ、その期間のすべてが保険料納付済期間で満たされていること
④　初診日の属する月の前月までの被保険者期間につき、第26条に規定する要件に該当していること

〈B要件〉
①　障害認定日の属する月の前月までの被保険者期間に係る保険料納付済期間が15年以上であるか、又はその保険料納付済期間が5年以上であり、かつ、その被保険者期間のうち保険料免除期間を除いたものの3分の2以上を占めること
②　障害者認定日の属する月前における直近の基準月（1、4、7、10月）の前月までの被保険者期間が3年以上であり、かつ、その被保険者期間のうち最近の3年間が保険料納付済期間又は保険料免除期間で満たされていること
③　障害認定日のぞくする月前における直近の基準月（1、4、7、10月）の前月までの被保険者期間が1年以上であり、かつ、その被保険者期間のうち最近の1年間が保険料納付済期間で満たされていること
④　障害認定日の属する月の前月までの被保険者期間につき、第26条に規定する要件に該当していること

資料⑩　日本年金機構「国民年金障害年金受付・点検事務の手引き〔第４版〕」(2015年) 27頁～29頁

〈C要件〉
① 初診日の属する月の前月までの被保険者期間に係る保険料納付済期間が15年以上であるか、又はその保険料納付済期間が５年以上であり、かつ、その被保険者期間のうち保険料免除期間を除いたものの３分の２以上を占めること
② 初診日の属する月前における直近の基準月（１、４、７、10月）の前月までの被保険者期間が３年以上であり、かつ、その被保険者期間のうち最近の３年間が保険料納付済期間又は保険料免除期間で満たされていること
③ 初診日の属する月前における直近の基準月（１、４、７、10月）の前月までの通算年金通則法第４条第１項各号に掲げる期間を合算した期間が１年以上であり、かつ、同月までの１年間のうちに保険料納付済期間以外の日保険期間がないこと
④ 初診日の属する月の前月までの被保険者期間につき、第26条に規定する要件に該当していること

〈新法要件〉
① 初診日の前日において、当該初診日の属する月前における直近の基準月（１月、４月、７月、10月）の前月までに被保険者期間があり、かつ、当該健康保険者期間に係る保険料納付済期間と保険料免除期間とを合算した期間が３分の２を満たしていること
② 初診日の前日において、当該初診日の属する月前における直近の基準月（１月、４月、７月、10月）の前月までの１年間に滞納がないこと

〈注意〉
A～Cに該当せず、旧法56条の納付要件に該当する場合は、障害福祉年金の受給権が発生します。
旧法56条　① 初診日の属する月の前月までの被保険者期間のうち保険料免除期間を除いたものが５年以上であり、かつ、その期間のうちの保険料納付済期間が、その期間の３分の２以上を占めること
　　　　　② 初診日の前日までに引き続く被保険者期間であった期間に係る保険料の滞納がないこと

ワンポイント！
旧国民年金法の障害年金は、障害認定日において、障害等級の１級又は２級の状態に該当しなかった方が、65歳に達する日の前日までに障害等級に該当した場合、請求のあった翌月から支給されますので、昭和61年３月31日までに障害等級に該当すれば、請求は65歳到達後でも、昭和61年４月１日以降でも可能です。

(筆者注記)　これらは行政の視点での解説であり、必ずしも正確な法解釈が示されているとは限らないことに留意すべきである。

【資料⑪】日本年金機構「国民年金・厚生年金保険障害給付（障害厚生）受付・点検事務の手引き」（2016年）（抜粋）

厚生年金保険の障害年金にかかる納付要件

初診年月日	厚生年金保険法による納付要件	法律改正による原則的な経過措置	法律改正時の初診日から認定日までの間等の経過措置
平成38年3月31日 〜 平成8年4月1日	初診日の前日において、当該初診日の属する月の前々月までで3分の2要件を満たしていること	初診日の前日において、当該初診日の属する月の前々月までの1年間のうちに滞納がないこと、かつ、初診日において65歳未満であること	
平成8年3月31日 〜 平成7年4月1日	同上	初診日の前日において、当該初診日の属する月の前々月までの1年間のうちに滞納がないこと	直近1年要件は、初診日が当該期間であった場合、当該初診日において65歳未満であることの年齢制限なし
平成7年3月31日 〜 平成3年5月1日	同上	同上	
平成3年4月30日 〜 昭和61年4月1日	初診日の前日において、当該初診日の属する月前における直近の基準月（1月、4月、7月及び10月）の前月までで3分の2要件を満たしていること	初診日の前日において、当該初診日の属する月前における直近の基準月（1月、4月、7月及び10月）の前月までの1年間のうちに滞納がないこと	
昭和61年3月31日 〜 昭和59年10月1日	初診日の属する月前の公的年金加入期間を合算した期間が6月以上であること		初診日の前日において、当該初診日の属する月前における直近の基準月（1月、4月、7月及び10月）の前月までで3分の2要件を満たしていること 又は 初診日の前日において、当該初診日の属する月前における直近の基準月（1月、

資料⑪　日本年金機構「国民年金・厚生年金保険障害給付（障害厚生）受付・点検事務の手引き」(2016年) (抜粋)

				4月、7月及び10月）の前月までの1年間のうちに滞納がないこと
	昭和59年9月30日 〜 昭和51年10月1日	同上		
	昭和51年9月30日 〜 昭和49年8月1日	初診日から起算して1年6月を経過した日の属する月前の厚生年金保険の加入期間が6月以上であること		
	昭和49年7月31日 〜 昭和27年5月1日	初診日から起算して3年を経過した日の属する月前の厚生年金保険の加入期間が6月以上であること		
昭和22年9月以降発病	昭和27年4月30日 〜 昭和26年11月1日	初診日から起算して3年を経過した日の属する月前の厚生年金保険の加入期間が6月以上であること		
	昭和26年10月31日 〜 昭和22年9月1日	初診日から起算して2年を経過した日の属する月前の厚生年金保険の加入期間が6月以上であること		
昭和22年9月前発病	昭和27年4月30日 〜 昭和22年9月1日			初診日から起算して2年を経過した日の属する月前5年間に厚生年金保険の加入期間が3年以上であること
	昭和22年8月31日 〜 昭和17年9月30日	初診日から起算して2年を経過した日の属する月前5年間に厚生年金保険の加入期間が3年以上であること		

注1　表中「初診日から起算して1年6月（2年、3年）を経過した日」とあるのは、1年6月（2年、3年）以内に症状固定又は治った場合は「その日」になります。
注2　三共済の場合は、経過措置等がありますので留意願います。

【資料⑫】2015年9月28日年管管発0928第6号

年管管発0928第6号
平成27年9月28日

日本年金機構
　年金給付業務部門担当理事　殿

厚生労働省年金局事業管理課長
（公　印　省　略）

障害年金の初診日を明らかにすることができる書類を
添えることができない場合の取扱いについて

　厚生年金保険法施行規則等の一部を改正する省令（平成27年厚生労働省令第144号）が、平成27年9月24日に公布され、平成27年10月1日から施行することとされたところである。
　改正省令の内容については、「厚生年金保険法施行規則等の一部を改正する省令の公布について」（平成27年9月24日付け年管発0924第3号）により日本年金機構理事長あて通知されたところであるが、これに係る事務の取扱いについては下記のとおりであるので、遺漏のなきよう取り扱われたい。
　なお、本通知の発出に伴い、「20歳前障害による障害基礎年金の請求において初診日が確認できる書類が添付できない場合の取扱いについて」（平成23年12月16日付け年管管発1216第3号）は廃止する。

記

第1　第三者証明による初診日確認の取扱いについて

1．20歳以降に初診日がある場合の第三者証明の取扱いについて
（1）20歳以降に初診日がある場合の第三者証明の基本的取扱いについて
　①　第三者証明と参考となる他の資料による初診日の確認について
　　　20歳以降に初診日がある障害年金の請求に当たり、初診日に受診した医療機関による初診日の証明（以下「医証」という。）が得られない場合においては、第三者証明（医療機関で診療を受けていたことについて第三者が申し立てることにより証明したもの。以下同じ。）を初診日を合理的に推定するための参考資料とすることとする。
　　　この場合において、20歳以降の初診日については、初診日がどの年金制度に加入していた時期かによって給付内容が大きく異なることも踏まえ、適切に初診日を特定する必要があることから、第三者証明とともに、初診日について参考となる他の資料の提出を求め、両資料の整合性等を確認の上、障害年金を請求する者（以下「請求者」という。）が申し立てた初診日を初診日として認めることができることとする。
　②　第三者証明に該当する申立てについて
　　　第三者証明は、基本的に次のアからウのいずれかに該当するものであること。
　　ア　第三者証明を行う者が、請求者の初診日頃の受診状況を直接的に見て認識して

いた場合に、その受診状況を申し立てるもの
　　イ　第三者証明を行う者が、請求者や請求者の家族等から、請求者の初診日頃に、請求者の初診日頃の受診状況を聞いていた場合に、その聞いていた受診状況を申し立てるもの
　　ウ　第三者証明を行う者が、請求者や請求者の家族等から、請求時から概ね５年以上前に、請求者の初診日頃の受診状況を聞いていた場合に、その聞いていた受診状況を申し立てるもの
　③　参考となる他の資料について
　　　①の参考となる他の資料としては、診察券や入院記録などの初診日について客観性が認められる資料が必要であり、医療機関が作成した資料であっても、請求者の申立てによる初診日等を記載した資料は不適当であること。
(2)　第三者証明の留意点について
　①　第三者証明を行う者について
　　　「生計維持関係等の認定基準及び認定の取扱いについて（厚生年金保険法）」（平成23年３月23日付け年発0323第１号）の別表１で定める第三者証明の第三者の範囲を踏まえ、請求者の民法上の三親等以内の親族による第三者証明は、認めないこととする。
　②　医療従事者による第三者証明による初診日の確認について
　　　初診日頃に請求者が受診した医療機関の担当医師、看護師その他の医療従事者（以下単に「医療従事者」という。）による第三者証明（初診の医療機関が廃院等により医療機関による医証が得られない場合など）については、初診日頃の請求者による医療機関の受診状況を直接的に見て認識していることから、医証と同等の資料として、請求者申立ての初診日について参考となる他の資料がなくとも、当該第三者証明のみで初診日を認めることができることとする。
　　　なお、医療従事者による第三者証明であっても、初診日頃の請求者による医療機関の受診状況を直接把握できない立場であった医療従事者が、請求者の求めに応じ、請求者の申立てに基づいて行った第三者証明は、これには該当しない。
　③　必要となる第三者証明の数について
　　　上記②の場合を除き、原則として複数の第三者証明があることが、第三者証明を初診日推定の参考資料とするために必要である。
　　　ただし、請求者が複数の第三者証明を得られない場合には、単数の第三者証明であっても、医療機関の受診にいたる経過や医療機関におけるやりとりなどが具体的に示されていて、相当程度信憑性が高いと認められるものであれば、第三者証明として認めることができることとする。
　④　請求時から概ね５年以内の第三者証明の取扱いについて（１(1)②ウ関係）
　　　１(1)②ウの場合において、第三者が請求者等から初診日頃の受診状況を聞いていた時期が、請求時から概ね５年以内である第三者証明については、認められない。
　　　ただし、請求者申立ての初診日について参考となる他の資料があわせて提出された場合であって、他の様々な資料から請求者申立てによる初診日が正しいと合理的に推定できる場合には、第三者証明として認めることができることとする。
　⑤　一番古い時期の受診状況等に係る第三者証明の取扱いについて
　　　請求者の初診日頃の受診状況等が不明である場合に、第三者が証明することができる一番古い時期の受診状況等について第三者証明があった場合には、当該資料により申請者が申し立てた初診日を認めることはできないが、初診日を総合的に判断

する際の資料として取り扱うことができることとする。
　⑥　第三者証明の信憑性の確認について
　　　第三者証明により初診日を確認する場合には、上記の資料のほか、可能な範囲で、請求者申立ての初診日について参考となる資料の提出を幅広く求め、それらの資料との整合性や医学的判断等により、第三者証明の信憑性を確認することとする。
　　　また、第三者証明の内容に疑義が生じる場合や第三者が実在するかどうかについて疑義が生じる場合は、必要に応じて第三者に対して電話等で確認を行うこととする。
(3) 第三者証明の確認項目について
　　第三者証明により請求者が申し立てた初診日を適正に判断する観点から、第三者証明については、少なくとも以下の項目を確認することとする。
　　ただし、一部の確認項目に記載がない場合でも、第三者証明の信憑性を総合的に判断することとする。
　① 第三者に関する項目
　　　第三者の氏名、住所、電話番号、請求者との関係（初診日頃の関係又は受診状況を聞いた頃の関係）
　② 請求者の初診日頃における医療機関の受診状況に関する項目
　　　傷病名、初診の時期、医療機関名・所在地・診療科
　③ 第三者から見た請求者の状況等に関する項目
　　　例えば、次のような事項についてできるだけ詳しく記載を求めるものとする。
　　　・　発病から初診日までの症状の経過
　　　・　初診日頃における日常生活上の支障度合い
　　　・　医療機関の受診契機・医師からの療養の指示など受診時の状況
　　　・　初診日頃の受診状況を知り得た状況　　など
2．20歳前に初診日がある場合の第三者証明の取扱いについて
(1) 20歳前に初診日がある場合の第三者証明の基本的取扱いについて
　① 第三者証明による初診日の確認について
　　　20歳前に初診日がある障害基礎年金の請求に当たり、初診日の医証が得られない場合においては、請求者が20歳前に発病し、医療機関で診療を受けていたことを明らかにする第三者証明により、請求者申立ての初診日を認めることができることとする。
　　　20歳前に初診日がある障害基礎年金については、給付内容が単一であり、請求者が少なくとも20歳より前に、医療機関で請求傷病での診療を受けていたことが明らかであると確認できればよいことから、初診日を証明する書類が第三者証明のみの場合であっても、第三者証明の内容を総合的に勘案して、請求者申立ての初診日を認めることができることとする。
　② 第三者証明は、基本的に次のアからウのいずれかに該当するものであること。
　　ア　第三者証明を行う者が、請求者の初診日頃又は20歳前の時期の受診状況を直接的に見て認識していた場合に、その受診状況を申し立てるもの
　　イ　第三者証明を行う者が、請求者や請求者の家族等から、請求者の初診日頃又は20歳前の時期に、請求者の初診日頃又は20歳前の時期の受診状況を聞いていた場合に、その聞いていた受診状況を申し立てるもの
　　ウ　第三者証明を行う者が、請求者や請求者の家族等から、請求時から概ね5年以上前に、請求者の初診日頃又は20歳前の時期の受診状況を聞いていた場合に、そ

資料⑫　2015年9月28日年管管発0928第6号

　　　　の聞いていた受診状況を申し立てるもの
　　③　20歳前に厚生年金等に加入していた者の取扱いについて
　　　　20歳前に初診日がある場合であって、当該初診日が厚生年金等に加入していた期間である場合の第三者証明の取扱いは、障害厚生年金等の支給の対象となることから、第1の1によることとする。
(2) 第三者証明の留意点について
　　第1の1の(2)と同様とする。
(3) 第三者証明の確認項目について
　　第三者証明により請求者が申し立てた初診日を適正に判断する観点から、第三者証明については、少なくとも以下の項目を確認することとする。
　　ただし、一部の確認項目に記載がない場合でも、第三者証明の信憑性を総合的に判断することとする。
　　①　第三者に関する項目
　　　　第三者の氏名、住所、電話番号、請求者との関係（初診日頃又は20歳前の時期の受診していた頃もしくは受診状況を聞いた頃の関係）
　　②　請求者の初診日頃又は20歳前の時期における医療機関の受診状況に関する項目
　　　　傷病名、初診の時期（初診の時期が不明であれば20歳前の受診の時期）、医療機関名・所在地・診療科
　　③　第三者から見た請求者の状況等に関する項目
　　　　例えば、次のような事項についてできるだけ詳しく記載を求めるものとする。
　　　　・　発病から初診日又は20歳前の受診時までの症状の経過
　　　　・　初診日頃又は20歳前における日常生活上の支障度合い
　　　　・　医療機関の受診契機・医師からの療養の指示など受診時の状況
　　　　・　初診日頃又は20歳前の受診状況を知り得た状況　　など

第2　初診日が一定の期間内にあると確認された場合の初診日確認の取扱いについて
1．初診日が一定の期間内にあると確認された場合の初診日確認の基本的取扱いについて
　　初診日を具体的に特定できなくても、参考資料により一定の期間内に初診日があると確認された場合であって、下記3又は4に該当するときは、一定の条件の下、請求者が申し立てた初診日を認めることができることとする。
2．初診日が一定の期間であると確認するための参考資料について
　　初診日が一定の期間内であると確認するためには請求者が提出する参考資料により判断することとなるが、参考資料の例としては、以下のようなものが考えられる。
(1) 一定の期間の始期に関する資料の例
　　・　請求傷病に関する異常所見がなく発病していないことが確認できる診断書等の資料（就職時に事業主に提出した診断書、人間ドックの結果など）
　　・　請求傷病の起因及び当該起因の発生時期が明らかとなる資料（交通事故が起因となった傷病であることを明らかにする医学的資料及び交通事故の時期を証明する資料、職場の人間関係が起因となった精神疾患であることを明らかにする医学的資料及び就職の時期を証明する資料など）
　　・　医学的知見に基づいて一定の時期以前には請求傷病が発病していないことを証明する資料
(2) 一定の期間の終期に関する資料の例
　　・　請求傷病により受診した事実を証明する資料（2番目以降に受診した医療機関に

よる受診状況等証明書など）
　　・　請求傷病により公的サービスを受給した時期を明らかにする資料（障害者手帳の交付時期に関する資料など）
　　・　20歳以降であって請求傷病により受診していた事実及び時期を明らかにする第三者証明
３．初診日があると確認された一定の期間中、同一の公的年金制度に継続的に加入していた場合について
　　初診日があると確認された一定の期間が全て国民年金の加入期間のみであるなど同一の公的年金制度の加入期間となっており、かつ、当該期間中のいずれの時点においても、障害年金を支給するための保険料納付要件を満たしている場合は、当該期間中で請求者が申し立てた初診日を認めることができることとする。
　　なお、当該期間中の全ての期間が、20歳前の期間（厚生年金等の加入期間である場合を除く。以下同じ。）のみである場合又は60歳から65歳の待機期間（厚生年金等の加入期間である場合を除く。以下同じ。）のみである場合については、同一の公的年金制度の加入期間となっているものと取り扱うこととする。その際、20歳前の期間については、保険料納付要件を考慮しないものとする（４において同じ。）。
４．初診日があると確認された一定の期間中、異なる公的年金制度に継続的に加入していた場合について
　　初診日があると確認された一定の期間が全て国民年金の加入期間と厚生年金の加入期間であるなど異なる公的年金制度の加入期間となっており、かつ、当該期間中のいずれの時点においても、障害年金を支給するための保険料納付要件を満たしている場合は、請求者申立ての初診日について参考となる他の資料とあわせて初診日を認めることができることとする。
　　ただし、請求者申立ての初診日が、国民年金の加入期間、20歳前の期間又は60歳から65歳の待機期間である場合には、いずれの場合においても、障害厚生年金等ではなく障害基礎年金を請求するものであることから、初診日があると確認された一定の期間に厚生年金等の加入期間が含まれていたとしても、第２の３と同様に、請求者申立ての初診日について参考となる他の資料がなくとも請求者が申し立てた初診日を認めることができることとする。

第３　その他の初診日の取扱いについて
１．請求者の申立てに基づき医療機関が過去に作成した資料の取扱いについて
　　請求の５年以上前に医療機関が作成した資料（診療録等）に請求者申立ての初診日が記載されている場合には、初診日と認めることができることとする。
　　また、当該資料が、請求の５年以上前ではないが相当程度前である場合については、請求者申立ての初診日について参考となる他の資料とあわせて初診日を認めることができることとする。
　　ただし、この場合に参考となる他の資料としては、診察券や入院記録など、請求者の申立て以外の記録を根拠として初診日を推定することが可能となる資料が必要であり、請求者又は請求者の家族等の申立てに基づく第三者証明は含まれないものとする。
２．診察券等における初診日確認の取扱いについて
　　診察券や医療機関が管理する入院記録等により確認された初診日及び受診した診療科については、請求傷病での受診である可能性が高いと判断できる診療科（精神科など）である場合には、それらの参考資料により初診日を認めることができる。

また、診察券や入院記録等だけでは請求傷病での受診である可能性が高いと判断できない診療科（内科など）の場合であっても、診察券や入院記録等で初診日及び受診した診療科が確認できたときは、請求者申立ての初診日について参考となる他の資料とあわせて初診日を認めることができる。ただし、他の傷病による受診であると明らかに推認できる場合は認めないこととする。3.健診日の取扱いについて初診日は、原則として初めて治療目的で医療機関を受診した日とし、健康診断を受けた日（健診日）は初診日として取り扱わないこととする。

　ただし、初めて治療目的で医療機関を受診した日の医証が得られない場合であって、医学的見地からただちに治療が必要と認められる健診結果である場合については、請求者から健診日を初診日とするよう申立てがあれば、健診日を初診日とし、健診日を証明する資料（人間ドックの結果など）を求めた上で、初診日を認めることができることとする。

3．健診日の取扱いについて

　初診日は、原則として初めて治療目的で医療機関を受診した日とし、健康診断を受けた日（健診日）は初診日として取り扱わないこととする。

　ただし、初めて治療目的で医療機関を受診した日の医証が得られない場合であって、医学的見地からただちに治療が必要と認められる健診結果である場合については、請求者から健診日を初診日とするよう申立てがあれば、健診日を初診日とし、健診日を証明する資料（人間ドックの結果など）を求めた上で、初診日を認めることができることとする。

4．日付が特定されない初診日の取扱いについて

　資料により初診日のある年月までは特定できるが日付が特定されない場合には、保険料の納付要件を認定する時点や遺族年金における死亡日の取扱い等を踏まえ、当該月の末日を初診日とする。

　ただし、当該月に異なる年金制度（国民年金と厚生年金など）に加入していた場合については、当該月の月末を初診日とはしない。

5．初診日を確認する際の留意事項について

　第1から第3の各項目に限らず、初診日の確認に当たっては、初診日の医証がない場合であっても、2番目以降の受診医療機関の医証などの提出された様々な資料や、傷病の性質に関する医学的判断等を総合的に勘案して、請求者申立てによる初診日が正しいと合理的に推定できる場合は、請求者申立ての初診日を認めることができることとする。

　また、初診日に関する複数の資料が提出された場合には、他の資料との整合性等や医学的判断に基づいて、請求者申立ての初診日を確認するものとする。

【資料⑬】国民年金・厚生年金保険精神障害に係る等級判定ガイドライン（2016年9月）

第1　趣旨・目的

　　障害基礎年金について新規に申請を受けて決定を行った事例のうち、不支給と決定された件数の割合が都道府県間で異なることから、各都道府県における障害基礎年金の認定事務の実態を調査したところ、精神障害及び知的障害の認定において、地域によりその傾向に違いがあることが確認された。

　　この調査結果を踏まえ、認定に地域差による不公平が生じないようにするため、精神障害及び知的障害に係る障害等級の判定を行う際に用いるガイドライン（以下「ガイドライン」という。）の策定を目的として、「精神・知的障害に係る障害年金の認定の地域差に関する専門家検討会」が平成27年2月に設置され、8回にわたる議論を経て、平成28年2月にガイドラインに盛り込む内容が取りまとめられたところである。

　　このガイドラインは精神障害及び知的障害に係る認定において、障害等級の判定時に用いる目安や考慮すべき事項の例等を示すものであり、これにより、精神障害及び知的障害に係る認定が「国民年金・厚生年金保険障害認定基準」（平成14年3月15日庁保発第12号。以下「障害認定基準」という。）に基づき適正に行われるよう改善を図ることを目的とする。

第2　ガイドラインの適用

1．対象給付

　　このガイドラインの対象とする給付は、障害認定基準により、国民年金法施行令（昭和34年政令第184号）別表並びに厚生年金保険法施行令（昭和29年政令第110号）別表第1及び別表第2に規定する障害の程度の認定を行う給付とする。

2．対象傷病

　　このガイドラインの対象とする傷病は、障害認定基準第3第1章第8節精神の障害に定める傷病とする。

　　ただし「てんかん」については、てんかん発作の重症度や頻度等を踏まえた等級判定を行うことについて障害認定基準で規定していることから、このガイドラインの対象傷病から除く。

3．ガイドラインの運用

　　このガイドラインは、前記1の対象給付であって、かつ前記2の精神の障害に係るものの等級判定を行う際に用いることとする。

(1)　新規請求時
(2)　再認定時
(3)　請求者から額改定請求があったとき　等

第3　障害等級の判定
　障害認定基準に基づく障害の程度の認定については、このガイドラインで定める後記1の「障害等級の目安」を参考としつつ、後記2の「総合評価の際に考慮すべき要素の例」で例示する様々な要素を考慮したうえで、障害認定診査医員（以下「認定医」という。）が専門的な判断に基づき、総合的に判定する（以下「総合評価」という。）。
　総合評価では、目安とされた等級の妥当性を確認するとともに、目安だけでは捉えきれない障害ごとの特性に応じた考慮すべき要素を診断書等の記載内容から詳しく診査したうえで、最終的な等級判定を行うこととする。
1. 障害等級の目安
　診断書の記載項目のうち、「日常生活能力の程度」の評価及び「日常生活能力の判定」の評価の平均を組み合わせたものが、どの障害等級に相当するかの目安を示したもの（表1参照）。
2. 総合評価の際に考慮すべき要素の例
　診断書の記載項目（「日常生活能力の程度」及び「日常生活能力の判定」を除く。）を5つの分野（現在の病状又は状態像、療養状況、生活環境、就労状況、その他）に区分し、分野ごとに総合評価の際に考慮することが妥当と考えられる要素とその具体的な内容例を示したもの（表2参照）。
3. 等級判定にあたっての留意事項
　(1) 障害等級の目安
　　① 「日常生活能力の程度」の評価と「日常生活能力の判定」の平均との整合性が低く、参考となる目安がない場合は、必要に応じて診断書を作成した医師（以下「診断書作成医」という。）に内容確認をするなどしたうえで、「日常生活能力の程度」及び「日常生活能力の判定」以外の診断書等の記載内容から様々な要素を考慮のうえ、総合評価を行う。
　　② 障害等級の目安が「2級又は3級」など複数になる場合は、総合評価の段階で両方の等級に該当する可能性を踏まえて、慎重に等級判定を行う。
　(2) 総合評価の際に考慮すべき要素
　　① 考慮すべき要素は例示であるので、例示にない診断書の記載内容についても同様に考慮する必要があり、個別の事案に即して総合的に評価する。
　　② 考慮すべき要素の具体的な内容例では「2級の可能性を検討する」等と記載しているが、例示した内容だけが「2級」の該当条件ではないことに留意する。
　　③ 考慮すべき要素の具体的な内容例に複数該当する場合であっても、一律に上位等級にするのではなく、個別の事案に即して総合的に評価する。

(3) 総合評価
　① 診断書の記載内容に基づき個別の事案に即して総合的に評価した結果、目安と異なる等級になることもあり得るが、その場合は、合理的かつ明確な理由をもって判定する。
　② 障害認定基準に規定する「症状性を含む器質性精神障害」について総合評価を行う場合は、「精神障害」「知的障害」「発達障害」の区分にとらわれず、各分野の考慮すべき要素のうち、該当又は類似するものを考慮して、評価する。
(4) 再認定時の留意事項
　ガイドライン施行後の再認定にあたっては、提出された障害状態確認届（診断書）の記載内容から、下位等級への変更や2級（又は3級）非該当への変更を検討する場合は、前回認定時の障害状態確認届（診断書）や照会書類等から認定内容を確認するとともに、受給者や家族、診断書作成医への照会を行うなど、認定に必要な情報収集を適宜行い、慎重に診査を行うよう留意する。

第4　既に障害給付等を受給している者への対応
(1) ガイドライン施行時において、障害基礎年金及び障害厚生年金など第2の1に示す給付を受給している者（以下「既認定者」という。）にガイドラインを最初に適用して等級判定を行う時期は、既認定者が額改定請求をした場合等を除き、ガイドライン施行後に初めて到来する再認定時とする。
(2) 既認定者の再認定にあたっても第3の3(4)により診査を行うが、ガイドライン施行前の認定も障害認定基準及び認定医の医学的知見に基づき認定されたものであること等を踏まえ、既認定者の障害の状態が従前と変わらない場合(注)については、当分の間、等級非該当への変更は行わないことを基本とする。
　　(注) 基本は障害状態確認届（診断書）における「日常生活能力の程度」と「日常生活能力の判定の平均」を目安とするが、最終的には診断書等の全体の情報で総合判断する。

第5　ガイドライン施行前に決定した認定について
　ガイドライン施行前の障害年金請求で不支給となった者や再認定によって減額改定や支給停止となった者等から、ガイドライン施行後新たに障害年金請求や額改定請求、支給停止事由消滅の届出があった場合は、ガイドラインを用いて等級判定を行う。
　（ガイドライン施行前の障害年金請求等に係る障害の程度の認定は、障害認定基準に基づき、適正な手続きの下で決定されたものであることから、一律にガイドラインに当てはめた再診査は行わない。）

第6　ガイドラインの実施状況の検証及び見直し等
　ガイドライン施行後の認定状況については、地域差が改善された適切な認定がなされているか等の観点から、ガイドラインの運用、認定結果等について検証を行い、施行後３年を目途に、必要に応じてこのガイドラインに基づく認定の見直し等を検討する。
　上記のほか、障害認定基準の改正などを踏まえ、必要に応じて見直しを行う。

〔表１〕障害等級の目安

判定平均＼程度	(5)	(4)	(3)	(2)	(1)
3.5以上	1級	1級又は2級			
3.0以上3.5未満	1級又は2級	2級	2級		
2.5以上3.0未満		2級	2級又は3級		
2.0以上2.5未満		2級	2級又は3級	3級又は3級非該当	
1.5以上2.0未満			3級	3級又は3級非該当	
1.5未満				3級非該当	3級非該当

《表の見方》
１．「程度」は、診断書の記載項目である「日常生活能力の程度」の５段階評価を指す。
２．「判定平均」は、診断書の記載項目である「日常生活能力の判定」の４段階評価について、程度の軽いほうから１～４の数値に置き換え、その平均を算出したものである。
３．表内の「３級」は、障害基礎年金を認定する場合には「２級非該当」と置き換えることとする。

《留意事項》
　障害等級の目安は総合評価時の参考とするが、個々の等級判定は、診断書等に記載される他の要素も含めて総合的に評価されるものであり、目安と異なる認定結果となることもあり得ることに留意して用いること。

〔表２〕総合評価の際に考慮すべき要素の例
①現在の病状又は状態像

	考慮すべき要素	具体的な内容例
共通事項	○ 認定の対象となる複数の精神疾患が併存しているときは、併合（加重）認定の取扱いは行わず、諸症状を総合的に判断する。	－
	○ ひきこもりについては、精神障害の病状の影響により、継続して日常生活に制限が生じている場合は、それを考慮する。	－
精神障害	○ 統合失調症については、療養及び症状の経過（発病時からの状況、最近１年程度の症状の変動状況）や予後の見通しを考慮する。	－
	○ 統合失調症については、妄想・幻覚などの異常体験や、自閉・感情の平板化・意欲の減退などの陰性症状（残遺状態）の有無を考慮する。	・陰性症状（残遺状態）が長期間持続し、自己管理能力や社会的役割遂行能力に著しい制限が認められれば、１級または２級の可能性を検討する。
	○ 気分（感情）障害については、現在の症状だけでなく、症状の経過（病相期間、頻度、発病時からの状況、最近１年程度の症状の変動状況など）及びそれによる日常生活活動等の状態や予後の見通しを考慮する。	・適切な治療を行っても症状が改善せずに、重篤なそううつの症状が長期間持続したり、頻繁に繰り返している場合は、１級または２級の可能性を検討する。
知的障害	○ 知能指数を考慮する。ただし、知能指数のみに着眼することなく、日常生活の様々な場面における援助の必要度を考慮する。	－
	○ 不適応行動を伴う場合に、診断書の⑩「ア現在の病状又は状態像」のⅦ知能障害等またはⅧ発達障害関連症状と合致する具体的記載があれば、それを考慮する。	－
発達障害	○ 知能指数が高くても日常生活能力が低い（特に対人関係や意思疎通を円滑に行うことができない）場合は、それを考慮する。	－
	○ 不適応行動を伴う場合に、診断書の⑩「ア現在の病状又は状態像」のⅦ知能障害等またはⅧ発達障害関連症状と合致する具体的記載があれば、それを考慮する。	－
	○ 臭気、光、音、気温などの感覚過敏があり、日常生活に制限が認められれば、それを考慮する。	－

資料⑬　国民年金・厚生年金保険精神障害に係る等級判定ガイドライン（2016年9月）

②療養状況

	考慮すべき要素	具体的な内容例
共通事項	○ 通院の状況（頻度、治療内容など）を考慮する。薬物治療を行っている場合は、その目的や内容（種類・量（記載があれば血中濃度）・期間）を考慮する。また、服薬状況も考慮する。通院や薬物治療が困難又は不可能である場合は、その理由や他の治療の有無及びその内容を考慮する。	－
精神障害	○ 入院時の状況（入院期間、院内での病状の経過、入院の理由など）を考慮する。	・ 病棟内で、本人の安全確保などのために、常時個別の援助が継続して必要な場合は、1級の可能性を検討する。
	○ 在宅での療養状況を考慮する。	・ 在宅で、家族や重度訪問介護等から常時援助を受けて療養している場合は、1級または2級の可能性を検討する。
知的障害 発達障害	○ 著しい不適応行動を伴う場合や精神疾患が併存している場合は、その療養状況も考慮する。	－

③生活環境

	考慮すべき要素	具体的な内容例
共通事項	○ 家族等の日常生活上の援助や福祉サービスの有無を考慮する。	・ 独居であっても、日常的に家族等の援助や福祉サービスを受けることによって生活できている場合（現に家族等の援助や福祉サービスを受けていなくても、その必要がある状態の場合も含む）は、それらの支援の状況（または必要性）を踏まえて、2級の可能性を検討する。
	○ 入所施設やグループホーム、日常生活上の援助を行える家族との同居など、支援が常態化した環境下では日常生活が安定している場合でも、単身で生活するとしたときに必要となる支援の状況を考慮する。	－
	○ 独居の場合、その理由や独居になった時期を考慮する。	－
精神障害	－	－

資料⑬　国民年金・厚生年金保険精神障害に係る等級判定ガイドライン（2016年9月）

	考慮すべき要素	具体的な内容例
知的障害 発達障害	○ 在宅での援助の状況を考慮する。	・ 在宅で、家族や重度訪問介護等から常時個別の援助を受けている場合は、1級または2級の可能性を検討する。
	○ 施設入所の有無、入所時の状況を考慮する。	・入所施設において、常時個別の援助が必要な場合は、1級の可能性を検討する。

④就労状況

	考慮すべき要素	具体的な内容例
共通事項	○ 労働に従事していることをもって、直ちに日常生活能力が向上したものと捉えず、現に労働に従事している者については、その療養状況を考慮するとともに、仕事の種類、内容、就労状況、仕事場で受けている援助の内容、他の従業員との意思疎通の状況などを十分確認したうえで日常生活能力を判断する。	－
	○ 援助や配慮が常態化した環境下では安定した就労ができている場合でも、その援助や配慮がない場合に予想される状態を考慮する。	－
	○ 相当程度の援助を受けて就労している場合は、それを考慮する。	・ 就労系障害福祉サービス（就労継続支援A型、就労継続支援B型）及び障害者雇用制度による就労については、1級または2級の可能性を検討する。就労移行支援についても同様とする。 ・ 障害者雇用制度を利用しない一般企業や自営・家業等で就労している場合でも、就労系障害福祉サービスや障害者雇用制度における支援と同程度の援助を受けて就労している場合は、2級の可能性を検討する。
	○ 就労の影響により、就労以外の場面での日常生活能力が著しく低下していることが客観的に確認できる場合は、就労の場面及び就労以外の場面の両方の状況を考慮する。	－
	○ 一般企業（障害者雇用制度による就労を除く）での就労の場合は、月収の状況だけでなく、就労の実態を総合的にみて判断する。	－

資料⑬ 国民年金・厚生年金保険精神障害に係る等級判定ガイドライン（2016年9月）

精神障害	○ 安定した就労ができているか考慮する。1年を超えて就労を継続できていたとしても、その間における就労の頻度や就労を継続するために受けている援助や配慮の状況も踏まえ、就労の実態が不安定な場合は、それを考慮する。	－
	○ 発病後も継続雇用されている場合は、従前の就労状況を参照しつつ、現在の仕事の内容や仕事場での援助の有無などの状況を考慮する。	－
	○ 精神障害による出勤状況への影響（頻回の欠勤・早退・遅刻など）を考慮する。	－
	○ 仕事場での臨機応変な対応や意思疎通に困難な状況が見られる場合は、それを考慮する。	－
知的障害	○ 仕事の内容が専ら単純かつ反復的な業務であれば、それを考慮する。	・ 一般企業で就労している場合（障害者雇用制度による就労を含む）でも、仕事の内容が保護的な環境下での専ら単純かつ反復的な業務であれば、2級の可能性を検討する。
	○ 仕事場での意思疎通の状況を考慮する。	・ 一般企業で就労している場合（障害者雇用制度による就労を含む）でも、他の従業員との意思疎通が困難で、かつ不適切な行動がみられることなどにより、常時の管理・指導が必要な場合は、2級の可能性を検討する。
発達障害	○ 仕事の内容が専ら単純かつ反復的な業務であれば、それを考慮する。	・ 一般企業で就労している場合（障害者雇用制度による就労を含む）でも、仕事の内容が保護的な環境下での専ら単純かつ反復的な業務であれば、2級の可能性を検討する。
	○ 執着が強く、臨機応変な対応が困難である等により常時の管理・指導が必要な場合は、それを考慮する。	・ 一般企業で就労している場合（障害者雇用制度による就労を含む）でも、執着が強く、臨機応変な対応が困難であることなどにより、常時の管理・指導が必要な場合は、2級の可能性を検討する。
	○ 仕事場での意思疎通の状況を考慮する。	・ 一般企業で就労している場合（障害者雇用制度による就労を含む）でも、他の従業員との意思疎通が困難で、かつ不適切な行動がみられることなどにより、常時の管理・指導が必要な場合は、2級の可能性を検討する。

⑤その他

	考慮すべき要素	具体的な内容例
共通事項	○「日常生活能力の程度」と「日常生活能力の判定」に齟齬があれば、それを考慮する。	－
	○「日常生活能力の判定」の平均が低い場合であっても、各障害の特性に応じて特定の項目に著しく偏りがあり、日常生活に大きな支障が生じていると考えられる場合は、その状況を考慮する。	－
精神障害	○ 依存症については、精神病性障害を示さない急性中毒の場合及び明らかな身体依存が見られるか否かを考慮する。	－
知的障害	○ 発育・養育歴、教育歴などについて、考慮する。	・ 特別支援教育、またはそれに相当する支援の教育歴がある場合は、2級の可能性を検討する。
	○ 療育手帳の有無や区分を考慮する。	・ 療育手帳の判定区分が中度以上（知能指数がおおむね50以下）の場合は、1級または2級の可能性を検討する。それより軽度の判定区分である場合は、不適応行動等により日常生活に著しい制限が認められる場合は、2級の可能性を検討する。
	○ 中高年になってから判明し請求する知的障害については、幼少期の状況を考慮する。	・ 療育手帳がない場合、幼少期から知的障害があることが、養護学校や特殊学級の在籍状況、通知表などから客観的に確認できる場合は、2級の可能性を検討する。
発達障害	○ 発育・養育歴、教育歴、専門機関による発達支援、発達障害自立訓練等の支援などについて、考慮する。	－
	○ 知的障害を伴う発達障害の場合、発達障害の症状も勘案して療育手帳を考慮する。	・ 療育手帳の判定区分が中度より軽い場合は、発達障害の症状により日常生活に著しい制限が認められれば、1級または2級の可能性を検討する。
	○ 知的障害を伴わない発達障害は、社会的行動や意思疎通能力の障害が顕著であれば、それを考慮する。	－
	○ 青年期以降に判明した発達障害については、幼少期の状況、特別支援教育またはそれに相当する支援の教育歴を考慮する。	－

【資料⑭】 上肢・下肢障害に係る障害認定基準の整理

1 上肢の障害

1級	機能障害	両上肢の機能に著しい障害を有するもの 両上肢の3大関節のうちの2関節が次のいずれかに該当する程度のものをいう。 (1) 不良肢位で強直しているもの (2) 関節の最大他動可動域が、健側の他動可動域の1／2以下に制限され、かつ筋力が半減以下のもの (3) 筋力が著減又は消失しているもの ※ 認定に当たっては、1上肢のみに障害がある場合に比して日常生活における動作に制約が加わることから、その動作を考慮して総合的に認定する。
	指の機能障害	両上肢のすべての指が、指の著しい変形、麻痺による高度の脱力、関節の不良肢位強直などにより、指があってもそれがないのと同程度の機能障害があるもの
	欠損障害	両上肢のすべての指を基節骨の基部から欠き、その有効長が0のもの
2級	機能障害	① 1上肢の3大関節のうち2関節以上が全く用を廃したもの、つまり次に掲げるいずれかに該当するもの (1) 不良肢位で強直しているもの (2) 関節の最大他動可動域が、健側の他動可動域の1／2以下に制限され、かつ筋力が半減以下のもの (3) 筋力が著減又は消失しているもの ② 両上肢の機能に相当程度の障害を残すもの（たとえば、両上肢の3大関節中それぞれ1関節の他動可動域が、「肢体の障害関係の測定方法」（日本整形外科学会＝日本リハビリテーション医学会「関節可動域表示ならびに測定法」（1995年））による参考可動域の2分の1以下に制限され、かつ、筋力が半減しているもの）をいう。 ※ なお、認定にあたっては、1上肢のみに障害がある場合に比して日常生活における動作に制約が加わることから、その動作を考慮して総合的に認定する。
	指の機能障害	① 1上肢のすべての指の用を全く廃したもの ※ 「指の用を全く廃した」とは、「指の著しい変形、麻痺による高度の脱力、関節の不良肢位強直、瘢痕による指の埋没又は不良肢位拘縮などにより、指が有ってもそれが無いのと同程度の機能障害があるもの」をいう。 ② 両上肢の親指の用を全く廃した障害があり、かつ人差指または中指の用を全く廃した障害があるため、両手とも、指の間に物を挟むことはできても、1指を他指に対立させて物をつまむことができない程度のもの
	欠損障害	① 1上肢のすべての指を基節骨の基部から欠き、その有効長が0のもの ② 両上肢の親指を基節骨の基部から欠き、その有効長が0で、更に人差指または中指を基節骨の基部から欠き、その有効長が0のもの

3級	機能障害	① 1上肢の3大関節のうち2関節の用を廃したもの（関節の用を廃したものとは関節の他動可動域が健側の他動可動域の1／2以下に制限されたもの、またはこれと同程度の障害を残すもの（たとえば常時（起床より就寝まで）固定装具を必要とする程度の動揺関節） ② 1上肢の機能に相当程度の障害を残すもの（たとえば、1上肢の3大関節中1関節が不良肢位で強直しているもの） ③ 両上肢に機能障害を残すもの（たとえば、両上肢の3大関節中それぞれ1関節の筋力が半減しているもの）をいう。 ※ なお、両上肢に障害がある場合の認定にあたっては、1上肢のみに障害がある場合に比して日常生活における動作に制約が加わることから、その動作を考慮して総合的に認定する。 ④ (a) 1上肢の3大関節のうち1関節または2関節に人工骨頭または人工関節をそう入置換したもの 　 (b) 両上肢の3大関節のうち1関節にそれぞれ人工骨頭または人工関節をそう入置換したもの ※ ただし、そう入置換しでもなお、1上肢については「1上肢の用を全く廃したもの」程度以上に該当するとき、両上肢については「両上肢の機能に相当程度の障害を残すもの」程度以上に該当するときは、さらに上位等級に認定する。
	指の欠損障害・機能障害	① 親指および人差指を併せて1上肢の4指の用を廃したもの ※ 指の用を廃したものとは、以下のいずれかのときをいう。 　 (a) 指の末節骨（一番指先の骨）の長さの1／2以上を欠くもの 　 (b) 中手指関節または近位指節間関節（親指の場合は指節間関節）の他動可動域が健側の他動可動域の1／2以下に制限されたもの ② 1上肢の親指を指節間関節以上で欠き、かつ人差指を近位指節間関節以上で欠くもの ③ 親指もしくは人差指を併せて1上肢の3指以上を近位指節間関節以上（親指の場合は指節間関節以上）で欠くもの
	変形障害	長管状骨に偽関節を残し、運動機能に著しい障害を残すもの、つまり具体的には以下のもの 　(1) 上腕骨に偽関節（骨幹部または骨幹端部に限る）を残し、運動機能に著しい障害があるもの 　(2) 橈骨と尺骨の両方に偽関節（骨幹部または骨幹端部に限る）を残し、運動機能に著しい障害があるもの
障害手当金（*）	機能障害	① 1上肢の3大関節のうち1関節が、関節の他動可動域が健側の他動可動域の2／3以下に制限されたもの、または、これと同程度の障害を残すもの（たとえば、常時ではないが、固定装具を必要とする程度の動揺関節、習慣性脱臼） ② 1上肢に機能障害を残すもの（たとえば、1上肢の3大関節中1関節の筋力が半減しているもの） ③ 前腕の他動可動域が健側の他動可動域の4分の1以下に制限されたもの
	指の機能障害	① 1上肢の親指が、指の末節骨の長さの1／2以上を欠くもの、または指節間関節の他動可動域が健側の他動可動域の1／2以下に制限された障害を残すもの ② 人差指を併せて1上肢の2指が、指の末節骨の長さの1／2以上を欠くもの、または中手指関節または近位指節間関節（親指の場合は指

		節間関節）の他動可動域が健側の他動可動域の１／２以下に制限された障害を残すもの ③　親指と人差指以外の１上肢の２指以上を近位指節間関節以上で欠くもの ④　親指と人差指以外の１上肢の３指が、指の末節骨の長さの１／２以上を欠くもの、または中手指関節または近位指節間関節（親指の場合は指節間関節）の他動可動域が健側の他動可動域の１／２以下に制限された障害を残すもの ⑤　１上肢の人差指を近位指節間関節以上で欠くもの
	変形障害	①　長管状骨（上腕骨、橈骨又は尺骨）に偽関節を残すが、運動機能に著しい障害はないもの ②　上腕骨に著しい変形（15度以上わん曲して不正ゆ合したもの、長管状骨の骨折部が良方向に短縮なくゆ着している場合を除く）を残すもの ③　橈骨または尺骨に著しい変形（15度以上わん曲して不正ゆ合したもの、長管状骨の骨折部が良方向に短縮なくゆ着している場合を除く）を残すもの

*　ただし、症状が固定していない場合は障害厚生年金３級

■日常生活における動作
日常生活における動作は、おおむね次のとおりである。
①　さじで食事をする
②　顔を洗う（顔に手のひらをつける）
③　用便の処置をする（ズボンの前のところに手をやる）
④　用使の処置をする（尻のところに手をやる）
⑤　上衣の着脱（かぶりシャツを着て脱ぐ）
⑥　上衣の着脱（ワイシャツを着てボタンをとめる）

■関節可動域の測定方法、関節の運動および関節可動域等の評価
測定方法については、「肢体の障害関係の測定方法」（前掲「関節可動域表示ならびに測定法」参照）による。
関節の運動に関する評価については、各関節の主要な運動を重視し、他の運動については参考とする。なお、各関節の主要な運動は次の表のとおりである。

部位	主要な運動
肩関節	屈曲・外転
肘関節	屈曲・伸展
手関節	背屈・掌屈
前腕	回内・回外
手指	屈曲・伸展

関節可動域の評価は、原則として、健側の関節可動域と比較して患側の障害の

程度を評価する。ただし、両側に障害を有する場合にあっては、「肢体の障害関係の測定方法」(前掲「関節可動域表示ならびに測定法」参照)による参考可動域を参考とする。
　各関節の評価にあたっては、単に関節可動域のみでなく、次の諸点を考慮したうえで評価する。
　　①筋力　②巧緻性　③速さ　④耐久性
　なお、他動可動域による評価が適切ではないもの(たとえば、末梢神経損傷を原因として関節を可動させる筋が弛緩性の麻痺となっているもの)については、上記諸点を考慮し、日常生活における動作の状態から上肢の障害を総合的に認定する。
　※　「他動可動域による評価が適切ではないもの」とは、診断書にあるその他の麻痺(痙直性、不随意運動、失調性、強剛性、しんせん性)も含まれると考えられる。その場合には、主に動作の不自由の程度により認定される。
　どの程度で何級かは示されていないが、下記2012年8月までの認定基準に準じて認定される可能性が高いと考えられる。

1級	両上肢の用を全く廃したもの
2級	両上肢の機能に相当程度の障害を残すもの
3級	両上肢に機能障害を残すもの 一上肢の機能に相当程度の障害を残すもの
障害手当金 ※症状固定でない場合は3級	一上肢に機能障害を残すもの

ア　「用を全く廃したもの」とは、日常生活動作のすべてが「一人で全くできない場合」又はこれに近い状態をいう。
イ　「機能に相当程度の障害を残すもの」とは、日常生活動作の多くが「一人で全くできない場合」又は日常生活動作のほとんどが「一人でできるが非常に不自由な場合」をいう。
ウ　「機能障害を残すもの」とは、日常生活動作の一部が「一人で全くできない場合」又はほとんどが「一人でできてもやや不自由な場合」をいう。

■　指の関節名は、手のひらの方から、親指が中手指節関節－指節関節の順、その他の指が中手指節関節－近位指節間関節－遠位指節間関節の順である。

2　下肢の障害

1級	機能障害	①　両下肢の3大関節中それぞれ2関節以上の関節が全く用を廃したもの次のいずれかに該当する程度のもの 　(1)　不良肢位で強直しているもの

		(2) 関節の他動可動域が、「肢体の障害関係の測定方法」(前掲「関節可動域表示ならびに測定法」参照) による参考可動域の１／２以下に制限され、かつ、筋力が半減以下のもの (3) 筋力が著減又は消失しているもの 　　ただし、両下肢それぞれの膝関節のみが100度屈曲位の強直である場合のように、両下肢の３大関節中単にそれぞれ１関節の用を全く廃するにすぎない場合であっても、その両下肢を歩行時に使用することができない場合には、「両下肢の用を全く廃したもの」と認定する。 ※　なお、認定にあたっては、１下肢のみに障害がある場合に比して日常生活における動作に制約が加わることから、その動作を考慮して総合的に認定する。
	欠損障害	②　両下肢を足関節（ショパール関節＝踵骨の前の関節）以上で欠くもの
２級	機能障害	①　１下肢の３大関節のうちいずれか２関節以上が全く用を廃し、次に掲げるいずれかに該当するもの (1) 不良肢位で強直しているもの (2) 関節の他動可動域が、健側の他動可動域の１／２以下に制限され、かつ、筋力が半減以下のもの (3) 筋力が著減又は消失しているもの 　　ただし、膝関節のみが100度屈位の強直である場合のように単に１関節の用を全く廃するにすぎない場合であっても、その下肢を歩行時に使用することができない場合には、「一下肢の用を全く廃したもの」と認定する。 ②　両下肢の機能に相当程度の障害を残すもの（たとえば、両下肢の３大関節中それぞれ１関節の他動可動域が、「肢体の障害関係の測定方法」による参考可動域の２分の１以下に制限され、かつ、筋力が半減しているもの） ※　なお、認定にあたっては、１下肢のみに障害がある場合に比して日常生活における動作に制約が加わることから、その動作を考慮して総合的に認定する。
	欠損障害	③　１下肢を足関節（ショパール関節）以上で欠くもの ④　１側下肢長が他側下肢長の４分の１以上短縮している場合 ⑤　両下肢のすべての指を欠くもの＝両下肢の10趾（指）を中足趾節関節以上で欠くもの
３級	機能障害	①　１下肢の３大関節のうち２関節の用を廃したもの 　　関節の用を廃したものとは関節の他動可動域が健側の他動可動域の１／２以下に制限されたもの、またはこれと同程度の障害を残すもの（たとえば常時（起床から就寝まで）固定装具を必要とする程度の動揺関節） ②　１下肢の機能に相当程度の障害を残すもの（たとえば、一下肢の３大関節中１関節が不良肢位で強直しているもの）

		③ 両下肢に機能障害を残すもの（たとえば、両下肢の3大関節中それぞれ1関節の筋力が半減しているもの）をいう。 ※ なお、両下肢に障害がある場合の認定にあたっては、1下肢のみに障害がある場合に比して日常生活における動作に制約が加わることから、その動作を考慮して総合的に認定する。 ④ 1下肢の3大関節のうち1関節または2関節に人工骨頭または人工関節をそう入置換したもの、または両下肢の3大関節のうち1関節にそれぞれ人工骨頭または人工関節をそう入置換したもの ※ ただし、そう入置換しでもなお、1下肢については「一下肢の用を全く廃したもの」程度以上に該当するとき、両下肢については「両下肢の機能に相当程度の障害を残すもの」程度以上に該当するときは、さらに上位等級に認定する。
	欠損障害・短縮障害	⑤ 1下肢をリスフラン関節（ショパール関節の前の関節）以上で失ったもの ⑥ 1下肢が健側に対して10cm以上または10分の1以上短縮したもの
	足指の機能障害	⑦ 両下肢の10趾（指）が、第1趾ではその末節骨の1／2以上、他の4趾では遠位趾節間関節以上を欠くもの、または、中足趾節関節または近位趾節間関節（第1趾の場合は趾節間関節）の他動可動域が健側の他動可動域の1／2以下に制限されたもの ※ なお、認定にあたっては、1下肢のみに障害がある場合に比して日常生活における動作に制約が加わることから、その動作を考慮して総合的に認定する。
	変形障害	⑧ 大腿骨または脛骨に偽関節（骨幹部または骨幹端部に限る）を残し、運動機能に著しい障害があるもの
	症状未固定	⑨ 下記、障害手当金の障害状態で、治って（症状が固定して）いないもの
障害手当金(*)	機能障害	① 1下肢の3大関節のうち1関節が、関節の他動可動域が健側の他動可動域の2／3以下に制限されたもの、または、これと同程度の障害を残すもの（たとえば、常時ではないが、固定装具を必要とする程度の動揺関節、習慣性脱臼） ② 1下肢に機能障害を残すもの（たとえば、1下肢の3大関節中1関節の筋力が半減しているもの）
	足指の機能障害・欠損障害	③ 1下肢の5趾が、第1趾ではその末節骨の1／2以上、他の4趾では遠位趾節間関節以上を欠くもの、中足趾節関節または近位趾節間関節（第1趾の場合は趾節間関節）の他動可動域が健側の他動可動域の1／2以下に制限されたもの ④ 1下肢の第1趾または他の4趾を中足趾節関節以上で欠くもの

短縮・変形障害	⑤ 1下肢を3cm短縮したもの
	⑥ 大腿骨または脛骨に著しい変形（15度以上わん曲して不正ゆ合したもの、長管状骨の骨折部が良方向に短縮なくゆ着している場合を除く）を残すもの（腓骨のみの変形についても、その程度が著しい場合はこれに該当する）

＊ ただし、症状が固定していない場合は障害厚生年金3級

■日常生活における動作
　日常生活における動作は、おおむね次のとおりである。
　① 片足で立つ
　② 歩く（屋内）
　③ 歩く（屋外）
　④ 立ち上がる
　⑤ 階段を上る
　⑥ 階段を下りる

■関節可動域の測定方法、関節の運動および関節可動域等の評価
　測定方法については、「肢体の障害関係の測定方法」による。
　関節の運動に関する評価については、各関節の主要な運動を重視し、他の運動については参考とする。なお、各関節の主要な運動は次のとおりである。

部位	主要な運動
股関節	屈曲・伸展
膝関節	屈曲・伸展
足関節	背屈・底屈
足指	屈曲・伸展

　関節可動域の評価は、原則として、健側の関節可動域と比較して患側の障害の程度を評価する。ただし、両側に障害を有する場合にあっては、「肢体の障害関係の測定方法」による参考可動域を参考とする。
　各関節の評価にあたっては、単に関節可動域のみでなく、次の諸点を考慮したうえで評価する。
　　①筋力　②巧緻性　③速さ　④耐久性
　なお、他動可動域による評価が適切ではないもの（たとえば、末梢神経損傷を原因として関節を可動させる筋が弛緩性の麻痺となっているもの）については、上記諸点を考慮し、日常生活における動作の状態から下肢の障害を総合的に認定する。
　　※ 「他動可動域による評価が適切ではないもの」とは、診断書にあるその他の麻痺（痙直性、不随意運動、失調性、強剛性、しんせん性）も含まれると考

えられる。その場合には、主に動作の不自由の程度により認定される。
　どの程度で何級かは示されていないが、下記2012年8月までの認定基準に準じて認定される可能性が高いと考える。

1級	両下肢の用を全く廃したもの
2級	両下肢の機能に相当程度の障害を残すもの
3級	両下肢に機能障害を残すもの 一下肢の機能に相当程度の障害を残すもの
障害手当金 ※症状固定でない場合は3級	一下肢に機能障害を残すもの

ア　「用を全く廃したもの」とは、日常生活動作のすべてが「一人で全くできない場合」又はこれに近い状態をいう。
イ　「機能に相当程度の障害を残すもの」とは、日常生活動作の多くが「一人で全くできない場合」又は日常生活動作のほとんどが「一人でできるが非常に不自由な場合」をいう。
ウ　「機能障害を残すもの」とは、日常生活動作の一部が「一人で全くできない場合」又はほとんどが「一人でできてもやや不自由な場合」をいう。

事項索引

【数字】

1994年改正法附則6条の特例措置　37
1級　4, 19, 26, 76, 78, 87, 121, 145, 146
1号被保険者　13, 67, 69, 70, 207
2007年法改正　→年金時効特例法
2級　4, 19, 26, 76, 78, 88, 121, 145, 146
2号被保険者　14, 64, 66, 69, 163
3級　18, 26, 78, 88, 92, 121, 145, 147
3号被保険者　14, 64, 66, 69, 208
3分の2要件　22, 25, 61, 63

【英字】

ADHD　99
Child-Pugh スコア　128
CRT（-D）　→心臓再同期医療機器
Cペプチド値　131
eGFR　126
GVHD　130
ICD　84
ICD-10　205
IQ　96, 264
PTSD　105
SpO_2　125

【あ】

悪性新生物　→がん
アルコール性肝硬変　128
アルコール性精神障害（依存症）　103
アルブミン　127
医学モデル　→障害の医学モデル
移植片対宿主病　→GVHD
一般就労　79, 98, 263
一般状態区分　90, 120, 278
インスリン　130
植込み型除細動器　→ICD
ウェルニッケ・コルサコフ症候群　104
うつ病（気分（感情）障害も参照）　48, 106
永久認定　189
音声または言語機能の障害　118

【か】

会計法　216, 217, 284
開示請求　50, 206, 230, 231
外部障害　90, 109, 140, 150, 204
解離性障害　105
化学物質過敏症　133
加給年金（加算、配偶者の加算も参照）　21, 210
額改定　38, 188, 191
　　　―請求　141, 192, 211
学習障害　99
覚せい剤　226
学生納付特例　70, 197
学生無年金訴訟　237, 239, 249
拡張解釈説（初診日）　234
加算（子の加算、配偶者の加算も参照）　20, 21, 37, 172, 210, 226
加算額・加給年金額対象者の障害該当届　166
加入要件　22, 25, 41, 170, 196
仮の義務付け　182, 188
カルテ　50, 206
がん　139, 277
眼瞼痙攣　116
肝疾患　127
関節リウマチ　109, 269
消えた年金記録問題　65
気管支喘息　124
器質性精神障害　101
基準障害　33, 91, 144
基礎年金制度　4, 79
気分（感情）障害（うつ病も参照）　96, 104
基本権　219

365

義務付け訴訟　182, 187
級落ち　190, 191
求心性視野狭窄　116
旧法　13, 35, 36, 68, 157, 214, 222
境界性人格障害　107
凝固因子活性　129
恐怖症性不安障害　105
強直　110
強迫性障害　105
強皮症　109
筋痛性脳脊髄炎　136
クレアチニン　126
経常的に　203
経皮的動脈血酸素飽和度　→SpO₂
血液・造血器疾患　129
血小板　127
血友病　129
減額改定　→級落ち
言語機能　118
憲法25条　10, 18, 34, 76, 235
故意　226
高血圧症　141, 250
膠原病　109
高次脳機能障害　101
厚生年金特例法　37
公的サービス　55
厚年法施行令別表　27, 88, 288
後発傷病　33, 145, 160, 190
広汎性発達障害　→発達障害
合理的配慮　158
呼吸器疾患（呼吸不全）　123
国年法施行令別表　76, 78
子の加算（加算も参照）　20, 226

【さ】

裁決（書）　104, 106, 107, 113, 172, 175, 180, 230, 231
再審査請求　179
在宅酸素　84, 122, 123
裁定　175, 219, 220
　―替え（旧障害福祉年金）　5, 36
　―替え（障害基礎年金から障害厚生年金）　216
　―請求　161, 209, 216
差引認定　91
酸素吸入（在宅酸素も参照）　123
支給停止　156, 191, 225
支給停止事由消滅届　192
時効（支分権等の時効）　174, 217
時効（保険料納付・徴収の時効）　38, 62
時効消滅不整合期間　67
時効処理認定基準　223
時効特例法　→年金時効特例法
時効の援用　218
時効の起算点　218
事後重症　31, 160, 208, 214, 216, 245, 250, 255, 257, 262, 267, 274, 280, 292
事実婚　167
失語　103, 119
失調　113
質問権　177
児童扶養手当　226
支分権　219, 220, 221, 223
自閉症　99
死亡一時金　218
事務処理誤り　216, 223
視野（障害）　115, 193
社会参加　79, 88, 151, 157, 158
社会生活　77, 79, 105, 107, 130, 132, 151, 202, 242, 255, 259, 287
社会的障壁　77
社会的治癒　45, 241
社会保険審査会　106, 176, 179, 230
社会保険審査官　176, 179
社会保険審査調整室　230
社会モデル　→障害の社会モデル
重症心不全　125
就労継続支援　88, 95
受給3要件　21, 76, 181, 196
受診状況等証明書　49, 50, 163
術後後遺症　142
出訴期間　184

事項索引

障害基礎年金　35
障害給付加算額・加給年金額加算開始事由該当届　166
障害共済年金　35
障害厚生年金　35
障害者加算　261, 293
障害者基本法　3, 34, 79, 88, 132
障害者権利条約　2, 34, 77, 79, 86, 132, 148, 151, 158
障害者雇用制度　95, 157
障害者雇用促進法　2
障害者手帳　29, 51, 55, 80, 263
障害者特例　210
障害状態確認届　189
障害手当金　26, 29, 111, 112, 116, 226
障害程度要件　76
障害等級　18, 23, 26, 31, 32, 76
障害等級の目安　152, 153
障害認定基準　7, 86, 148
障害認定日　21, 24, 81, 82, 83
　―請求　27, 160, 164, 214
　―の特例　84
障害年金加算改善法　37
障害の医学モデル　132
障害の社会モデル　132
障害の状態の基本　90, 148, 156, 157, 158
障害の併合　→併合
症状固定　23, 29, 83, 103, 117, 189, 280, 288
傷病　43
傷病手当　225
傷病手当金　225
初診日　40, 100, 234, 237, 239, 244, 245, 250
所得制限　24, 151
所得による支給停止　24
所得保障　4, 79, 89, 105, 147, 155, 291
書類不備（返戻も参照）　208
視力（障害）　115, 193
人格障害　95, 104, 257, 288

信義則違反　216, 282
神経症　104, 257
人工関節　84, 111, 189, 268
人工血管　84
人工肛門　85, 143, 194
人工股関節　→人工関節
人工骨頭　84, 270
人工心臓　84, 193
人工透析　85, 127, 194
人工膀胱（新膀胱も参照）　194
審査請求　175, 184
心疾患　125
腎疾患　126
心臓移植　84
心臓再同期医療機器　125, 126
心臓再同期療法　84
身体障害者手帳（障害者手帳も参照）　51, 81, 115, 124, 247, 263
診断書記載要領　202
診断書様式　163
診断書を書いてくれる医師　198, 199
新膀胱　85, 143
ステロイド　125
精神（障害等級判定）ガイドライン　94, 108, 152, 154, 156
精神障害者保健福祉手帳（障害者手帳も参照）　51, 81
精神遅滞　→知的障害
精神の障害に係る等級判定ガイドライン　→精神（障害等級判定）ガイドライン
精神病の病態　96, 105, 257
精神保健福祉法　80
脊髄損傷　114
脊柱　113, 281
線維筋痛症　48, 134
遷延性意識障害　85, 143, 194
遷延性植物状態　85, 143, 194
全身衰弱　140
前発傷病　33, 145, 160
臓器移植（心臓移植も参照）　127, 144
造血幹細胞移植　130

総合認定　91
総合評価　152, 156
遡求請求　30
そしゃく・嚥下機能　118

【た】

第1号被保険者　→1号被保険者
体幹　113
第3号被保険者　→3号被保険者
第三者証明　53
代謝疾患　130
第2号被保険者　→2号被保険者
多発性硬化症　109
知的障害　44, 81, 96, 254, 261, 273
知的障害者福祉法　81
注意欠陥多動性障害　→ADHD
中央裁定　168
中心暗転　116
聴覚（の）障害　117, 118, 119, 275
直近1年要件　22, 25, 71, 214
低血糖　131
適応障害　105
てんかん　90, 107, 244
等級の目安　→障害等級の目安
等級判定ガイドライン　→精神（障害等級判定）ガイドライン
統合失調症　47, 93, 153, 234, 237, 239, 241, 243, 258, 260
同時請求（障害基礎年金と障害厚生年金）　213
疼痛　90, 113, 134, 281
糖尿病　131
糖尿病性網膜症　45, 131
動脈血ガス分析値　123
動脈血酸素飽和度　→SpO$_2$
動脈血酸素分圧　→動脈血ガス分圧
特定期間　67
特別支給の老齢厚生年金　210, 224
特別児童扶養手当　262, 293
特別障害給付金　27, 252, 285
特定障害者　27
独居　94

取消訴訟　182, 184
取下書（事後重症受給権発生後の障害認定日請求）　215

【な】

内因性クレアチニンクリアランス　126
内科的疾患　91
内部障害　29, 82, 90, 120, 150
難病　132
日常生活能力　78, 79, 89, 90, 132, 135, 139, 142, 148, 157, 281
日常生活能力（特に精神障害）　97, 100, 103, 105, 106, 108, 153, 155, 164, 199, 200, 202, 203, 255, 259, 263, 291, 294
日本年金機構　38, 63, 86, 154, 164, 168, 170, 183, 207, 297
年金確保支援法　64
年金加入期間確認通知　284
年金決定通知書　172
年金時効特例法　219
年金証書　166, 167, 172, 215, 263
年金請求書　45, 161, 166, 167, 168, 169, 173, 207, 212
脳血管障害（脳出血、脳梗塞）　29, 84, 101, 109, 114, 118, 193
脳症　127
脳脊髄液減少症（脳脊髄液漏出症）　137
納付済期間　63, 71
納付猶予　196, 197
納付要件　15, 21, 22, 25, 41, 56, 60, 162, 170, 196, 214, 238, 284

【は】

パーキンソン病　109
配偶者からの暴力を受けた者に対する国民年金保険料特例免除　197
配偶者の加算（加算も参照）　21
初めて1級・2級　160, 165
20歳前障害年金　83
20歳前傷病　100

発達障害　99
パニック障害　105
ひきこもり　96
鼻腔機能　117
一人暮らし　94
被保険者確認請求　162
病態を示している　→精神病の病態を示している
病歴・就労状況等申立書　163
頻脈　125
不安恐慌性障害　257
フィブリノゲン　129
福祉サービス　94
腹水　127
物件提出要求　178
プレドニゾロン　125
プロトロンビン　127
併給　224
併合　89，144
併合改定　145
平衡機能　113，118
併合認定　89，103，115，118，119，140，142，145
平成19年法改正　→年金時効特例法
ペースメーカー　84
ペプチド値　131
ヘモグロビン濃度　129
変形性関節症　272
返戻　169，173
法定免除　65，196
保険料納付済期間　→納付済期間
保険料納付猶予制度　→納付猶予制度
保険料納付要件　→納付要件
保険料免除期間　→免除期間
保険料免除制度　→免除制度
補助具　119
補助人工心臓　84，193
本来請求　30，169

【ま】

麻痺　110，112，113，114，193
慢性疲労症候群　136
未支給年金　181，219，294，296，297
未支給の障害給付　277
無拠出年金　→20歳前障害年金
眼の障害　115
免除期間　65，70
免除制度　196，197
網赤血球数　129
網膜色素変性症　44，245

【や】

腰椎椎間板ヘルニア　109，113
腰椎不安定症　280
予測肺活量　123

【ら】

療育手帳（障害者手帳も参照）　51，81，96
輪状暗転　116
労災　29，52，110，124，211，247
労働能力　18，79，91，148，158，199，256，259，266，281

判例索引

【最高裁判所】

最判平成6・1・22民集48巻2号441頁　218
最判平成7・11・7民集49巻9号2829頁　181, 219, 295
最判平成13・2・27判時1744号64頁　183
最判平成19・9・28民集61巻6号2345頁　235
最判平成20・10・10判時2027号3頁・判タ1285号57頁・裁判所HP（判例1）　234, 249
最判平成26・9・25民集68巻7号781頁（判例23）　184, 297
最判平成29・10・17裁判所HP　222

【高等裁判所】

東京高判平成18・11・29裁判所HP　236
仙台高判平成19・2・26判タ1248号130頁・裁判所HP（判例2）　237
東京高判平成20・6・25判例集未登載　268
東京高判平成20・7・31判例集未登載（判例13）　108, 268
東京高判平成22・2・18判時2111号12頁（判例19）　208, 285
東京高判平成23・4・20裁判所HP　220
名古屋高判平成24・4・20判例集未登載　221
福岡高那覇支判平成24・6・21LEX/DB25481907　297
大阪高判平成27・5・29裁判所HP・WLJ2015WLJPCA05299004（判例10）　257
大阪高判平成28・7・21LEX/DB25448489　220, 222

【地方裁判所】

福岡地判平成17・4・22裁判所HP　239
東京地判平成17・10・27裁判所HP　236
福岡地判平成17・11・1WLJ2005WLJPCA11010005（判例3）　239
東京地判平成17・11・29判例集未登載（判例18）　282
東京地判平成19・4・12WLJ2007WLJPCA04128004（判例4）　241
東京地判平成19・8・28判例集未登載（判例13）　268
東京地判平成19・8・31判時1999号68頁（判例13）　268
東京地判平成19・9・5裁判所HP（判例17）　280
東京地判平成20・10・22判時2095号38頁（判例12）　265
東京地判平成21・4・17判時2050号95頁（判例8）　252
大津地判平成22・1・19賃社1515号21頁（判例9）　254
東京地判平成22・8・31WLJ2010WLJPCA08318004（判例20）　288
東京地判平成22・11・12賃社1541号16頁　219, 222
神戸地判平成23・1・12賃社1540号41頁（判例15）　275
東京地判平成23・1・27判タ1367号212頁　207
福岡地判平成23・12・20WLJ2011WLJPCA12206003　207

名古屋地判平成25・1・17賃社1584号38頁（判例16）　277
東京地判平成25・11・8判時2228号14頁（判例14）　273
大阪地判平成26・5・23裁判所HP（判例5）　244
大阪地判平成26・7・31裁判所HP（判例6）　245
東京地判平成26・10・30判時2250号3頁・裁判所HP（判例7）　250
大阪地判平成26・10・30裁判所HP・WLJ2014WLJPCA10309013（判例10（第1審））
　　257
東京地判平成27・4・17裁判所HP・LLI/DBL07030691（判例21）　291
大阪地判平成27・5・15判例集未登載　158
大阪地判平成28・2・10判例集未登載　220
東京地判平成28・2・19WLJ2016WLJPCA02198025（判例22）　123，293
神戸地判平成28・4・13賃社1663号64頁（判例11）　261
東京地判平成28・5・27裁判所HP　114

執筆者一覧

青木　寛文（長野県）　　辻川　圭乃（大阪）
太田　晃弘（東京）　　　土井　裕明（滋賀）
姜　　文江（神奈川県）　徳田　　暁（神奈川県）
小林美智子（第一東京）　福島　健太（兵庫県）
佐々木育子（奈良・社労士有資格）　藤岡　　毅（東京）
関哉　直人（第二東京）　山本　恭子（長野県）
髙橋　智美（札幌）　　　油布　　剛（福岡県）
髙森　裕司（愛知県）

　以上、いずれも弁護士

安部　敬太　　　　　　　倉本　貴行
岡部　健史　　　　　　　山下　律子

　以上、いずれも社会保険労務士

あとがき

　障害年金を正面から取り上げた日本弁護士連合会から発行する書籍は本書が初めてである。

　かつて生活保護分野も一部の弁護士を除いて弁護士の担当する法分野として広く認知されていたわけではない。しかし、全国での弁護士・弁護団・弁護士会の活動により、最近弁護士になった世代に聞けば、誰もが生活保護分野は弁護士の重要な職務であることは当たり前であるとの感覚をもっている。

　しかし、学生無年金訴訟等の特筆すべき活動を除けば、障害年金は未だにほとんどの弁護士にとって未知なる分野のままである。

　それは障害年金の権利に関する弁護士に対する障害のある人からの需要がないからではなく、障害年金が障害のある人が生きていくためにいかに重要な基本権であるかをほとんどの弁護士が理解していないからにほかならない。

　憲法・法令に照らして当然に受給できるはずの障害年金の権利が否定され苦しむ人が社会には多数存在していることを弁護士は認識し、権利救済のため、個別事案を積極的に受任するとともに、法制度改革のためにも力を発揮するべきである。

　本書はそのような願いを込められて刊行された。

　未熟な執筆者も多い中、この分野の最先端で活躍されている社会保険労務士である安部敬太さん、岡部健史さん、倉本貴行さん、山下律子さんの全面協力のもと本書は刊行された。ここに心よりの謝意を表したい。

　本書が、上記した「未知なる分野」なる表現がやがて「弁護士の標準的な業務なのに、未知なる分野なんて理解できない」という世代に変わるきっかけになればこのうえない喜びである。

2018（平成30）年２月

日弁連高齢者・障害者権利支援センター

センター長　青木　佳史

〔編者所在地〕
日本弁護士連合会
〒100-0013　東京都千代田区霞が関1-1-3
03-3580-9841
https://www.nichibenren.or.jp/

法律家のための障害年金実務ハンドブック

平成30年 3 月26日　第 1 刷発行
平成30年11月 1 日　第 2 刷発行

定価　本体3,800円＋税

編　者　日弁連高齢者・障害者権利支援センター
発　行　株式会社　民事法研究会
印　刷　文唱堂印刷株式会社

発行所　株式会社　民事法研究会
〒150-0313　東京都渋谷区恵比寿3-7-16
TEL 03(5798)7257〔営業〕　FAX 03(5798)7258
TEL 03(5798)7277〔編集〕　FAX 03(5798)7278
http://www.minjiho.com/　　info@minjiho.com

落丁・乱丁はおとりかえします。　ISBN978-4-86556-207-1 C2032　¥3800E
カバーデザイン　鈴木　弘

◆後見実務に役立つ最新の情報が満載！

〈隔月刊〉
実践 成年後見

年間購読受付中！

成年後見実務に関する最新の情報を提供する唯一の専門雑誌！

- 年6回(2月・4月・6月・8月・10月・12月)の隔月刊！
- 成年後見制度利用促進基本計画に基づく成年後見の新しい動きに対応！
- 年間購読が絶対にお得！【1年8,400円(税・送料込)※分売価格税込1,836円～2,160円】

[編集顧問]	新井　誠（中央大学教授）
[編集委員]	赤沼康弘（弁護士）　池田惠利子（社会福祉士）　大貫正男（司法書士）
	小嶋珠実（社会福祉士）　高橋　弘（司法書士）　森　徹（弁護士）
[企　　画]	公益社団法人　成年後見センター・リーガルサポート

◇バックナンバー特集一覧◇

- No.51 成年後見任等の義務と責任を考える(2014年7月)
- No.52 財産管理を基本から(2014年9月)
- No.53 支援の新たな流れをよむ(2014年11月)
- No.54 連携する医療と後見(2015年1月)
- No.55 高齢者の介護事故にどう対処するか(2015年3月)
- No.56 高齢者虐待対応と自治体・専門職の役割(2015年5月)
- No.57 精神障害者を支援する(2015年7月)
- No.58 成年後見と連続補完するもの(2015年9月)
- No.59 地域包括ケアシステムと権利擁護(2015年11月)
- No.60 市民後見がめざす新たなステージ(2016年1月)
- No.61 障害者虐待の実情と防止・被害救済の実践(2016年3月)
- No.62 複数後見の可能性を考える(2016年5月)
- No.63 成年後見制度利用促進法・円滑化法成立！！ 認知症高齢者に対する監督責任(2016年7月)
- No.64 障害者意思決定支援の考え方と成年後見実務への活用(2016年9月)
- No.65 身元保証等生活サポート事業の現状と課題(2016年11月)
- No.66 障害者差別解消へ向けて成年後見人は何をすべきか(2017年1月)
- No.67 法テラス―司法ソーシャルワークと高齢者・障害者の支援(2017年3月)
- No.68 成年後見制度3類型の検証(2017年5月)
- No.69 成年後見制度利用促進基本計画からみるこれからの成年後見(2017年7月)
- No.70 医療・介護等における意思決定支援を考える 成年後見制度利用促進へ向けた市町村の取組み(2017年9月)
- No.71 任意後見制度の利用促進に向けて(2017年11月)
- No.72 法人後見を考えてみよう！(2018年1月)
- No.73 個人情報保護の視点から後見実務を見直す！(2018年3月)

※1～23、25、26、28～31、34、35、38、40、45号は品切です。
24、27、32、33、36、37、39、52、63号は在庫僅少のため、お申込み時期によっては品切の場合がございます。

発行 **民事法研究会**

〒150-0013　東京都渋谷区恵比寿3-7-16
(営業) TEL. 03-5798-7257　FAX. 03-5798-7258
http://www.minjiho.com/　info@minjiho.com

■障害者虐待防止法の実践的な解説と活用法を明示！

障害者虐待防止法活用ハンドブック

日本弁護士連合会高齢者・障害者の権利に関する委員会　編

A5判・341頁・定価　2,730円（税込、本体価格　2,600円）

本書の特色と狙い

▶本年10月1日に施行された障害者虐待防止法について、政令・省令・厚生労働省マニュアルを踏まえて、障害者虐待防止の最前線で活躍する弁護士が実践的に解説！

▶第1章では障害者虐待の実態から障害者虐待防止法成立の経緯、児童虐待防止法・高齢者虐待防止法との関係等を解説し、障害者虐待における虐待防止法制の全体像を把握できる！

▶第2章では障害者虐待防止法の全条文について、条文の趣旨説明から文言解釈まで詳しく解説し、障害者虐待防止の対応における指針を明示！　厚生労働省マニュアルに基づいた具体例を多数掲載しているため、実務で即活用できる！

▶第3章では障害者虐待防止法の実践的な解釈や実務の現場で悩む事案についてQ＆A形式でわかりやすく解説しているため、実践的な理解ができる！

▶第4章では法の想定する虐待対応の流れと各対応段階での留意点を解説！

▶障害者虐待防止にかかわる弁護士、社会福祉士、福祉行政担当者、労働行政担当者、施設関係者、医師など関係者必携！

本書の主要内容

第1章　障がい者虐待の実態と障害者虐待防止法成立の経緯
 1　障がい者虐待の実態
 2　障害者虐待防止法の必要性
 3　障害者虐待防止法成立の経緯

第2章　障害者虐待防止法の解説
 1　障害者虐待防止法の構成
 2　障害者虐待防止法の基本的な特徴
 3　第1章　総則
 4　第2章　養護者による障害者虐待の防止、養護者に対する支援等
 5　第3章　障害者福祉施設従事者等による障害者虐待の防止等
 6　第4章　使用者による虐待

 7　第5章　就学する障害者に対する虐待の防止等
 8　第6章　市町村障害者虐待防止センター及び都道府県障害者権利擁護センター
 9　第7章　雑則
 10　第8章　罰則

第3章　実践Q＆A
 1　障害者虐待防止法の実践的解釈や実務の指針
 2　障害者虐待防止法の適用に悩む具体例

第4章　虐待対応の流れと留意点
 1　養護者による虐待への対応の流れ
 2　障害者福祉施設従事者等による虐待への対応の流れ
 3　使用者による虐待への対応の流れ
 4　性的虐待への対応にあたっての留意点

発行　民事法研究会

〒150-0013　東京都渋谷区恵比寿3-7-16
（営業）TEL. 03-5798-7257　FAX. 03-5798-7258
http://www.minjiho.com/　info@minjiho.com

■消費者の立場に立って保険関係事件にかかわる実務家のための書！■

保険法Ｍａｐ
——消費者のための保険法ガイドブック——
〔解説編〕〔判例編〕

今川嘉文・内橋一郎　編著

〔解説編〕Ａ５判・356頁・定価 2,940円（税込 本体 2,800円）
〔判例編〕Ａ５判・136頁・定価 1,365円（税込 本体 1,300円）

▷▷▷▷▷▷▷▷▷▷▷▷▷▷▷▷▷▷▷▷▷ 本書の特色と狙い ◁◁◁◁◁◁◁◁◁◁◁◁◁◁◁◁◁◁◁◁◁

▶保険にかかわる法令・判例・学説を、消費者側の立場に立って、わかりやすく解説した実務に役立つ入門書！　保険法の基礎的テキストである〔解説編〕と判例集である〔判例編〕の２分冊！
▶〔解説編〕では、見た目のわかりやすさに配慮し、重要ポイントを［Ｍａｐ］として示したほか、解説にかかわる重要判例を［ポイント判例］、重要な学説を［学説チェック！］として簡潔にまとめており、重要事項を視覚で理解できる！
▶〔判例編〕では、実務に役立つ基本判例28例・最新判例21例を収録！　１判例につき原則として見開き２頁に収め、図表を用いることで一目で理解できるように工夫！
▶消費者の側で保険関係事件にかかわる法律実務家や消費生活相談員はもちろん、学生のテキストとしても最適！

≈≈≈≈≈≈≈≈≈≈≈≈≈≈≈≈≈≈≈≈≈ 本書の主要内容 ≈≈≈≈≈≈≈≈≈≈≈≈≈≈≈≈≈≈≈≈≈

〔解説編〕
第１章　保険制度の概要
第２章　保険約款
第３章　保険契約の基礎
第４章　保険契約の流れ
第５章　保険業法の情報提供規制と説明義務・助言義務
第６章　告知義務をめぐる諸問題
第７章　通知義務をめぐる諸問題
第８章　保険事故の偶然性の立証責任
第９章　保険免責の基礎
第10章　火災保険
第11章　地震保険
第12章　自動車保険
第13章　責任保険
第14章　生命保険の基礎
第15章　保険金受取人をめぐる諸問題
第16章　傷害保険の基礎
第17章　疾病保険と契約前発病不担保特約
第18章　変額保険のリスクと契約にかかる問題点

〔判例編〕
Ⅰ　基本判例編
　［保険者の説明義務］２件
　［保険契約者等の通知義務］３件
　［因果関係］１件
　［故意免責］３件
　［消滅時効］２件
　［自動車保険］５件
　［責任保険］２件
　［変額保険］２件
　［生命保険］３件
　［傷害保険］５件
Ⅱ　最新判例編
　［火災保険］３件
　［個人賠償責任保険］１件
　［自動車保険］８件
　［傷害保険］５件
　［生命保険］３件

（※収録判例の詳細は裏面参照）

発行　民事法研究会

〒150-0013　東京都渋谷区恵比寿3-7-16
（営業）TEL. 03-5798-7257　FAX. 03-5798-7258
http://www.minjiho.com/　info@minjiho.com

具体的な事例を通して考え方と手続を解説！

複合事故、過失相殺、高次脳機能障害、素因減額、外貌醜状等での損害など多様な事例を掲載！

事例に学ぶ交通事故事件入門
―事件対応の思考と実務―

交通事故事件研究会 編　　　　　　　　　　（A5判・336頁・定価 本体3200円＋税）

典型契約・非典型契約をめぐる成立の存否、解約の有効性、当事者の義務等の事件対応を解説！

事例に学ぶ成年後見入門〔第2版〕
―権利擁護の思考と実務―

弁護士　大澤美穂子 著　　　　　　　　　　（A5判・255頁・定価 本体2300円＋税）

遺産分割協議・調停・審判、遺言執行、相続関係訴訟、法人代表者の相続事案などの事例を網羅！

事例に学ぶ相続事件入門
―事件対応の思考と実務―

相続事件研究会 編　　　　　　　　　　　　（A5判・318頁・定価 本体3000円＋税）

熟年離婚、DV、内縁関係の解消などさまざまなケースを通して戦略的事件解決の思考と手法を獲得する実践的手引書！

事例に学ぶ離婚事件入門
―紛争解決の思考と実務―

離婚事件研究会 編　　　　　　　　　　　　（A5判・346頁・定価 本体2800円＋税）

依頼者との相談から占有者との交渉など具体的な事例を通して実務家としての考え方と解決までの手続を解説！

事例に学ぶ建物明渡事件入門
―権利実現の思考と実務―

弁護士　松浦裕介 著　　　　　　　　　　　（A5判・244頁・定価 本体2300円＋税）

「行政法の使い方」と「思考のプロセス」を書式等豊富な資料を織り込み平易に解説！

事例に学ぶ行政訴訟入門
―紛争解決の思考と実務―

野村　創 著　　　　　　　　　　　　　　　（A5判・254頁・定価 本体2300円＋税）

発行　民事法研究会　〒150-0013 東京都渋谷区恵比寿3-7-16
（営業）TEL 03-5798-7257　FAX 03-5798-7258
http://www.minjiho.com/　　info@minjiho.com